海空天5000年

大国文明与力量简史

吴献东 著

中国出版集团有限公司
华文出版社

图书在版编目（CIP）数据

海空天 5000 年：大国文明与力量简史 / 吴献东著.
-- 北京：华文出版社，2023.9
ISBN 978-7-5075-5573-8

Ⅰ.①海… Ⅱ.①吴… Ⅲ.①世界史 – 通俗读物
Ⅳ.① K109

中国国家版本馆 CIP 数据核字 (2023) 第 169267 号

海空天 5000 年——大国文明与力量简史

作　　　者：	吴献东
责任编辑：	景洋子
出版发行：	华文出版社
地　　　址：	北京市西城区广外大街 305 号 8 区 2 号楼
邮政编码：	100055
网　　　址：	http://www.hwcbs.cn
电　　　话：	总 编 室 010-58336239　发 行 部 010-58336202
	编 辑 部 010-58336252
经　　　销：	新华书店
制　　　版：	北京禾风雅艺文化发展有限公司
印　　　刷：	三河市航远印刷有限公司
开　　　本：	710mm×1000mm　1/16
印　　　张：	23.75
字　　　数：	300 千字
版　　　次：	2023 年 9 月第 1 版
印　　　次：	2023 年 9 月第 1 次印刷
标准书号：	ISBN 978-7-5075-5573-8
定　　　价：	88.00 元

版权所有，侵权必究

前 言

《海空天5000年——大国文明与力量简史》为航海、航空、航天（以下简称"海空天"）爱好者而作。历史上许多时候，当一个行业的发展处于长期停滞不前的状态时，僵局常常被爱好者打破。在海空天文明与力量形成、发展的5000多年历史长河中，许多从0到1的创新常常由爱好者完成，而率先创造了海空天文明与力量的国家，从古埃及、迦太基到古希腊、古罗马，从葡萄牙、西班牙到荷兰、英国，再到当今世界各大国，皆因此成为时代大国。

所有的经历都是为了与您相遇。感谢这个伟大的时代，它给了我一次次机遇，使我在海空天领域学习和工作近40年，能够了解国内外业内人士的所思所需，有条件写作《海空天5000年——大国文明与力量简史》这样一本独特的书。写完本书，我却心生遗憾：如果在求学时，或在20多年前工作处于"爬坡"时，我就知晓了本书涉及的内容，那该有多好！

我很幸运，于1990—1994年在莫斯科航空学院学习期间，正值中国载人航天"921工程"①准备阶段，经常有国内团组到俄罗斯考察学习，我有幸多次客串翻译，包括做"航天人机工程"的课堂翻译等，为此查阅了不少资料。我发现，多数俄文科技书，包括翻译成俄文的欧洲国家的一些书有一个共同的特点，开篇都习惯讲些本专业的历史和文化。这对于我在当时和后来能够比较快地了解新专业、进入新领域帮助很大，至今仍在受益。

2005年10月，我在英国剑桥大学参加了为期一个月的央企高管研修班。学校安排了紧张的研修活动：知名教授、世界500强CEO和政府高官密集授课；到唐宁街10号与时任英国首相布莱尔座谈；参观朴次茅斯军港和风帆战列舰"胜利"号②博物馆；到丹麦哥本哈根商学院访学，考察世界最大的集装箱航运公司丹麦马士基集团；到西班牙巴塞罗那艾塞德（ESADE）商学院访学，参观哥伦布纪念碑附近的海事博物馆。这次学习对我写作本书帮助很大，在那期间发生的两件"小事"给我留下了深刻的印象。一是伦敦时间2005年10月16日晚，我和航天科技集团的同学M、中国远洋集团的同学W等聚在剑桥最早的老鹰（Eagle）酒吧，一边看着墙上学者们的涂鸦，一边焦急地等待"神舟六号"飞船返回的消息。当M的同事打来电话告知宇航员费俊龙、聂海胜安全着陆时，当过船长的W高声提议："干杯！"邻座的"老外"得知原委后，纷纷过来向我们表示祝贺，我们感到很自豪。二是参观剑桥大学李约瑟研究所研讨时，同学们讨论的不是"李约瑟之问"③，而是一个沉重的话题：为什么是李约瑟这样一个英国生物化学家写出了有世界影响力的《中国科学技术史》，而中国人却撰写不出来？我们感觉很郁闷。时至今日，虽然各行各业都有相关的史书，但少见具有世界传播力和影响力的著作。

---

① 中国载人航天工程于1992年9月21日由中国政府批复正式立项，也称"921工程"。
② 该舰在1805年作为英国海军司令霍雷肖·纳尔逊的旗舰，在特拉法尔加海战中击败法国、西班牙联合舰队，确立了英国海上霸主地位，是英国海军的骄傲。
③ "李约瑟之问"——为什么近代科学和工业革命没有产生在中国？

从剑桥大学回国后，我有了为自己所在行业写点东西的想法，开始注意积攒资料。2008—2018 年是中国企业国际化交流的高峰期，我把在美国通用电气公司（GE）克劳顿管理学院和西点军校、法国图卢兹空客商学院和空客公司、德国弗劳霍恩研究院和柏林工大等地学习的厚重纸质资料都带了回来。2009 年金融危机后，中国航空工业集团公司在美国、英国、法国、德国、奥地利、西班牙等国收购了十多家制造企业，我在集团分管该项业务，对每一个收购案都会从企业沿革、技术、经济、法律及所在国的历史着手深入研究，尽可能实地考察，慎之又慎。2018 年 3 月，美国时任总统特朗普签署的《对华 301 调查报告》将这些收购项目几乎都罗列其中，但找不出任何硬伤。4 月，我依然按计划去美国底特律、德鲁斯的收购企业调研，试乘收购公司新研发的飞机、无人驾驶汽车，访问芝加哥波音总部风险投资部，参观芝加哥大学博物馆等。以上 30 多年的积累，使我在 2019 年完成了《世界航空航天企业百年发展与演变——莱特兄弟们的公司都哪里去了》（以下简称《发展与演变》）一书。2019 年年底，我转岗中央企业专职外部董事，担任中国船舶集团公司、中国石化集团公司、华润集团公司外部董事。

2020 年年底，我在与时任中国船舶集团公司董事长 L 先生交流《发展与演变》一书时，他认为船舶行业也应该有本类似的书，中船集团有关单位还组织专家与我进行了交流。2021 年春节前，时任中国石化集团公司董事长 Z 先生看到《发展与演变》一书时打电话跟我说，石油化工行业也应该有本类似的书，从科技、经济、政治等角度讲透本行业企业发展与演变的故事。中国石化有关单位的研究人员也与我进行了交流。由此可见，从多角度研究本行业发展的历史非常必要。钱学森曾说："人，不但要有科学、技术，而且还要有文化、艺术跟音乐。"无论哪个行业的从业者，阅历越丰富，越接近行业的顶峰，都会对钱老的话产生共鸣。

我曾去西北工业大学船海学院调研，在与时任党委书记张炜[①]博士交流时，他建议我利用独特的学业和职业经历，写写航空、航天、船海（西工大称之为"三航"）科技史。我说，科技史题目太大，但可先以问题为导向做些探索。2021年，中国浦东干部学院邀我为央企负责人创新班做讲座，我以"从'三航'科技与产业发展史透视大国博弈之术"为题做了交流。中国出版集团华文出版社总编辑余佐赞先生看了演示文稿课件后，建议我写本书。

2022年6月，根据工作需要，我离开华润集团公司履职招商局集团公司外部董事，离船海更近了。对中国民族工商业的先驱、中国近代史上第一家轮船运输企业——招商局我早就有关注，招商局集团原副总经理胡政先生曾赠送我30多本关于招商局的书。2022年12月26日是招商局集团创立150周年，为此我在《中国船舶报》发表了《150年风雨同舟：从江南造船到轮船招商》一文。在将此文分享到微信朋友圈时，我对其概括为："海国图志，闽沪造船，入不敷出，学士奏裁；洋务先驱，轮船招商，挽回航权，扶持国船；江南巨轮，马尾飞机，海空一体，为国筹计。"其中，"马尾飞机，海空一体"，是指1918年福州马尾船政局成立的飞机工程处，是中国历史中真正意义上的第一家飞机制造厂，之后又搬至上海江南造船厂。其实，"海空一体"的历史并不是中国特色，在美国、法国、德国、英国、俄罗斯都有类似案例，可以追溯到18世纪，甚至更早。

2022年9月，中共中央办公厅、国务院办公厅印发了《关于新时代进一步加强科学技术普及工作的意见》，明确提出"推动科普全面融入经济、政治、文化、社会、生态文明建设"，"服务人的全面发展、服务创新发展"。2022年10月，在总结过去、擘画未来的中国共产党第二十次全国代表大会的报告中，多次出现"航天强国""海洋强国"，党和国家对星辰大海赋予了更多的

[①] 张炜博士，教授，西北工业大学党委书记，曾担任国防科工局航空和船舶业务分管领导。

期待与希冀。希望本书亦可为此尽些绵薄之力。

  大时代给予的机缘巧合，从业30余载的风雨彩虹，给了我写作《海空天5000年——大国文明与力量简史》的动力和能力。人类的航海、航空、航天探索活动按时间顺序先后出现，时间跨度5000多年。本书既有"理工思维"的逻辑，又有"人文视角"的思考，聚焦海空天文明与力量形成、发展的关键环节，选择有逻辑关系的典型事件，挑选标志性图片，梳理海空天文明形成与发展的5000年历程，透视航海、航空、航天之间的内在关系，发掘其中有影响的人文、科技和国家因素，展现海空天力量在大国兴衰与博弈中的作用，指出对当下和未来的现实意义。

  为了获得更好的阅读体验，建议读者在阅读本书时，脑中可以浮现一张世界地图概貌。因为您会慢慢发现，有那么多历史巨变，包括地中海东岸的腓尼基人孕育海洋文明，还有"欧洲之角"葡萄牙开启大航海时代，甚至当代中国的改革开放，都发端于海角渔村。

  "你能看到多远的过去，就能看到多远的未来。"希望本书能为海空天从业者节省一些阅读时间，了解更远、更多的跨界通识；更希望本书能与海空天爱好者产生共鸣，在仰望星辰大海、畅想诗与远方之闲暇，迸发出新思想、新创意，为人类生存拓展出新疆界。

吴献东

2023年7月11日（中国航海日）

目录

绪论：海空天文明与大国博弈 / 001

　　一、海空天文明速览 / 003

　　二、从舟桨风帆到蒸汽铁甲 / 006

　　三、从郁金香到科学院 / 009

　　四、莱特兄弟之前的航空先驱 / 015

　　五、从活塞双翼到喷气飞翼 / 018

　　六、海天情怀　与国同行 / 023

　　七、大国博弈海空天 / 026

第一章　从古埃及王朝到大航海时代 / 029

　　第一节　古埃及最早的船和远航 / 031

　　第二节　腓尼基的海船与远航 / 037

　　第三节　古希腊文明的守护者——三桨座战船 / 042

　　第四节　关系文明走向的三场海战 / 045

　　第五节　开启大航海时代的葡萄牙卡拉维尔三角纵帆船 / 052

　　第六节　西班牙大帆船 / 061

　　第七节　荷兰商船与快船 / 071

第二章　从敦刻尔克私掠船到图卢兹空中客车 / 087

第一节　为什么先从法国讲起 / 089

第二节　首相黎塞留创建国家海军 / 092

第三节　海军大臣创建国家科学院 / 093

第四节　财务大臣再造法国海军 / 096

第五节　法英蒸汽铁甲舰竞赛 / 099

第六节　法国航空先驱 / 104

第七节　戴高乐独立自主的航空航天产业政策 / 110

第八节　打造欧洲空客抗衡美国波音 / 112

第三章　从皇家海盗海军到皇家学院机器时代 / 119

第一节　女王的海洋谋略 / 122

第二节　女王与海盗的生意 / 124

第三节　女王船与海盗海军 / 126

第四节　文官改造海盗海军 / 130

第五节　英国削弱荷兰与法国的策略 / 133

第六节　皇家学会和蒸汽时代 / 139

第七节　英国航空先驱 / 142

第八节　百岁航空先驱与英国宇航系统公司（BAE） / 146

第四章　从彼得游学造船到加加林遨游太空 / 151

第一节　三段皇室婚姻决定的俄罗斯历史 / 155

第二节　彼得游学造船——为了离海再近些 / 159

目 录

    第三节　彼得堡科学院与流体力学和拉格朗日点 / 163

    第四节　沙俄航空先驱 / 167

    第五节　苏联航空先驱传承关系 / 171

    第六节　苏联著名飞机设计局的起源与传承 / 174

    第七节　斯大林无奈起用新人的"极端创新" / 183

    第八节　苏联航天奠基人——来自乌克兰的科罗廖夫 / 187

    第九节　从设计局到股份公司的改革 / 191

    第十节　"副总理"级的国家航天集团公司 / 197

    第十一节　犹豫不决的改革 / 199

第五章　从"五月花"号登陆到"阿波罗"号登月 / 205

    第一节　"五月花"号登陆 / 207

    第二节　蒸汽明轮船与商业解放 / 211

    第三节　《海权论》与美海军崛起 / 213

    第四节　"莱特兄弟们的公司"都到哪里去了？ / 220

    第五节　从私人作坊到华尔街军工巨头 / 232

    第六节　踩着德国和英国的"肩膀"进入喷气和登月时代 / 252

    第七节　肯尼迪的演讲——《我们选择登月》 / 259

    第八节　海空天"军工复合体"的力量 / 262

第六章　中国海空天文明与力量的形成 / 273

    第一节　海空天文明与力量展示的中国选择 / 275

    第二节　中国古船 / 278

第三节　舟·橹·舵·水密舱 / 282

第四节　牵星术和牵星板 / 285

第五节　从江南造船到轮船招商 / 289

第六节　炮轰"紫石英"号终结列强炮舰政策 / 298

第七节　"核潜艇，一万年也要搞出来" / 300

第八节　福州马尾船政局的飞机工程处 / 303

第九节　开国领袖的关怀 / 308

第十节　钱学森的"意见书" / 310

第十一节　唱响"东方红" / 312

第十二节　改革的力量 / 315

第十三节　从封闭军工到公众公司 / 318

第十四节　对手的"馈赠" / 325

第七章　新起点·新目标·新希望 / 333

第一节　新起点·新目标 / 335

第二节　威胁与挑战 / 345

第三节　竞争与合作中的诗与远方 / 355

致谢 / 363

参考文献 / 365

绪论

海空天文明与大国博弈

▼

任何一种文明的起源、形成和发展都有其合适的载体。"学者研理于经，可以正天下之是非；征事于史，可以明古今之成败。"历史常读常新，站在 21 世纪 20 年代初的门槛上，从海空天文明与力量形成之视角，观大国强国兴衰之过程，我们会有新的感受。"历史是现实的根源，任何一个国家的今天都来自昨天"[①]，大国博弈，了解自己的历史很重要，了解对手的历史同样重要，而选择合适的视角去观察，会起到事半功倍的作用。

航海、航空、航天是文明与力量的象征，是大国强国的标志。从风帆时代的海上强国迦太基、古希腊、葡萄牙、西班牙、荷兰，到如今的海空天大国美国、俄罗斯、中国、法国和英国，都是海空天文明的创造者和贡献者。5000 年来，从舟桨、风帆、木船，到蒸汽、铁甲、核动力航母；从孔明灯、热气球、滑翔机，到飞机、飞船、空间站和深空探测器，海空天文明与力量在大国博弈中不断发展壮大。

一、海空天文明速览

航海、航空、航天的使命是为人类拓展生存空间，是人类永恒的事业，将伴随人类到永远。地中海和大航海时代，每一型新式风帆舰船的出现，都对应了一个大国的崛起；20 世纪，不断更新换代的飞机和舰艇，记录了大国

---

① 引自 2014 年 4 月国家主席习近平在比利时布鲁日欧洲学院的演讲词。

博弈争锋的岁月；21世纪前20年，海空天一体化的军民用装备，正彰显着大国的文明与力量。

中国先秦时期的《山海经》和古希腊的《荷马史诗》里都有海神和天神的传说，《圣经》中的诺亚方舟是人类最后的希望。公元前10世纪以前，在地中海、红海、波斯湾、中国东海等海域就已出现了货船和战船。

庄子（约公元前369—前286）在《逍遥游》里写"北冥有鱼，其名为鲲……化而为鸟，其名为鹏……鹏之徙于南冥也，水击三千里，抟扶摇而上者九万里"，畅想了人类飞天入海的画面。古希腊的泰勒斯（约公元前624—前547）、亚里士多德（约公元前384—前322）等先哲开启了"地理学""天文学"研究。巧合的是，亚里士多德创立的学派Peripatetikoi，意译即"逍遥学派"。

人类在探索未知世界的道路上走过不少弯路，有的在今天看来很幼稚。"地心说"曾主导人类思想1000多年，怀疑者甚至被烧死。15—16世纪，波兰天文学家哥白尼（1473—1543）在临死前出版了"日心说"，动摇了"地心说"，人类探索未知世界的活动逐渐靠谱起来。16世纪，丹麦天文学家第谷（1546—1601）在王室的支持下，用20多年时间精确观测星体积累了大量数据。17世纪初，第谷的助手——德国的开普勒（1571—1630）用了四年时间整理第谷观测数据，在1609年发现了天体运动三大定律。1609年，意大利的伽利略（1564—1642）通过自制的望远镜验证了日心说的正确，随后又发现了物体运动的一系列规律。1642年伽利略去世，第二年，英国的牛顿（1643—1727）出生。

17—18世纪，牛顿用数学和物理证明了开普勒和伽利略的一系列科学发现的正确性，奠定了力学基础。1724年，俄罗斯彼得堡科学院成立；1725年，瑞士人丹尼尔·伯努利（1700—1782）来到科学院工作；1727年，牛顿去世的当年,他的接班人——20岁的欧拉(1707—1783)来到彼得堡科学院给伯努利当助手,"流速增加,压强降低"的伯努利原理和方程也因此产生;1733年,伯努利离开俄罗斯后,26岁的欧拉担任了彼得堡科学院的数学教授。经过欧拉、普朗特等众多学者的努力,航海、航空、航天终于有了经典教材:《造船学》《航海学》《流体力学》《空气动力学》等。之后就是大家熟知的故事。

1783年,法国人蒙特哥菲尔兄弟用热气球实现了人类第一次空中飞行;1903年,美国人莱特兄弟实现了有动力飞行。1939—1945年第二次世界大战期间,德国人奥海因、英国人惠特尔分别发明了喷气式发动机。

在飞机不断被改进的同时,航天科学技术也在不断发展:俄罗斯的齐奥尔科夫斯基提出了火箭飞行理论,展望了航天的用途;德国的赫尔曼·奥伯特设计出火箭结构;美国的戈达德做出缩比火箭验证模型。最终,1942年,德国的冯·布劳恩为纳粹德国研制出了V-2火箭。

苏联发行的庆祝人类第一颗人造卫星发射成功的邮票

1950—1975年,在苏联科学家科罗廖夫的领导下,苏联率先于1957年发射了人类第一颗人造卫星;1969年,美国人在德国"俘虏"冯·布劳恩的帮助下成功登月。

进入21世纪,人造卫星已快占满地球近地轨道;国际空间站、中国空间站结伴在太空高速航行;火星上,中美两国的火星车,就像大航海时代漂浮在汪洋中的小帆船,渴望着惊人的

1969年,阿姆斯特朗在月球踩下人类的第一个足迹

发现。美国将新的登月工程以"阿尔忒弥斯"命名,中国将探月工程以"嫦娥"命名,都体现了人类对古老文明的敬重与传承。

"地球是人类的摇篮,但人类不能永远生活在摇篮里,他们不断地向外探索生存空间,起初他们小心翼翼地穿出大气层飞出地球,然后就是太阳系,之后便是整个宇宙。"今天重新品读110年前齐奥尔科夫斯基这句话,不得不让人敬佩科学家超前的预测。今天的我们,将给100年、1000年以后的世界贡献些什么?留待后人评价。

二、从舟桨风帆到蒸汽铁甲

航海和造船是最古老的行业,从古至今一直都充满着神秘和魅力。人类虽然已能在距地球400多公里外的空间站生活和工作,但下潜到10 000米深的海底的,目前只有美国和中国。海洋平均深度约3800米,人类只到达过地球5%海域的底部,在大海面前,人类依然渺小。

舟船的发展和演变能够反映人类文明的进程,相关内容分散在本书多个章节中,这里做个汇总。舟船是人类最早的工具,如同石器时代的各种原始工具一样,很难说是哪个民族或地区的人最早发明了它,只要在江、河、湖、海岸边生活的人,都能制作简单的舟船。

船的发展和演变历程非常缓慢。考古发现,8000多年前,单桨独木舟就在世界各地出现;5500多年前,古埃及就已经有了芦苇编制的桨帆船,4500多年前又有了带有龙骨的硬木法老太阳船;3500多年前,海上民族腓尼基人的桨帆商船频繁地出现在地中海;2500多年前,古希腊凭借三排桨帆船击败波斯海军,守护了本族文明。古船的每一个进步真的需要百年、千年。

可逆风航行的帆船是古代科技含量最高的发明。最早的文献记载来自中国汉代——公元前3世纪至前2世纪，秦汉时期的中国就已经有了可逆风航行的帆船，秦始皇派徐福东渡求长生不老药的传说由来已久。三国时期（220—280），吴国丹阳太守万震写的《南州异物志》对可逆风航行的船做了介绍：该船有四个风帆，不直接迎风，而是横向并稍倾斜，面对迎风面，这样能使船只在逆风情况下仍然能够前行。古代阿拉伯人也比较早地使用了可逆风航行的帆船，西方普遍说法是：6世纪，欧洲人在红海见到了古代阿拉伯三角帆船；9世纪，古代阿拉伯三角帆船逐渐在欧洲流行；15世纪，葡萄牙人为了远洋探险发明了卡拉维尔三角纵帆船。在大航海时代，可自由逆风航行的三角帆船渐渐被叫成"拉丁船"。

从帆的材质和形状，以及帆的逆风航行使用方法看，汉代四角帆船与古代阿拉伯三角帆船有很大不同，至于谁出现得更早，就不好考证了。也可能是互通有无，因为那时已经有了丝绸之路。

公元前2世纪的中国汉代四角帆船

6世纪的古代阿拉伯三角帆船

大航海时代的海上贸易竞争，不断的海外殖民地争夺，提升了参与国的海上力量，新的海上强国们分别贡献了如下有影响力的船型：葡萄牙的卡拉维尔三角纵帆船和葡萄牙的卡瑞克帆船——"拿屋船"，这两型船帮助达·伽马开辟了欧洲到达东方印度的新航线，帮助哥伦布发现了新大陆，帮助麦哲伦的船队完成了环球航行；高大的西班牙大帆船，在16—18世纪之间往来于西班牙—墨西哥—马尼拉航线，是强盛时期西班牙财富和力量的标志；荷兰的平底商船使其贸易取得成本优势而快速致富，适合低地浅滩作战的轻型快船则帮助荷兰打败西班牙"无敌舰队"赢得了独立。

蒸汽时代和工业革命来临。1850年，法国率先建造出了世界首艘蒸汽动力双层甲板战列舰"拿破仑"号；1859年，法国又建造出了带有风帆的世界首艘蒸汽动力铁甲战列舰"光荣"号，排水量5630吨，试图扭转自1805年特拉法尔加海战失败落后于英国的被动局面。英国维多利亚女王得到消息后，让皇家海军很快研制出了自己的首艘蒸汽铁甲舰"勇士"号，排水量9137吨；1873年，英国建造出了世界上首艘不带风帆纯蒸汽动力战列舰"蹂躏"号，英国海军又保持了对法国海军的优势。

1903年，美国人发明了飞机；1909年，法国人提出了航空母舰设想；1917年，英国率先建造出了"竞技神"号航空母舰。第二次世界大战刚一开始，英德就展开了海上决战。1941年5月24日，德国最先进的"俾斯麦"号战列舰将英国最先进的"胡德"号战列舰击沉。两天后，1941年5月26日，"俾斯麦"号被从英国"皇家方舟"号航母起飞的老式双翼"剑鱼"攻击机发射的鱼雷击伤舵机，不能正常行驶的"俾斯麦"号于27日被英国飞机和军舰"围猎"击沉。英国"胡德"号战列舰标准排水量41 785吨，是当时世界上最大的军舰；德国"俾斯麦"号战列舰标准排水量41 637吨，是当时德国吨位最大的战列舰。

进入21世纪，航空母舰成为海上力量标志。截至2022年8月，全球共有21艘现役航空母舰，分别是：美国一艘排水量11万吨的"福特"级航母和10艘排水量10万吨的"尼米兹"级航母；英国两艘排水量65 000吨的"伊丽莎白女王"级航母；法国一艘排水量42 000吨的"戴高乐"号航母；意大利两艘轻型航母；泰国、俄罗斯、印度海军各一艘航母；中国两艘中型常规动力航母。21艘航母总吨位约157万吨，其中，美国11艘航母总吨位为111万吨，约占71%。实际上，还有一些国家拥有准航母，例如日本，有的大型两栖攻击舰也具备了航母的力量。虽然有航母的国家不少，但只有美国、俄罗斯、法国、英国和中国具有独立研制航母和舰载机的能力。

俄罗斯现有一艘"库兹涅佐夫"号航母。印度有一艘"维克拉玛蒂亚"号航母，原为俄罗斯海军"基辅"级航母末舰"戈尔什科夫海军上将"号航母，2013年，由印度从俄罗斯将其购得并改造。目前的"维克拉玛蒂亚"号航母实际上是一艘缩小版的"库兹涅佐夫元帅"级航空母舰。

从2012年开始，中国加快了海上力量建设，2012年、2019年先后有两艘中型航母服役。2021年4月23日，中国海军节，075型两栖攻击舰"海南舰"和055型驱逐舰"大连舰"在三亚服役。其中，075型"海南舰"满载排水量40 000吨，可搭载各类直升机30架。

2021年，中国航海日论坛上，组委会向全社会发布《2021年中国航海日公告》。2020年，中国海运进出口量增长6.7%，达34.6亿吨，占全球海运贸易量的30%。[①] 公告显示，我国是海洋大国，也是航运大国，水上运输、船舶制造、渔业产量、船员数量等指标稳居世界前列，海运航线和服务网络遍布全球，约95%的国际贸易货物量通过海运完成。

海运即国运，从2021年开始，世界大国开始了新一轮的海上力量构建。

三、从郁金香到科学院

1635年，正当世界上最富有的荷兰人疯狂炒卖郁金香时，法国率先创建

[①] 周斌、曹松：《中国航海日主论坛在昆明举行 去年我国海运进出口量达34.6亿吨》，《经济日报》2021年7月12日。

了科学院。接着，英国、德国、俄罗斯也都相继成立了皇家或国家科学院。虽然法国人在此之前早已建立了巴黎大学，英国也随之创办了牛津大学和剑桥大学，但科学院的创立对于海空天文明与力量的形成发挥了关键作用。其中，法国人比英国人做的贡献要大。

法国、英国、俄罗斯、德国等国家和地区的民族曾被古希腊和罗马帝国称为"蛮族"；黄金时代的荷兰人看英、法、俄、德如同乡下人——阿姆斯特丹豪华的教堂、精美的油画和各种奢侈品使欧洲权贵趋之若鹜：当时，到荷兰的英国旅游者显得土头土脑，法国贵妇将郁金香视为钻石，沙俄彼得大帝匿名到荷兰船厂学艺，德国则是荷兰雇佣兵的来源，就连法国著名的哲学家、数学家笛卡尔也曾在荷兰当过大兵。

1580年，西班牙吞并葡萄牙，葡萄牙王室复国者先是向一向交好的英国和法国求救。英国虽然给了葡萄牙几艘小战船，但不愿直接与西班牙海军交锋；最后，法国硬着头皮在亚速尔群岛与西班牙"无敌舰队"打了一仗，结果大败。1588年，英国伊丽莎白女王依靠海盗海军侥幸战胜西班牙"无敌舰队"，但西班牙海军很快恢复了战力并多次征讨英国，导致英国皇家海盗海军兵力大损。最后，在荷兰、法国的帮助下，英国才得以保全领土。

那么，法国、英国为什么会在17世纪下半叶崛起？而且时至今日，这些国家依然还是有影响力的世界大国；而葡萄牙、西班牙、荷兰则要逊色许多呢？

这是因为，相比于罗马天主教廷保护者的政治大国西班牙，相对于将赚钱视为生命的商业大国荷兰，从法国开始，英国、俄罗斯等后来者都很耐心地做了两件相同的事：一是成立国家或皇家科学院，科学造船；二是组建常备海军，不再临时拼凑民船。

1635年，法国国王路易十三的首相、"法国海军之父"黎塞留（1624—1642）创建了法国科学院。1666年，路易十四的财务大臣兼海军国务大臣柯尔贝尔（1619—1683）又建立了皇家科学院（法兰西科学院）。法国为什么要建科学院？简单地说，面对积累了百年航海和造船经验的老牌海上强国，只有另辟蹊径才能超越，而蹊径就是科学造船。

1624 年，法国首相黎塞留组建了国家海军并亲自兼任海军大臣，扩建了多个港口，聘请荷兰和英国技师指导建造大船，这时的荷兰、法国、英国还在联合对抗西班牙。法国造的船一般都很漂亮，但质量不稳定，经常出问题，有的耗资巨额的战船下水 5 年就不能再用了，而荷兰、西班牙造的船一般能用 20 年以上。

路易十三的母亲玛丽·德·美第奇出身于文艺复兴时期著名的美第奇家族，这个家族有供养艺术家和科学家的传统，非常重视教育。当时的法国有每年派贵族子弟到意大利学习的传统，路易十三自然会考虑采用新技术造船，为造好船而建立国家科学院的计划也就提上日程。

据记载，1681 年，法国海军国务大臣柯尔贝尔曾召集法国科学家，征集战舰建造问题的解决方案。法国科学院还经常悬赏重金征集造船和航海论文，得到欧洲各国学者的积极响应。瑞士年轻学者欧拉（1707—1783）的论文曾获法国科学院有奖征文竞赛二等奖，题目是《关于船舶桅杆布局优化的算法》。凭此论文，欧拉敲开俄罗斯彼得堡科学院的大门，成为比肩牛顿的科学巨匠。法国逐渐成为欧洲的数学中心，直至 19 世纪德国哥廷根学派的高斯（1777—1855）横空出世。

1660 年，流亡法国期间迷上新事物的查理二世复辟登上英国王位。查理二世的母亲亨利埃塔·玛丽亚是法国国王路易十三的亲妹妹，玛丽亚的母亲也是玛丽·德·美第奇。查理二世登基的同年，立即成立了英国皇家学会，同时让陪他一起流亡的亲兄弟詹姆斯（后来的詹姆斯二世）担任海军大臣。1686 年，牛顿《自然哲学的数学原理》由英国皇家学会会长塞缪尔·佩皮斯①批准出版发行，此时的国王已经是詹姆斯二世。佩皮斯曾任海军大臣，提出战舰分级法，是英国现代海军的缔造者。英国皇家学院曾悬赏解决航海经度误差的问题，当时的院长牛顿还亲自出任顾问，木匠哈里森大胆创新解决了这一问题。

德国虽然直到1871年才实现统一，但普鲁士的皇帝们也"时髦"地供养着学者——发现天体运行三大规律的开普勒（1571—1630）就是其中之一。1652年，德国利奥波第那科学院成立，逐渐演变为德国国家科学院。1700年，普鲁士"候选帝"腓特烈一世批准威廉·莱布尼茨（1646—1716）的提议，建立了柏林科学院，莱布尼茨担任首任院长。莱布尼茨是德国哲学家、数学家，被誉为"17世纪的亚里士多德"，莱布尼茨的学术生涯却开始于法国和英国。1671年，25岁的莱布尼茨发表了两篇论文《抽象运动的理论》和《新物理学假说》，分别"题献"给了巴黎科学院和伦敦皇家学会，增加了其在欧洲学术界的知名度。1672年，莱布尼茨到巴黎执行外交任务。虽然没有完成任务，莱布尼茨却在巴黎结识了法国哲学家马勒伯朗士②和荷兰数学家惠更斯（1629—1695）等人，这些广泛的交流帮助莱布尼茨创立了微积分理论。

1697年，沙俄彼得一世游学西欧期间，对法国、英国、德国的科学院印象深刻，并在德国结识了莱布尼茨，与莱布尼茨交流了建科学院方面的问题。为了离海更近一些，1712年，彼得一世将首都从莫斯科迁往彼得堡，创办了多所大学和专科学院，并开始筹划建立皇家科学院。1725年，按照彼得一世生前规划，参照法国科学院章程，按照彼得一世生前咨询的柏林科学院院长莱布尼茨的意见，沙俄建立了彼得堡科学院。很快，两位年轻的瑞士人闻讯赶来，他们是丹尼尔·伯努利（1700—1782）和莱昂哈德·欧拉。

---

① 塞缪尔·佩皮斯（1633—1703），英国政治家和作家，毕业于剑桥大学，曾任英国海军大臣。
② 尼古拉斯·马勒伯朗士（1638—1715），法国哲学家，17世纪笛卡尔学派的代表人物。

伯努利在彼得堡发现了"伯努利原理",后来写出了《流体动力学》这一经典著作。欧拉初到彼得堡,被分配在海军部任海军大尉负责造船,后在伯努利的帮助下转到科学院工作。但热心的欧拉仍帮助海军解决各种问题,后来还写出了《造船学》和《航海学》这两部著作。由于俄国内乱,欧拉曾离开过彼得堡一段时间,待叶卡捷琳娜二世登基后,他又回到彼得堡科学院,在那里一直工作到去世。据说,他研究的手稿,俄罗斯人整理了近40年。

"拉格朗日点"对于现代航天至关重要。在每个由两大天体构成的系统中,按推论有五个拉格朗日点,其中,前三个点L1、L2、L3由彼得堡科学院的欧拉推算出,后两个点L4、L5由法国数学家拉格朗日推导证明得出。对此,本书将在俄罗斯部分做详细介绍。

从17世纪下半叶开始,法国、英国开始用新科技建造舰船,研究新战法,用规章和文化改造海军,很快建立起了新型常备海军。科技新成果的应用,使火炮武器和导航仪器更加完善。甚至在造船和航海方面,俄罗斯也越来越"讲究"科学和技术,对船长经验、水手"船艺"①的依赖大大减少。

从17世纪开始,欧洲涌现出许多科学巨人和文化巨匠,然而他们却与大航海时代的老牌强国葡萄牙、西班牙关系不大。在互联网上,人们似乎也仅能搜出西班牙作家塞万提斯·萨维德拉(1547—1616)、荷兰物理学先驱克里斯蒂安·惠更斯(1629—1695),而惠更斯一生中的黄金时光却是在巴黎度过的。

虽然西班牙皇家科学院成立于1713年,但那时的西班牙已经衰落。荷兰皇家艺术和科学院成立于1808年,而那时荷兰的统治者是法兰西皇帝拿破

---

① 船艺,指操作风帆、缆绳、桅杆、舵桨等技艺。例如,船的航向和重心稳定性等都需要有经验的水手保证。

仑。科学院和大学真的有这么重要吗？前面伯努利和欧拉与俄罗斯彼得堡科学院的缘分可以说明这个问题，我们再来看看法国数学家笛卡尔和荷兰物理学家惠更斯分别做出的两个截然不同的选择。

1618年，法国人勒内·笛卡尔（1569—1650）加入了荷兰对抗西班牙的军队，并在空闲时间开始学习数学。一次，笛卡尔看到路旁公告栏提出的数学问题征答，便向人求教，于是对数学和物理产生了兴趣。1621年，笛卡尔退伍回国。由于法国内乱，笛卡尔在1628年移居黄金时期的荷兰，后来受聘于莱顿大学——欧洲当时最好的大学之一，该大学给予了他最高的薪酬。笛卡尔在莱顿大学住了20多年，对哲学、数学、天文学、物理学等领域进行了深入的研究，其中为人熟知的有笛卡尔坐标系，以及名言"我思故我在"。

1666年，法国皇家科学院成立。毕业于荷兰莱顿大学的惠更斯来到巴黎，成为皇家科学院薪俸最高的会员之一。在法国与荷兰发生战争期间，惠更斯受到法国海军大臣柯尔贝尔的保护，柯尔贝尔在皇家图书馆专门为惠更斯安排了住处。1673年，惠更斯的《摆钟论》在巴黎出版，他将此书献给了法国国王路易十四。

在黎塞留和柯尔贝尔两任致力于科学造船的海军大臣的努力下，法国造的船越来越好，对海军军官和水手的培训也越来越正规。终于，在1690年的比奇角海战中，法国击败了英国和荷兰的联合舰队，封锁英吉利海峡长达一个月之久。一直到1815年拿破仑兵败滑铁卢，法国造船技术依然对英国保持着优势。

在舰船制造方面，风帆时代的英国海军部认为，没必要先研制新船，可以先让法国人去试验。由于英国在航海和海战经验方面优于法国，法国率先投入使用的新式战船经常被英国俘获。例如，英国服役数量最多的两层甲板三级战列舰，就是参照俘获法国的74炮战列舰建造的。关于这些，我们会在本书关于法国和英国的章节进行专门介绍。

关于英法海军的长短，清朝洋务运动推动者左宗棠看得很清楚：法国人造船技术占优，英国人航海作战占优。所以左宗棠在1866年创办福州马尾船政局时，聘请了两位法国人负责造船，并要求船政学堂的造船班学习法语，航海班学习英语。

从17世纪开始，"建科学院搞制造"的新兴国家法国、英国在与"炒郁金香做贸易"的老牌海上强国西班牙、荷兰的博弈中，用了100多年的时间终于赶了上来，风帆时代落幕，科学与机器时代开始。

在舰船建造竞争中，法、英、德、俄、美等国不断采用新技术和发明新技术，使得造船水平不断提升。与此同时，科学造船带动了数学、物理学、天文学、材料学等学科的发展。其中，流体力学与空气动力学的发展尤其快速，在这些率先建立科学院的国家，出现了一大批尝试飞行的先驱，为即将到来的空天时代积蓄了力量。

了解了以上内容后，我们就会理解：发明了蒸汽船的美国人富尔顿为什么会先去法国找拿破仑推介，莱特兄弟为什么舍近求远去巴黎搞飞行表演，因为法国人真的很愿意尝试新事物。

四、莱特兄弟之前的航空先驱

任何事物都不会横空出世，飞机也不例外。莱特兄弟虽然在1903年发明了飞机，但直到1909年才成立公司批量制造飞机。在1909年之前很长的一段时间里，法国、英国、德国、俄罗斯的航空先驱们发明和制造了各种各样的飞行器，早已超越了莱特兄弟，这也是奥维尔·莱特在公司成立五年后就退出了飞机制造业的原因。

在法国 1783年11月，孟格菲兄弟制造的热气球实现了人类历史上第一次载人飞行。1783年12月，法国科学院的科学家制作的氢气球实现了载人飞行。1852年，亨利·吉法尔研制出了世界上首架由蒸汽机驱动螺旋桨的飞艇。1906年，在巴黎学习航空的巴西人桑托斯·杜蒙特研制出了"14-bis"飞机，在巴黎郊区飞行了220米，用时21秒。1907年，加布里埃尔·瓦赞兄弟研制出了箱形机翼飞机，飞行了771米。1909年7月，布莱里奥驾驶自己设计的世界首架单翼机首次飞越英吉利海峡，惊呆了英国人。同年，世界上首个航空展在巴黎开幕——这就是现在著名的巴黎航展。1909年，法国发明家克雷曼·阿德在《军事飞行》一书中首次提出了飞机与军舰结合航空母舰概念。

在英国 早在1638年，英国皇家学会创始人约翰·威尔金斯（1614—1672）就写出了《探索月球上的世界》(The Discovery of a World in the Moon)一书。1804年，乔治·凯利（1773—1857）设计了一架滑翔机，从外形看，它已经是一架符合现代飞机布局的飞行器；1809年，乔治·凯利发表了论文《论空中航行》，提出了现代飞机布局的概念，学界公认现代飞机布局的概念源自乔治·凯利。1835年，英国人威廉·塞缪尔·亨森构思了"空中蒸汽马车"，甚至还与人联合成立了航空运输公司。1908年11月，肖特三兄弟创建了英国第一家飞机制造公司"肖特兄弟"(Short Brothers)。1909年，亨德里·佩奇创建的公司研制出了最早的重型轰炸机，他还发明了可在高攻角情况下改善气流的"亨德里·佩奇前缘缝翼"。

在俄国 沙俄航空起步并不晚于欧美，甚至在某些领域还超前，例如在理论研究方面。沙俄末期的门捷列夫（1834—1907）、茹科夫斯基（1847—1921）和齐奥尔科夫斯基（1857—1935）等学者关于浮空器方面的研究广泛而深入，许多大学和海军学校还开设了相关的课程，尤其在民间有很多航空爱好者。沙皇海军上校工程师亚历山大·莫扎伊斯基（1825—1890）从19世纪70年代就开始研制飞行器。莫扎伊斯基的蒸汽动力飞机于1881年获得了俄罗斯专利，1882年进行了试飞，但飞机只在滑行中跳跃了几次，未能持续离开地面，因此未被世界公认，但俄罗斯认为是莫扎伊斯基首先发明了飞机。苏联曾在1963年、1975年发行过纪念莫扎伊斯基的邮票，邮票上的文字明确写着："莫扎伊斯基是世界上第一架飞机的制造者。"彼得大帝于1712年建立的"圣彼得堡工程学校"曾多次更名；2012年，俄罗斯政府将该校以莫扎伊斯基命名——莫扎伊斯基军事航天学院，进一步强调了莫扎伊斯基航空航天先驱的地位。

在德国 19世纪90年代，德国航空先驱奥托·李林塔尔（1848—1896）研制出了比较成熟的滑翔飞机。遗憾的是，李林塔尔在1896年的一次飞行中受伤去世，但他的滑翔机激发了许多飞行爱好者的兴趣。莫斯科大学力学教授茹科夫斯基（1847—1921）是在买了一架李林塔尔滑翔机后转行研究飞行理论的，并成为苏联航空之父。德国有许多学者和工程师为航空航天业发展做出了开创性贡献，按出生年月，他们分别是：F.齐伯林（1838—1917）、H.容克斯（1859—1935）、L.普朗特（1875—1953）、E.H.亨克尔（1888—1958）、H.奥博特（1894—1989）、W.R.多恩伯格（1895—1980）、冯·布劳恩（1912—1977）、冯·奥海因（1911—1998）等。

如果没有第一次世界大战和第二次世界大战，德国应该是当之无愧的海空天大国，但这只能是假设了。所以本书没有讲德国在海空天领域的文明和力量，但在讲其他国家时，对德国进行了相关介绍。

奥维尔·莱特曾说："李林塔尔在一次滑翔飞行失败后去世，激发了我们对飞行的兴趣，我们开始着手寻找与飞行相关的书籍。"

五、从活塞双翼到喷气飞翼

美国莱特兄弟于 1909 年成立了公司，但哥哥威尔伯在 1912 年去世，弟弟奥维尔也于 1914 年退出了莱特公司。公司创办五年就退出了飞机制造业，莱特兄弟在经营公司方面是不成功的，但发明专利为他们赚了不少钱。

欧洲人"有闲"创新技术，飞机重要的新技术、新发明大多来自欧洲：第一架飞跃英吉利海峡的单翼飞机（1909）、当时最快速度的第一架硬壳式机身飞机（1912）、第一架全金属飞机（1915）、厚翼根设计、前缘缝翼、"射击协调器"、航空母舰、喷气发动机和喷气式飞机，以及火箭技术、载人航天等，都源自欧洲。

飞机首先在法国显示出了军事价值和经济价值。1914 年第一次世界大战爆发之前，法国涌现出了包括瓦赞、法尔曼、纽波特、高德隆、布雷盖、布莱里奥、斯帕德在内的一批飞机制造企业，法国成为世界航空制造业中心，巴黎号称"航空之都"。截至 1914 年，法国有 20 家飞机制造公司和 13 家发动机制造公司，德国有 15 家飞机制造公司，美国有 14 家飞机制造公司。第一次世界大战期间，法国生产飞机超过 52 000 架，生产发动机超过 93 000 台。

第一次世界大战期间，空战主要发生在德国与英国、法国之间，其中三款飞机表现出色：法国斯帕德公司的 S.XIII 战斗机，英国索普维思公司的"骆驼"战斗机，德国福克公司的 D.VII 战斗机。

第一次世界大战结束后，德国航空技术渐渐超越英国和法国。1915 年，德国飞机设计师胡戈·容克斯成功研制出了世界上第一架金属无支架、无张线单翼张臂式飞机；1919 年，他创建了容克飞机公司，公司设计制造出了世界上第一架全金属下单翼客机 F-13，安全性极好，推动了世界民用航空的发展。德国飞机设计师恩斯特·亨克尔于 1922 年创建了亨克尔飞机公司，亨克尔与冯·奥海因合作研制出了世界首架喷气式飞机，与冯·布劳恩合作研制出了火箭发动机飞机。第二次世界大战后，亨克尔的这两位合作伙伴都被迫去了美国。1935 年，威利·梅塞施密特（1898—1978）设计出了 Bf-109 战斗机，集当时最新制造技术和空气动力学成果于一身，包括全金属机身、铆接承力蒙皮、增升襟翼、可收放起落架、增压发动机等，是战斗机发展历史中的典范。在对波兰、法国、苏联的闪击战，以及在不列颠之战中，Bf-109 战斗机令人生畏。Bf-109 战斗机共生产了 35 000 架，是第二次世界大战期间世界生产数量最多的战斗机。

同样是第一次世界大战后，美国也开始重视飞机工业。美国最擅长的还是整合欧洲的技术、工艺，以及人。1912 年，法国人发明了硬壳式机身结构，但制造效率低。1918 年，自学成才的约翰·诺斯罗普与洛克希德兄弟一起发明了快速生产硬壳式机身的工艺，提高了制造效率并申请了美国专利。1926 年，艾伦·洛克希德与约翰·诺斯罗普合作创办了洛克希德飞机公司，利用其专利，在 1927 年研制出了六座单翼民用客机"织女星"；1928 年，公司销售额突破百万美元；1929 年春，公司规模达 300 名员工，每周可以出产 5 架"织女星"。有了研制"织女星"经验的诺斯罗普随后成立了自己的公司。如今，洛克希德·马丁公司和诺斯罗普·格鲁曼公司是美国股价最高的航空航天军工企业，F-22 战斗机和 B-21 轰炸机分别是它们的代表。

此外，约翰·诺斯罗普还综合了欧洲全金属飞机结构等技术，研制出了具有"全铝多室机翼"结构的"阿尔法"飞机（1930），成为波音公司 B247（客机鼻祖）、道格拉斯 DC-3（美国第一型不用补贴赚钱的飞机）的原型机，美国商业航空因此发展起来。

了解航空史的读者，可以通过下面的飞机翼身结构及机型演变图片，看到欧美航空角色换位的过程。在后面的内容里，我们还会进一步看到美国是

飞机翼身结构创新演变图

如何站在欧洲人的"肩膀"上前进的。

第二次世界大战中的"不列颠之战"是惨烈的。1940年11月14日，德军对英国航空工业基地考文垂的空袭极为悲壮。说它悲壮是因为据说当时英军已破译了德军空袭计划，为了不让德方察觉英方已掌握了其最高机密——埃尼格玛密码机，英国内阁决定一切照常，不增防、不警示、不疏散平民。当然，人们对这一说法存在争议，但是在战争中为了整体利益而牺牲局部利益的可能性还是存在的。如期而至的449架德国亨克尔H-111轰炸机准确抛下了394吨爆破弹、56吨燃烧弹和127枚延时炸弹，造成554人死亡、864人重伤，12家飞机配件厂遭到严重破坏，导致英国飞机减产20%。纳粹德国使用了延时炸弹，目的是杀伤救援人员——更多地杀人。

1941年5月26日，德国吨位最大、技术最先进的"俾斯麦"号战列舰被从英国皇家"方舟"号航空母舰起飞的"剑鱼"攻击机发射的鱼雷击伤舵机，之后被随之而来的英军飞机轮番轰炸击沉。1941年12月7日，日本海军航空母舰舰载飞机和潜艇突然袭击美国夏威夷海军基地。90分钟后，美国4艘战列舰、2艘驱逐舰沉没，188架飞机被炸毁，约2400人丧生。太平洋战争爆发后，美国航母进行了激烈的反击和复仇。最后，美国飞机投放的两枚原子弹彻底击垮了日本。

第二次世界大战打乱了欧洲秩序，美国飞机制造能力跃居世界第一。苏联也赶了上来，在第二次世界大战期间研制出了大量歼击机、轰炸机，将纳粹德国从斯大林格勒一路撵回柏林。但在航空科学技术方面，第二次世界大战中的德国和英国依然领先，例如喷气式飞机，是由德国和英国率先研制出来的。1942年，威廉·梅塞施密特研制成功Me-262喷气战斗机，在第二次世界大战后期投入使用，是世界上第一种投入实战的喷气战斗机。Me-262喷气式战斗机设计师是阿道夫·布兹曼，第二次世界大战刚一结束，美苏就四处搜寻布兹曼和他的研究成果，美国捷足先登俘获了布兹曼。布兹曼帮助美国北美公司研制出了F-86"佩刀"后掠翼战斗机，苏联米格设计局借助布兹曼的成果研制出了米格-15后掠翼战斗机。德国和英国两位喷气发动机发明人也被美国挖到。苏联米格-15与美国F-86是朝鲜战场最先进的战机，都是德国Me-262的翻版。

1952年，英国德·哈维兰公司率先研制出了"彗星"喷气式客机，并投入了商业运营，但在发生了几次事故后停止了运营。美国波音公司吸取"彗星"失败的教训，成功研制出了波音707喷气客机，一举夺取"民机老大"的位置。

冷战时期，为了与苏联超音速客机图-144竞争，英法合作研制出了"协和式"超音速客机，于1969年投入运营。1973年法国巴黎航展，"协和式"飞机与图-144同台进行飞行表演。不料，图-144在爬升过程中突然转为猛烈俯冲，飞机在空中解体，六名机组人员全部遇难，图-144总设计师也在其中。图-144在20世纪80年代停止了运营。"协和"式飞机在投入运营后也发生了多次事故，于2000年停止了运营。

"彗星"喷气式客机、"协和"式超音速客机的失利,终于让欧洲各国认识到,仅靠一国之力发展航空航天,难以抵抗身边的苏俄,更难以同美国日益强大的公司竞争,欧盟长期依靠美国更不是办法。于是,欧洲各国经过调整、重组、整合相关企业,英、法、德、西、意等当年的交战国,将许多曾经欲置对方于死地的敌对企业整合在一起,联手打造了欧洲空中客车公司、英国宇航系统公司(BAE)、意大利莱昂纳多公司、英国罗尔斯·罗伊斯公司、法国赛峰集团等航空航天防务公司。2000年,欧洲法、德、英、西班牙等国成立了欧洲宇航防务集团(EADS)。在欧盟支持下,欧洲宇航防务集团子公司空中客车公司很快与美国波音公司并驾齐驱。2014年,欧洲宇航防务集团更名为欧洲空客集团。

第二次世界大战期间,德国最先研制出并在战争中使用了V-1巡航导弹和V-2弹道导弹,战后美国和苏联的运载火箭和巡航导弹等许多航天技术都来自德国。V-2火箭设计师是冯·布劳恩,战后被俘虏去了美国。1957年10月,苏联率先发射人造地球卫星,美国上下恐慌至极,赶紧请出德国战俘冯·布劳恩主持火箭研究。很快,美国在1958年1月成功发射了人造卫星,并在1969年实现了"阿波罗"登月,赢得了对苏联的太空竞赛。

第二次世界大战期间,德国、美国、苏联都开展了对飞翼布局远程轰炸机的研制。德国空军元帅戈林将德国霍顿兄弟研制的Ho-229飞翼布局喷气动力战斗轰炸机称为"决战飞机",该机后来证明具有隐身突防雷达的能力。Ho-229飞翼机于1945年2月试飞成功。但两个月后,1945年4月,制造Ho-229飞机的工厂就落入美军手中,一些工程技术人员被迫去了美国。美军于1945年6月启动了诺斯罗普YB-49飞翼飞机项目。1950年,该项目被取消,因为当时飞控技术还不成熟。

之后,美国空军一直秘密研究飞翼布局飞机,终于在1989年实现首飞,

1997年开始服役，首次使用是在1999年的塞尔维亚科索沃战争。2015年10月，美国国防部长宣布诺斯罗普·格鲁曼公司中标美国空军下一代远程战略轰炸机项目，新机编号B-21，绰号"奇袭者"，合同额"巨大"，诺普罗斯·格鲁曼公司的股价因此超过了长期处于领先地位的洛克希德·马丁公司。

六、海天情怀　与国同行

古今中外的海空天人都有一种忘我的情怀。1431年，郑和拖着病体开始了第七次下西洋，最后于1433年在返航途中病逝。1500年，首次绕过好望角的葡萄牙航海家迪亚士在好望角遭遇风暴，沉没于其成名之地。1521年，麦哲伦船队完成了环球航行，结局却是悲壮的——出发时共五艘船200多人，却只回来一艘船18人，麦哲伦并不在其中。1524年，打通欧洲到达东方印度新航线的达·伽马病逝于印度古里。荷兰独立英雄海军上将马顿·特罗普、封锁泰晤士河炮轰伦敦的荷兰海军上将德·勒伊特（1607—1676）、英国大胜西班牙无敌舰队的海盗船长德雷克、大败拿破仑舰队的英国民族英雄纳尔逊，他们都魂归海上。

作为现代中国人，我们会常常想起中日甲午海战中牺牲的舰长邓世昌，不甘受辱而服毒自杀的水师统领丁汝昌，自责自杀的刘步蟾、林泰曾等船长，他们用生命维护了北洋水师最后的尊严。中国第一代飞行员，他们从毕业到牺牲仅半年时间，平均年龄只有23岁，他们多数来自顶尖学府、名门望族、归国华侨，是那个时代的精英。

陈怀民（1916—1938），出身富裕之家，1936年毕业于中央航空学校。1938年武汉"4·29空战"，当陈怀民成功击落1架敌机后，5架敌机同时朝他扑来。在机身多处中弹的情况下,陈怀民没有跳伞,而是驾机撞向一架敌机,两机同时爆炸……陈怀民时年22岁。女友王璐璐听到陈怀民牺牲后,跳入长江殉情而死。

陈怀民(左图)和女友王璐璐(中图),右图是当时关于陈怀民牺牲的报纸

沈崇诲(1911—1937),17岁考入清华大学,21岁毕业,父亲是中华民国司法院大法官。电影《无问东西》中,空军飞行员沈光耀便是以他为原型塑造的。1937年8月19日,沈崇诲与陈锡纯驾机轰炸日寇军舰时,飞机发生故障,二人没有跳伞逃生,而是带着机上的炸药一起撞向日军旗舰。26岁的沈崇诲、22岁的陈怀民、22岁的陈锡纯,用生命践行了"我们的身体、飞机和炸弹,当与敌人兵舰阵地同归于尽"的校训。

一代人有一代人的担当。曾有一位中国空军司令员,飞行了几十年,老伴为他担惊受怕了几十年。一天,当老伴为他举办正式停飞的晚宴时,他们的独生子打来电话说:"妈,报告一个好消息,我被招飞录取了!"这个独生子是当时最新型战机的试飞员,也曾是阅兵的领飞。国防大学金一南教授在讲述这段故事时,哽咽落泪……

"才见霓虹君已去,英雄谢幕海天间。"这是航空人为中国舰载机现场总指挥罗阳同志作的挽诗。我与罗阳同志见的最后一面是在航空工业集团总部，我问他来做什么，他一脸愧疚地说："工作没做好，来检讨。"我知道他所说之事，不是他的责任，但他是总指挥。一手交检查，一手接奖状，这是海空天行业的传统和文化。

"祖国终将选择那些忠诚于祖国的人，祖国终将记住那些奉献于祖国的人！"1907年，苏联航天事业的领导者科罗廖夫出生于乌克兰，1966年病逝于莫斯科；1911年，钱学森出生于中国，1935年去美国留学，1955年回国开创了中国的航天事业，2009年逝世于北京；1912年，德国V-2火箭总设计师冯·布劳恩出生于德国，后被俘到美国，于1955年加入美国国籍，帮助美国赢得美苏太空竞赛，1977年病逝于美国。三位航天先驱的年龄相差只有5岁，如果在互联网上搜索纪念他们的邮票，钱学森的纪念邮票很容易被找到，但我没能搜索到美国或者德国发行的纪念冯·布劳恩的邮票（也许发行过，但网上查不到），反而是刚果、莫桑比克等国家发行了不少冯·布劳恩纪念邮票。科罗廖夫的纪念邮票也只搜索到了苏联时期的，如今的俄罗斯和乌克兰都没有发行过纪念科罗廖夫的邮票。为什么？国家关系使然。

中国纪念钱学森的邮票

莫桑比克纪念冯·布劳恩的邮票

苏联纪念科罗廖夫的邮票

钱学森在世时，中国航天员大队从飞天第一人杨利伟开始就形成了一个不成文的规定：每次载人航天任务圆满完成后，执行任务的航天员都会去看望钱老。

本书在不同的章节多次介绍钱学森，介绍出生于乌克兰为苏联航天做出贡献的科罗廖夫，介绍出生于德国先后为纳粹德国和美国效力的冯·布劳恩，是想说明，在海空天行业，个人的命运与国家、民族的命运密切相关，与国同行、与时代同频共振最为重要。三位航天大师都为人类探索太空做出了卓越贡献，都有着曲折的人生经历。无疑，钱学森的人生最圆满、最成功。

七、大国博弈海空天

从20世纪下半叶开始，人类的海空天活动越来越广泛，"可上九天揽月，可下五洋捉鳖"：从满载物资的巨轮货船，到全副武装的航空母舰；从飞行万里的舒适航班，到精确斩首的巡航导弹；从探日探火的各类航天器，到激化冲突的军事卫星……大国博弈的无常，使海空天文明与力量发展的前景愈加不可预测。

北京时间1999年5月8日，中华人民共和国驻南斯拉夫联盟共和国大使馆被美国B-2隐形轰炸机发射的多枚精确制导炸弹炸毁，三位同胞牺牲。精确制导炸弹由美国波音公司制造，但是，运回同胞遗体的同样是美国波音公司的飞机。

1999年7月1日，中国航空工业第一、第二集团公司，中国航天科技集团公司，中国航天机电集团公司，中国船舶工业集团公司，中国船舶重工集团公司等十大军工集团公司成立。2008年，中国商用飞机有限责任公司成立。2016年，中国航空发动机集团有限公司成立。2019年，中国船舶工业集团公司与中国船舶重工集团公司整合为中国船舶集团有限公司。

从2003年开始，中国海空天装备快速研制了出来：空警-2000预警机、四代战机歼-20、大型运输机运-20、支线客机 ARJ-21 相继研制出来并投入使用。中国载人航天工程取得突破，杨利伟飞天成功；2020 年，中国北斗导航系统投入使用；2022 年，中国建成空间站。航母、新型战略核潜艇、两栖攻击舰、大型驱逐舰相继服役；中国造船业完工量、接单量、手持订单量等三大造船指标位居世界第一。

从 2021 年开始，海空天力量在国际关系中的表现让人忧心忡忡。各大国都在加紧制造更多的战舰和潜艇，开发新型战机和导弹，抢占卫星轨道并制造着更多的太空垃圾。

海空天力量体现的更多是近现代科技，但海空天文明则蕴含着人类社会 5000 多年历史的精华。西方社会习惯于把中国看作西方现代化理论视野中的近现代民族国家，或者习惯于将目光停留在 1840—1949 年的旧中国，不了解 1840 年前的古代中国，也不愿把 1949 年后的中华人民共和国放在中华 5000 年文明史中去深入理解。因此，西方会经常对中国出现误判，而得到事与愿违的结果：1919 年，西方合谋牺牲中国山东利益的《凡尔赛合约》激发了"五四运动"；1949 年，英国海军"紫石英"号护卫舰在南京江面不听劝阻被解放军炮轰；1953 年，英国海军在珠江口的挑衅行为再次被解放军炮轰，彻底终结了西方在中国的炮舰政策；还有 1950—1953 年的朝鲜战争，1999 年 5 月美国轰炸中国驻南联盟大使馆，2001 年中美南海撞机事件，2011 年美国提出的将中国排除在国际空间站之外的"沃尔夫条款"……每一次西方的施压，中国的海空天力量都得到迅速加强。可以说，今天中国海空天文明与力量取得的一系列成就，其中许多都要"归功于"西方的封锁和排挤。

2022 年 6 月 26 日，英国时任首相约翰逊在接受媒体采访时表示，要在"保护共同价值观"和"跟中国做生意"之间找平衡，很难。但如果约翰逊首相认真回顾一下自 15 世纪大航海时代以来英国海空天文明与力量的发展史，不要总沉醉于打败西班牙"无敌舰队"的辉煌中，也要学会面对被荷兰俘获的英国海军旗舰在阿姆斯特丹展览的耻辱，就会明白该怎么办了，也就不会很快被议员赶下台了。

为人类拓展生存空间，从来都是海空天文明的理想；被大国博弈用作工具，一直是海空天力量的现实。"回首向来萧瑟处，归去，也无风雨也无晴。"虽然现实很"萧瑟"，理想的受阻让人产生无所谓"雨晴"的无奈，但如果放在几百年、几千年人类文明发展史中看，残酷的现实定会渐行渐远，看似遥远的理想却会越来越近，"莫听穿林打叶声，何妨吟啸且徐行"的心境定会油然而生，陪着我们驶向诗和远方。

第一章 从古埃及王朝到大航海时代

▼

从古埃及王朝到大航海时代，每一时期的大国、强国都贡献了至少一型能够影响历史进程的舰船，彰显了大国文明，展示了强国力量。

5000多年前，古埃及王朝已经有了单桅单排桨帆船，为建造金字塔运送巨石和木材；3000多年前，腓尼基人的双桅两排桨帆船已出现在地中海，孕育了地中海文明；2500多年前，古希腊凭借三桨座三排桨战船打败了波斯帝国，守护了本土文明；2000多年前，古罗马凭借五桨座战船毁灭迦太基，征服古希腊，吞并古埃及王朝，称霸地中海，奠基了千年罗马帝国。

从1405年至1433年，中国明朝郑和进行了七下西洋的远航。15世纪40年代，葡萄牙建造出了卡拉维尔三角纵帆船和卡拉克拿屋船，凭借这两型船，达·伽马帮助葡萄牙开辟了欧洲到达东方的海上新航路，哥伦布帮助西班牙发现了美洲新大陆，人类进入了大航海时代，完成了地理大发现。

第一节　古埃及最早的船和远航

船是最早出现的交通运输工具，已有万年以上的历史，如同石斧、弓箭、陶器等原始工具一样，很难说是哪个民族或地区的人最早发明了它，只要在江、河、湖、海岸边生活的人，都有可能是独木舟、木筏、竹筏的发明者。考古发现，8000多年前就已经有了独木舟。中国浙江萧山、英国约克郡、荷兰格罗宁根等地区都曾出土过独木舟，荷兰出土的独木舟碳测年代为公元前 6315 年的前后 275 年，也就是距今 8000 年左右。

在古代地中海、红海、阿拉伯海、尼罗河三角洲等地区生活着许多海上民族，他们长年在海上航行，选择合适的岸边停靠，并交换货物，这些停靠点慢慢变成了港口和贸易站，有的逐渐形成了城邦和国家。在几千年的航海贸易和城邦争夺战中，古埃及人、腓尼基人、古希腊人、古罗马人不断改进货船和战船，逐渐胜出，成为当时的强国、大国。

古埃及是四大文明古国之一，尼罗河是其母亲河，尼罗河与地中海交汇处形成了土地肥沃的三角洲地区，这个人口密集、吃穿富裕的地区经常受到海上民族的侵扰。公元前 4500—前 3100 年，古埃及人就能制造芦苇船。在英国大不列颠博物馆有个出土于埃及格尔塞的陶瓶，考古确认的制作时间在公元前 3500—前 3000 年，瓶面上有帆船图案，说明 5000 多年前的古埃及就有了风帆船，只是图案显示的船帆好像是用芦苇制作的，这样的船只能在江河与近海航行，经不起大的风浪，不能远航。1954 年，埃及考古学家在法老胡夫吉萨金字塔附近挖掘出了 40 多米长的太阳船。考古验证，这艘法老胡夫的太阳船建造时间大概在公元前 2500 年，由雪松制成，已是带有龙骨的硬木船，龙骨的运用增强了船的强度。从下面两幅图可以看出，古埃及陶瓶上的船与古埃及太阳船的制作年代，前后相差 1000 年，但船的外形和结构基

公元前 3500 年的古埃及陶瓶上的帆船

古埃及太阳船（公元前 2500 年）的模型

第一章 从古埃及王朝到大航海时代

本相似。

20世纪60年代,波兰曾发行过16枚"古代的船"系列邮票,其中有3枚邮票比较有代表性。第一枚是公元前15世纪古埃及的单桅单排桨方帆船,第二枚是公元前15世纪腓尼基以风帆为主要动力的海上货运商船。二者的相同处是,均为单桅方帆,并配备船尾控制方向的大桨;不同处是,腓尼基船已经没有船舷两侧的排桨了。由此推测,腓尼基船应该是主要依靠海风航行的海上商船。这说明,当时腓尼基人操控风帆的能力已经很强了。需要说明的是,公元前12世纪以前,腓尼基人被古埃及人统治;公元前12世纪至前8世纪,腓尼基人脱离了古埃及的统治,成为地中海霸主,直到古希腊崛起。

古埃及单桅单排桨方帆船

腓尼基单桅风帆海商船

古希腊三桨座单桅战船

波兰"古代的船"系列邮票

第三枚邮票是公元前5世纪古希腊三桨座单桅战船。之所以说是战船,是因为其船首下部有用于撞毁敌船的撞角,三排桨大大提高了船的速度,适应战斗。其他方面看上去与1000年前古埃及和腓尼基的船相比没有大的变化,都是单桅帆。这就是造船业的特点,船舶外形结构的演变和发展极其缓慢,1000年间几乎没有大的变化。从公元前8世纪开始,古希腊人逐渐取代腓尼基人,称霸地中海。公元前5世纪,在雅典与波斯大军的萨拉米斯海战中,三桨座战船保住了古希腊文明。

如果从动力视角看,船舶发展历经了人力划桨、桨帆并用、纯风帆、风帆和蒸汽机并用、纯机器动力等阶段，这一演变进程极其漫长，至少在5000年以上。

对于古船来说，风帆相当于发动机，为船提供动力。从创新角度看，第一艘风帆船的出现，是人类船海领域从0到1的革命性创造，之后船的发展和演变，无非是在增加桅杆风帆、桨座排列、船型吨位，以及船具和武器等方面做文章，都是1+n方面的发展。

从考古角度看，风帆的发明者最有可能是古埃及人。古埃及最早的船是尼罗河上的芦苇船：将经过防水处理（据说用沥青浸泡）的芦苇（纸莎草）扎成捆，再将一捆捆芦苇连成排当作主船体，就像中国的竹排。为了遮挡尼罗河上空酷热的太阳，水手在芦苇船上支起了芦苇席，没有太阳的时候就把芦苇席放下来。放下的芦苇席有时会被风吹动，让水手划桨时感觉到了省力。受此启发，他们就发明了风帆。后来，他们又用布匹代替了芦苇席，帆产生的动力就更强劲了。虽然是猜测，但合乎情理。给人力划桨船安上桅杆，装上风帆，这是航海造船业第一次尝试用自然风力解放人力的革命，是5000多年前古人的革命性贡献。

建造金字塔促进了古埃及造船业的发展。公元前2690年前后，古埃及法老开始为自己建造金字塔陵墓，需要大量的材料。古埃及人在尼罗河东岸阿斯旺地区找到了花岗岩石料；在西奈半岛采集了砂岩、铜矿石等；在地中海东岸，今天的黎巴嫩、叙利亚地区找到了雪松。为把这些物料运到金字塔建造地，古埃及人与腓尼基人一起建造出了能运送重物的单桅单排桨方帆船。

2018年，考古学家在开罗以西的萨卡拉发现了一座公元前24世纪第五王朝王室祭司的墓葬，里面有各种壁画及象形文字等。其中有一幅壁画记录了水手们扬帆划桨前行的场面（下图左），也有解释说这是造船场面。

这艘船上已经有了桅杆和风帆，船舷一侧有15名以上划桨手，船尾有两

第一章 从古埃及王朝到大航海时代

公元前24世纪的古埃及墓室壁画上的船　　波兰邮票上的公元前15世纪的腓尼基单桅风帆海商船

名操纵大桨的舵手控制方向，这已经是典型的排桨风帆船了。只是该船还没有上甲板，但高处瞭望水手坐的位置，可能是船舱顶部，也可能是专门的天桥。如果将这艘船与1963年波兰邮票上的公元前15世纪的腓尼基单桅方帆船（上图右）比较，公元前15世纪的腓尼基风帆船更加成熟——它已经是一种能够运送重物，或者能够快速航行进行战斗，坚固的木质大帆船。该船船长可达40米，船底有一条贯穿首尾两端的龙骨，有横梁固定船板，甲板也是加固的，船体很牢固。船中部装有一根桅杆，挂一张大型长方形风帆，船舷两侧有两排桨，每排有桨15只以上。有风时靠风帆驶行，无风时靠桨手划桨前进。

这型船已经具备桨帆船所有的结构，虽然没有完整的上甲板，但从船首到船尾在排桨手上方架了一个天桥供水手和士兵活动，后来船的上层甲板就是由这个"天桥"不断演变而来的。读者可以仔细辨认一下这个船甲板的鼻祖"天桥"，比左图公元前24世纪的"天桥"更完整了，但这可是近千年的变化！

有了坚固快速的排桨帆船，再配上古埃及当时比较发达的星象术，古代埃及已经具备了远洋航海的硬件条件。

公元前25世纪前后，也就是距今约4500年，古埃及人从红海亚喀巴湾出发向南到达了东非海岸的蓬特国，也就是今天索马里一带，从那里交换到了香料、药物、琥珀、黄金、檀木等，但后来中断了。这个传说应该在现实发生过，可以从下面这个有记载的远航起因得以验证。

● 035

公元前15世纪前后，古埃及第十八王朝女王哈特谢普苏特（公元前1503—前1482年在位），组织了一次大规模航海探险活动，寻找传说中的东非蓬特国，这个传说可能就是公元前25世纪的那次远航。在尼罗河和红海之间，有座代尔拜赫里神庙，庙里有一组壁画记录了这次远洋航海活动，画面描绘了蓬特国人欢迎古埃及船队的场面。

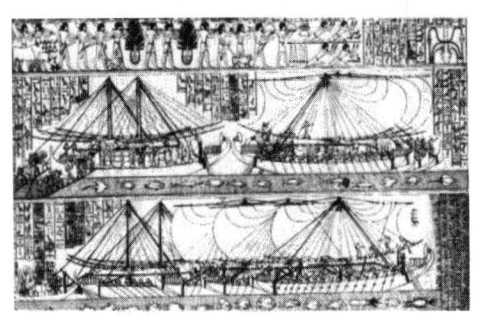

寻找蓬特国的古埃及方帆船图案　　　　左图局部放大图

领队是一位古埃及王朝官员，探险船队由20艘大型埃及单桅方帆船组成。我们可以将壁画中的船剪裁下来放大（上图右），从放大图中可以判断船队人数。图中显示，每侧桨手大约15人，两侧共30位，还有多位风帆操纵水手，前后还有几位水手，每船人数在50人左右。由此推出，此行20艘船，总人数1000人左右，在古代这绝对是一支庞大的船队。

远洋探险船队从红海西海岸出发，沿着红海南下，经过十几个月的海上航行，终于在非洲东海岸找到了蓬特王国（今索马里）。双方进行了贸易活动，古埃及人用玻璃珠（腓尼基人发明的玻璃）、首饰、小刀等换取了当地出产的香料、檀木和象牙等。

也许是巧合，非洲东海岸的今索马里地区看来是远洋航海的最佳落脚地。1416年，中国明朝郑和下西洋曾到达此地，葡萄牙人达·伽马于1498年开辟新航线时也曾到过这里。

第二节　腓尼基的海船与远航

考古显示，公元前 3000 年至前 2000 年，一些讲塞姆语的人来到地中海东岸，即今黎巴嫩、叙利亚地区，逐渐与当地民族融合形成了一个族群，这个族群当时被称作迦南人。迦南人擅长航海和做生意，能找到合适的贝类提取绛紫色染料。绛紫色染料当时为古埃及贵族所喜欢，据说比黄金还贵。后来，擅长写历史的希腊人就将迦南人称为腓尼基人，希腊语 Phoenicians 是"绛紫色"的意思。

腓尼基人建造的船，在桅杆和风帆上做了很多改进，比古埃及人建造的船更适合在海上航行。古埃及故事《温阿蒙历险记》（*Le Voyage d'Ounamon*）记载道，一个叫温阿蒙的古埃及使者奉命前往比布鲁斯（今黎巴嫩一带）向腓尼基人购买雪松，但中途钱财被抢。腓尼基人拒绝无偿运送木材，并说："我不是你的仆人，也不是派你来的那个人的仆人，木头就在岸边放着呢。"这句话透露的信息是：第一，建造古埃及金字塔的雪松是古埃及人向腓尼基人购买，并由腓尼基人运到古埃及的；第二，虽然腓尼基人被古埃及统治，但还是有很强的独立性，并不是奴隶；第三，腓尼基人的航海能力强于古埃及人。

历史文献记载，公元前 12 世纪至前 8 世纪，腓尼基人在地中海东岸、南岸建造的城邦达到了繁荣期。而这时，地中海北岸的古希腊人正处于《荷马史诗》描述的原始社会的"黑暗时代"，古罗马文明也还没有形成。族群人数不多的腓尼基人能够在古埃及、亚述、古希腊、古罗马等周边大国的环伺下称霸地中海几百年，靠的就是航海和贸易。特别是他们的造船技术在当时最发达，有两型著名的船：一型是圆形的腓尼基商船，另一型是狭长的双桨座双桅战船。

腓尼基单桅风帆商船主要靠风帆航行，船尾有两个桨手负责掌握方向，划桨手和水手不多,船身呈"肚量大"的圆形,这样可以装运更多货物,与古埃及大横帆船类似。为防止海盗,商船一般都结队航行,必要时需有战船保护。

地中海上经常有海盗出没劫掠腓尼基商船,腓尼基人于是建造出了快速坚固的战船。腓尼基人将单桅商船加长,增加一根桅杆,增加更多划桨手,配上合适数量的士兵,腓尼基双桨座双桅杆桨帆战船便产生了。腓尼基战船的两根桅杆都比较高大,各挂一张长方形风帆;船头呈圆形,顶端像马头,有装饰物;船侧身有一双特别的"眼睛",据说是用来敬畏神灵的,同时有震慑敌人的作用;船尾高高翘起,像马尾,也有人说像鱼尾。

由于船身狭长,阻力小,双桅双帆,且有更多划桨手,因此船的动力大,速度快,适合在海战中保护商船,有时也可以掠夺敌方商船。腓尼基人凭此船称霸地中海几百年,出直布罗陀海峡抵达大不列颠岛,甚至还完成了环绕非洲的航行。

古埃及人的航海探险活动虽然比较早,但还不够远。西班牙考古学家考证,公元前1100年前,腓尼基人曾跨出直布罗陀海峡进入大西洋,北上大不列颠岛,南下西非。腓尼基人成为地中海远近闻名的"海人"。

在亚述王宫,有描绘公元前8世纪腓尼基船队的浮雕画,船队里有商船、护卫战船和补给船。腓尼基人商业意识强,国家意识弱,只要给足报酬就可以受雇出海。在古埃及、亚述、波斯、古希腊、古罗马等大国间的战争中都能见到腓尼基的水手和战船,腓尼基人更多时候是站在古埃及、亚述和波斯一边,所以古希腊人和古罗马人比较痛恨腓尼基人。

古希腊历史学家希罗多德(公元前484—前420)在其《历史》一书中记载了腓尼基人环绕非洲的航行。公元前7世纪末期,埃及法老尼科二世(公元前609—前593年在位)为扩大贸易范围,找来当时著名的航海家腓尼基船长汉诺,请他环绕非洲海岸航行寻找新航道。汉诺船长率领三艘轻舟从红海亚喀巴湾出发南下红海,沿非洲海岸绕过凶险的南非海角,再沿几内亚湾到直布罗陀海峡进入熟悉的地中海,最后穿过地中海回到古埃及。此行历时三年,腓尼基人得到了法老丰厚的报酬。

为什么腓尼基人能比葡萄牙人早 2000 年完成了绕非洲东西海岸的航行,包括葡萄牙人惧怕的风暴角——好望角等凶险之地也都能顺利通过?首先,腓尼基人很耐心,不急于求成。腓尼基人的远洋航海不同于心急的葡萄牙人,一定要在短时间内完成探险。腓尼基人很有耐心,他们一段一段"居家搬迁"式航行。航行累了,或者季节气候不合适,就找一个安全的海湾停下来休整,住一段时间,甚至自己种粮食,待补足物资、风向和气候合适时再出发,所以用了三年时间。其次,腓尼基人航行方向与葡萄牙人相反,这十分重要,因为风向、洋流对航行都很关键。

希罗多德对腓尼基人与非洲原住民的贸易也有记载:腓尼基人在海滩上卸下货物后,返回船上,升起一缕黑烟当信号。非洲人看到后,来到海滩上,在货物旁放上一些金子,然后躲进树林。腓尼基人上岸,见金子数量满意,就收起金子离开,不满意就回船上等,直到增加的金子使他们满意为止。这些交易办法,后来也被葡萄牙人采用过。

当时的许多人,包括《历史》作者希罗多德本人对腓尼基人完成了环绕非洲航行的壮举都不太相信。他写道:"这些回来的船员说了一些莫名其妙的话,当这些人在非洲南端的西边航线航行的时候,太阳居然出现在了他们的北边,这简直是不可能的事情。"

现在看来,这段话恰恰证明了腓尼基人这次远洋航行的存在,因为那时的人还不知道地球是圆的,不知道位于南半球南非中午的太阳的确在北边。希罗多德的疑问只有到了 16 世纪才被大航海时代的航海家们所证实。

腓尼基人还帮助波斯人完成了远航古印度的航行。公元前6世纪，波斯帝国统治了古埃及，雄心勃勃的波斯国王大流士一世（公元前550—前486）虽然身在巴比伦城（距今伊拉克巴格达南90公里处），但一直对东方的古印度感兴趣，于是组织了船队从古埃及出发，开辟了从古埃及到达印度河的海上航路。远洋船队中，腓尼基人是主要力量。

公元前326年至前325年，马其顿亚历山大大帝的将军尼阿卡斯从印度河口航行到底格里斯河口，搞清了古印度到波斯湾的海岸线。之后，亚历山大又雇用腓尼基人在波斯湾进行航海活动，准备建立殖民地东扩。但是，亚历山大32岁英年早逝，东扩计划就此搁置。

腓尼基人不仅善于造船航海和做生意，还善于发明创造，他们能从贝类里提取珍贵的绛紫色染料，卖给古埃及贵族。他们在海边沙滩上生火做饭时发明了玻璃，并用玻璃制成花瓶等工艺品与人交易。他们精于贸易，不仅卖自己制作的玻璃花瓶、珠宝饰物、金属器皿和武器，还贩卖来自黑海沿岸的铜、柏树及古希腊的各种工艺品，西西里岛的酒和油，科西嘉的蜡，西班牙的金银，不列颠的锡，等等。腓尼基人因此变得非常富有。

腓尼基的强盛期保持了400多年。公元前8世纪，古希腊崛起，腓尼基开始衰落。最后，腓尼基人在地中海东岸的发源地消失了。公元前9世纪，曾有一支受本族迫害的腓尼基人来到地中海南岸今北非突尼斯地区，在海边建了一座名为迦太基的城，迦太基城渐渐成为能与古希腊和古罗马抗衡的强国，靠的还是祖传的海上贸易和海上作战能力。

腓尼基人对古希腊文明的形成和发展产生了重要影响，这都反映在了神话之中。

古罗马诗人奥维德（公元前43—17）的《变形记》中有一个故事：一天，众神之王宙斯偶遇腓尼基公主欧罗巴一见钟情，宙斯变身公牛将欧罗巴劫掠到一片无人之地，从此这片土地就叫欧罗巴，也就是今天的欧洲。坠入爱河的宙斯和腓尼基公主生下三个儿子，其中一个儿子名为米诺斯，他是希腊神话传说中第一位统治克里特岛的国王。

油画《劫掠欧罗巴》

这段神话意在说明，古希腊文明源自腓尼基，因为古希腊文明发源于克里特岛，也称米诺斯文明，神话中米诺斯是腓尼基公主与宙斯的儿子，腓尼基公主欧罗巴是欧洲的母亲。事实上，克里特岛第一位国王的妻子真的是腓尼基人。

古希腊米诺斯文明起源于公元前2850年至前1450年青铜时代的克里特岛，是爱琴海地区的古代文明。从出土文物看，克里特岛曾是地中海的一处贸易港口，与古埃及和小亚细亚有密切的贸易联系，克里特岛上产生的文明一定会受到当时强势的古埃及和地中海东海岸腓尼基人的影响。

奥维德的《变形记》是古希腊和古罗马神话大全，故事按照时间顺序叙述，从宇宙创立、大地形成、人类出现开始，至罗马城建立，恺撒遇刺变为星辰和奥古斯都顺应天意建立罗马帝国为止。《变形记》符合历史和逻辑，外表是神话，内表是现实，所谓变形就是在讲历史演变，大事件和大脉络遵循了历史，有些像中国的《山海经》。

"在迦太基，任何不能盈利的东西都被认为是可耻的。"这是古罗马人对腓尼基后人迦太基人的评价。腓尼基人最后的都城迦太基在公元前146年被罗马人毁灭，这个民族从此消失。然而，古希腊和古罗马文明早已深深烙上了腓尼基文明的印记，古希腊字母、古罗马拉丁字母，以及26个英文字母都源自腓尼基人创造的 22 个腓尼基字母。

第三节 古希腊文明的守护者——三桨座战船

无论古希腊人和古罗马人如何憎恨腓尼基人，古希腊建造的三桨座战船、古罗马人建造的五桨座战船都明显带有腓尼基船的印记，有时难以辨别，区别在于桨座和划桨手的数量。为了增加划桨手的数量，提高战船速度和冲撞破坏力，古希腊人通过桨座高低设计、桨座合理错位布置，造出了三层桨的双桅杆战船。

如果想使船装载更多货物和士兵，就要适当加宽船体。但船体太宽，船的行进阻力便会加大。因此，在船体宽度上做文章的自由度有限。于是，造船师首先想到的就是把船加长，配置更多的桨，同时增加桅杆和风帆数，由单桅杆变为双桅杆。但这就遇到一个船体强度的问题：如果船体太长、过重，船体就会被过大的纵向弯曲力矩折断。就像今天巨大的集装箱船如果不断加长担心弯折一样，所以在当时木制船的情况下加长船体也有限。造船师自然就想到从增加船的高度入手，增加一层座位或甲板。甲板一开始不是完整的，是一个个加高的供桨手坐的座位，经过不断改进，就出现了双层双排桨帆船，腓尼基人常用这种船。

如果想继续增加船桨，简单的办法就是再增加一层划桨手座位，但这会导致船体高度增加，又会遇到稳定性问题。于是，造船师首先将"天桥"改造成标准的甲板，甲板与底层中间再建造一个夹层。底层布置一排划桨手，夹层通过座位交错布置、高矮不同可以安置两排船桨，这样在甲板下两层空间里一列有三个桨座，三桨座三层桨船就设计出来了，三桨座船名称由此而来。该船中间夹层有两名划桨手交叉而坐各划一支桨，这两个座位位置如何交叉安排，座位高低多少，是该船技术的关键。

古希腊三桨座战船实际上是在腓尼基双层桨帆船基础上的加长、加高和稍稍加宽，再配上包有青铜的撞

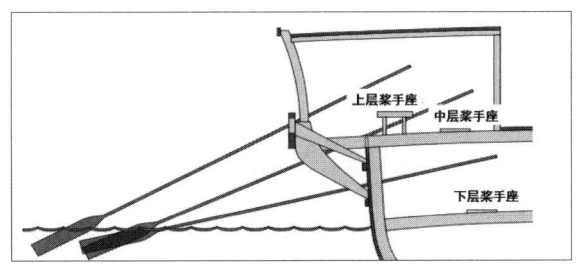

三桨座布置示意图

角，战船重量大大增加，增强船体强度和解决渗漏问题成为造船的关键。雅典人在船主梁下布置了两根直径47毫米，长度为船长两倍的缆绳，把它们沿龙骨中线从船头贯穿至船尾，据说能提供13.5吨的张紧力，起到加强船体纵向抗弯强度和抗冲击力的作用，同时还可以防止船板移位产生渗漏。雅典将这项技术列为机密，泄露就是死罪。考古研究称，如果没有这项技术，三桨座战船将无法在海浪中航行。可以说，从古希腊开始，人们开始有意识地将一些科技用于造船中。

由于划桨手增加，船速加快，三桨座战船头部水下线一般都装有用青铜制成的撞角，其功能是依靠划桨手加速直接撞击敌船侧面，这样不但可以毁坏敌船船桨，使其失去动力，甚至可以直接撞沉敌船。这是古代战船自身配备的最早的武器装备。

考古研究出土的三桨座战船显示，该类船长约40米，宽6米，3层桨有170—180位划桨手，划桨手之间纵向距离约1米，水线以上船体高约2.15米，吃水约1米。双桅杆，主桅和前桅各挂一张方形帆，最高速度可达8节以上，一般以6节巡航。天气好时，划桨手划船6小时—8小时，可航行80千米—100千米，极限情况一天能航行300千米。

2017年11月，希腊赫拉克莱冬博物馆曾在中国科技馆举办"古希腊科技与艺术展"，其中三桨座战船是重要内容。

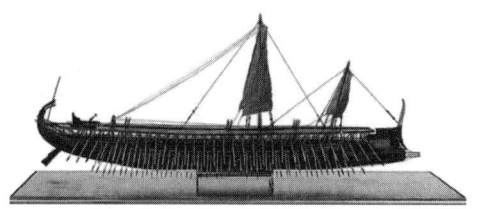

古希腊三桨座战船模型

20 世纪 80 年代复原的古希腊"奥林匹斯"号三桨座战船

20 世纪 80 年代，为了研究古希腊三桨座战船的航速、战术和居住条件，希腊与英国合作，用时两年多，复原了一艘名为"奥林匹斯"号的三桨座战船。该船用推测的古代工艺制造，造好后不长时间，船舱进水、船板腐烂等问题不断出现。最后，人们不得不用现代工艺进行维护保养，花费巨大。2004 年 8 月，该船参加了雅典奥运会火炬传递活动，2005 年被送往希腊法里奥海军传统博物馆珍藏。时至今日，对于古代的许多造船技艺，现代人还是难以参透。

古希腊三桨座船对于西方文明的发展具有以下特别意义。

第一，在三桨座船的研制和后续的不断改进中，船体强度、稳定性、重心、阻力、操纵性等技术问题都被提了出来，古希腊的许多学者参与了造船和航海研究，大大促进了古希腊数学、物理学、天文学等学科的萌芽和发展。

第二，在古希腊与波斯帝国的命运之战中，三桨座战船帮助古希腊赢得了希波战争关键之战——萨拉米斯海战，保住了西方文明摇篮。古代有许多文明都毁灭于战争，那时的胜利者极其野蛮，习惯焚毁敌方建筑物和书籍，杀掉贵族，将百姓掠为奴隶。例如，罗马共和国攻占叙拉古时已经发令，要保护著名学者阿基米德，但古罗马士兵还是将 75 岁的阿基米德杀害。

第三，该船在古代船舶发展进程中起到了承前启后的作用，成为后续战船发展的主要平台。古希腊各城邦相继建造出了各类战船："一桨半"轻型侦察船（底层每排 15 桨，第二层每排 5 桨，两舷侧共 40 名划桨手）；比三桨座战船矮一些的无风帆纯二桨座战船（120 名划桨手）；罗德岛海军发明的"二桨半"战船（40 吨，144 名船员，其中划桨手 120 名）；以及四桨座、五桨座等大型战船相继出现，甚至有七桨座巨船。

第四，罗马共和国在该船基础上发展出了五桨座战船，帮助新生的古罗马海军战胜了强大的迦太基海军，一统地中海，古希腊和古罗马文明得以融合延续发展。

公元前 260 年至前 241 年，罗马共和国和迦太基之间发生了第一次布匿战争，共进行了五次海战。在古希腊人的帮助下，古罗马海军从无到有，最终在公元前 241 年战胜了迦太基海军，取得第一次布匿战争的胜利。战争期间，古罗马人在古希腊和腓尼基三桨座战船的基础上继续增加动力，加长桨的长度和宽度。但这会导致单个划桨手很难滑动加长加宽的大桨，于是在船的底层和顶层甲板中间的夹层布置了四个桨座坐四位划桨手，每两人划动一支大桨，底层还是一人划一支桨，这样总共是五名划桨手划动三层桨，划桨手还都位于甲板之下。当然，有些大的船，也有五名划桨手划五层桨的船，这样的船将更大，统称为古罗马五桨座战船（Quinquereme）。也就是说，五桨座战船，有三层桨的，也有五层桨的。这种船的甲板空间比较大，可以根据需要装备两根以上桅杆，装备更大的武器，配备更多的士兵，适合古罗马陆军发挥其优势。

第四节　关系文明走向的三场海战

没有文明的力量不可持续，没有力量的文明不会长久。古埃及亚历山大城的大学和图书馆曾是古代学者的向往之地，来自西西里岛叙拉古的阿基米德

（公元前287—前212）曾在此向几何大师欧几里得学习。公元前212年，古罗马舰队围困叙拉古，阿基米德制作的透镜烧毁了不少罗马战船风帆，用杠杆原理发明的投石器杀伤了不少古罗马士兵。古罗马主帅恼怒地说："这是一场罗马舰队与阿基米德一人的战争。"城破后，古罗马士兵杀死了75岁的阿基米德。古埃及曾有自己的语言和文字，在被古希腊、古罗马、古阿拉伯多次占领后，存在了至少5000年的古埃及文字消失了。直到1799年，拿破仑占领埃及后，一个法国士兵挖掘出了用古希腊文和古埃及文记载同一件事的罗塞塔石碑，古埃及象形文字才得到重视并被解读出来，法国人在开罗创立了古埃及研究所。后拿破仑败于英国，罗塞塔石碑被英军掠到了大英博物馆。

古代地中海发生过多次海战，关系文明走向的海战有三次，一是古希腊守护文明之战，二是古罗马命运之战，三是古埃及命运之战。而这三次海战，每次都有新式战船和装备出现，采用新式装备的一方都取得了胜利。

一、古希腊守护文明之战——萨拉米斯海战

从公元前550年波斯王居鲁士（Cyrus）开始，到公元前490年波斯王大流士一世，古埃及、巴比伦、腓尼基、古巴勒斯坦、亚美尼亚、北印度及大部分古希腊城邦都被波斯帝国统治。公元前490年，古希腊雅典联邦在马拉松平原以少胜多击退大流士一世率领的波斯军队。10年后，公元前480年9月，大流士之子波斯新国王薛西斯一世亲率大军杀奔古希腊萨拉米斯海峡。古希腊联军在萨拉米斯海峡击退波斯海军，史称萨拉米斯海战。这是一场以弱胜强的海战，在这次海战中，古希腊三桨座战船脱颖而出，成为未来几百年地中海上的主力战船。

萨拉米斯海峡位于雅典城西南面的萨拉米斯岛与希腊本土之间，整个古希腊联合舰队都集结在萨拉米斯海峡的东口，共有366艘三层桨战船和7艘

50 支桨的小一些的战船。波斯海军主要由腓尼基人、古埃及人和伊洪希腊人等被波斯占领的古希腊城邦海军组成，有各类战船 800 余艘，其中腓尼基战船 200 多艘。

海战中，波斯战船虽然数量多，但是远程奔袭的波斯船相对雅典船要小。雅典以三层桨大船居多，该船可装载 200 多名船员，其中 170—180 人为划桨手，战时可以减少划桨手腾出空间运输更多的士兵和马匹。三桨座战船的主要战术是撞击和登船战，弓箭手、弩炮和投石机只是辅助作用。撞击的目的不是全速在敌船上开洞，而是尽可能多地在纵向上破坏敌船。当战船与敌船夹角 60° 时，航速 4 节即可破坏其敌船船体；当战船与敌船夹角 30° 时，则需 8 节。三桨座战船的撞角很容易就将小一些的波斯船撞毁，或者依仗船身舷高优势，从矮一些的波斯船一侧快速擦身而过，切断波斯船桨，失掉一侧船桨的波斯船只能原地打转，任古希腊人宰割。

当然，波斯舰队里也有一些与古希腊雅典几乎一样的战船。波斯海军的统帅是阿尔忒弥西亚女王，她的旗舰也是三桨座战船。为了突围，女王不得不撞击波斯的战船，使古希腊人误以为是友军而没有进攻她，这样女王才得以脱身。

萨拉米斯海战历时 8 小时，古希腊联军击沉波斯战船 200 多艘，俘获多艘，结束了波斯人对爱琴海的控制，最终迫使波斯王薛西斯放弃了征服古希腊的计划。从这个角度看，萨拉米斯海战是一场决定古希腊文明能否存续的决战。

二、罗马共和国与迦太基命运之战——米莱海战

公元前 264 年至前 146 年，罗马共和国与迦太基帝国为争夺地中海控制权进行了三场战争，由于古罗马人称呼迦太基为布匿（Punic），写历史的古罗马人将其称为布匿战争（Punic Wars），迦太基人是腓尼基最后的传人。古罗马人在第一次布匿战争中，经过五次海战，建立起了一支强大的海军，最

终取得胜利，逼迫迦太基人签订不得其保留海军力量的和约。第二次布匿战争，迦太基人虽然在名将汉尼拔的率领下攻入了罗马共和国的腹地，取得多场陆地胜利，但是由于没有海军的支援和守护，被古罗马人用海军攻入迦太基本土，汉尼拔最终功亏一篑。第三次布匿战争是古罗马人对迦太基人一边倒的屠杀。由此可以说，迦太基在第一次战争中战败，被解除海军武装后，他们就已经失去了最终的战争。

第一次布匿战争中的五场海战发生在公元前260年至前241年，其中的米莱海战至关重要。发生在公元前260年的米莱海战，是罗马共和国与北非迦太基帝国为争夺西西里岛控制权，在地中海西西里岛东北岸米莱海角（今米拉佐）附近进行的海战。

迦太基当时是海上强国，在地中海有很强的控制力，甚至掌控了西西里岛。布匿战争发生之前，罗马共和国着重发展农业、生产制造业，不太重视海军建设，一直在旁观腓尼基人、古希腊人、古埃及人、波斯人在地中海上的争锋。但随着经济的发展，罗马共和国在地中海沿岸的贸易多了起来，也就不能再坐视地中海被他人控制了。面对迦太基强大的海军，罗马共和国终于下了建设强大海军的决心，并备足了军费。

当时的罗马共和国已经有了一定的造船能力，但是其战船与迦太基相比，还是有很大差距。古罗马人首先搞到了一艘搁浅的迦太基战舰，在古希腊工匠的帮助下，古罗马人消化吸收了迦太基船的技术并有所发挥，在60天内建造了具有古罗马特色的100艘五桨座三层桨大型战船和20艘小一些的三桨座三层桨战船。

罗马共和国的五桨座战船还是三层桨船，也就是一列三桨共五名划桨手，从上至下的划桨手分配是2-2-1，上两层的桨大，称大桨，需两名桨手，可在战时产生更大动力和速度。古罗马五桨座战船一般有420名船员，其中桨手 300 人，底层桨手一排 30 人，上两层桨手各 60 人，船舷一侧三排桨手合计 150 人，还有甲板风帆手等人员 20 人，其余是指挥官和士兵。船长约 45 米，排水量 100 吨，吃水 5 米，水线上船体高度 3 米，一般作为海军旗舰用。但在米莱海战中，古罗马人五桨座大船居多，这也是古罗马战船虽然数量少但还能够取胜的原因之一。想一想，300 名划桨手一齐发力，船速该有多快！

由于宽度增加，古罗马五桨座战船的甲板面积更大，能够将古罗马人擅长攻城的武器搬到船上用，例如攻城弩和大型投石机等，这些当时的重武器比 200 年前希波萨拉米斯海战时期的武器更有杀伤力。

古罗马人还发明了一种叫"乌鸦吊桥"的新装备。它是一座悬在长杆上，顶端有巨钉的木板桥，长 12 米，宽 1.2 米，被安置在船首，能左右摆动。海战中，当士兵数量占优的古罗马战船接近对方时，就将吊桥落到敌船上将其牢牢钩住，有准备的善战步兵通过"乌鸦吊桥"跳上敌舰突袭敌方准备不足的士兵，俘虏水手和战船。由于吊桥形状很像乌鸦嘴，因此被称为"乌鸦吊桥"，装备这种接舷吊桥的战舰也被古罗马海军称作"乌鸦战舰"。利用"乌鸦吊桥"，古罗马人将不擅长的海战变成了自己擅长的陆战。当然，配置这种吊桥的战船甲板要大。五桨座战船与对手比，特点就是大，所以可安装"乌鸦吊桥"——如果在小船上使用吊桥，船容易倾覆。

"乌鸦吊桥"

带"乌鸦吊桥"的五桨座战船

"乌鸦吊桥"在米莱海战中显示了威力,有近50艘迦太基战船被摧毁,30艘被俘获,15艘被撞沉。罗马共和国歼敌约3000人,俘虏约7000人。

米莱海战是罗马共和国与迦太基帝国的生死命运之战,这一战,古罗马人消除了迦太基的海上威胁。第二次布匿战争,迦太基名将汉尼拔不得不率领大军赶着大象,从西班牙翻过伊比利亚山、比利牛斯山,蹚过罗纳河,翻过阿尔卑斯雪山,再翻过亚平宁山脉,在坎尼取得了可载入军事史册的重大胜利。然而,拥有制海权的古罗马人,通过海上持续调兵遣将、保障补给,不断消耗汉尼拔,最后从海上进攻迦太基,迫使汉尼拔撤军回迦太基解围。最终,罗马共和国在北非古城扎马战胜汉尼拔,用持久战赢得了第二次布匿战争。

公元前146年,罗马共和国攻破迦太基城,纵火焚城多天。之后,古罗马人又拨开一米多深的灰烬,在底部撒上盐,以此诅咒迦太基的土地上寸草不生、不再复活,古罗马人对迦太基的惧怕和仇恨程度可见一斑。迦太基被罗马共和国毁灭的同一年,罗马共和国吞并了古希腊。

三、古埃及王朝命运之战——阿克提姆海战

公元前31年,罗马共和国两位执政官产生矛盾,爆发了内战,一方是代表罗马共和国"正统"的屋大维,另一方是已与古埃及女王克利奥帕特拉结为夫妻的安东尼,因此这更是一场关系古埃及王朝的命运之战。公元前31年9月2日,屋大维与安东尼的海军在希腊半岛西海岸的阿克提姆海角展开了决战,史称阿克提姆海战,也称亚克兴角海战。这次海战,罗马共和国的"乌鸦吊桥"演变成了"飞钳吊桥",屋大维战胜了安东尼。通过这场海战,罗马共和国吞并了古埃及王朝。古埃及王朝灭亡,罗马共和国很快变为帝国,开始了大规模扩张,进入了辉煌伟大的阶段。

阿克提姆海战中,屋大维一方有战船400艘,装载陆军1.9万人;安东

尼一方有战船 440 艘，装载陆军 2.2 万人，古埃及女王率领的 60 艘古埃及军舰作为预备队殿后，双方战力基本相当。这时的桨帆船，最大已经由五层桨发展到了七层桨的巨大战船。安东尼方的重型船多于屋大维，但屋大维方的战船机动性好，针对敌方大船准备了足够的纵火船——古代纵火船往往是偏弱一方海军的利器，相当于现代的鱼雷。

前面讲到，"乌鸦吊桥"虽然帮助罗马共和国战胜了迦太基帝国，但如果使用不当，容易使船倾覆，因此不常被使用。为应对安东尼和古埃及海军的挑战，屋大维的海军将"乌鸦吊桥"改造成了"飞钳吊桥"：将一块跳板外面包上铁皮，一头装上铁钩，另一头装有绳索，进攻时用弩炮把"飞钳吊桥"投射到敌船上，用铁钩把敌舰拖近己方船舷，重装步兵登上敌舰进行战斗。改进后的"飞钳吊桥"克服了"乌鸦吊桥"笨重容易使船只倾覆的弱点，又可以帮助海战能力弱但陆战能力强的一方取胜，是古代海军武器的一大进步。

海战在中午开始，双方战船排列成左、中、右硬碰硬展开激战。几百艘巨舰相互撞击，抛掷的巨石、火把和带倒刺的铁头标枪缠斗在一起。海战战至夜晚，屋大维一方借助夜色发动了火攻，重创了安东尼的舰队。激战中，安东尼的旗舰被敌方旗舰抛出的"飞钳吊桥"钩住，安东尼不得已离开旗舰，带着残存的 40 多艘战船，与古埃及女王的后备队逃回了古埃及。

阿克提姆海战后，不到一年的时间里，屋大维的军队便登陆古埃及并击溃了安东尼军团。安东尼和古埃及女王克利奥帕特拉自杀身亡，古老的埃及托勒密王朝就此灭亡，古埃及被并入罗马共和国版图。

公元前 27 年，罗马共和国变为罗马帝国，屋大维被元老院授予"奥古斯都"称号，是罗马帝国第一个皇帝，罗马帝国进入强盛时期。

395 年，罗马皇帝将帝国分为东罗马帝国和西罗马帝国两部分。410 年，被古罗马人称为蛮族的日耳曼西哥特人攻破罗马城，在西罗马帝国境内建立了西哥特王国。476年,西罗马帝国的最后一个皇帝罗慕路斯·奥古斯都被其雇佣兵领袖日耳曼人奥多亚克废黜,西罗马帝国灭亡,欧洲进入中世纪"黑暗时代"。

欧洲历史大致可划分为古典时代、中世纪、近现代。欧洲中世纪一般指西罗马帝国的灭亡时间(476)到东罗马帝国的灭亡时间(1453),也就是公元5世纪至15世纪的近1000年。这近1000年的欧洲,战乱频繁,血腥残杀无底线,宗教迫害严重,致使文明倒退。

从14世纪开始,意大利的一些城邦兴起了文艺复兴运动。东罗马拜占庭帝国在苟延残喘的日子里为人类做出了最后的贡献,将古希腊、古罗马很多珍贵文献从希腊文翻译成了拉丁文,传播至佛罗伦萨等文艺复兴之地,其中就有佛罗伦萨共和国"国父"科西莫·美第奇为他的图书馆定制的托勒密地理学拉丁文手稿《克罗狄斯·托勒密的宇宙志》,民间习惯称之为《地理学指南》。这部书成书于2世纪,虽有不少瑕疵,但肯定了"地圆说",给15世纪的哥伦布等航海家们以希望和勇气,让他们误打误撞地开启了大航海时代。

第五节　开启大航海时代的葡萄牙卡拉维尔三角纵帆船

"路止于此,海始于斯。"看葡萄牙的地理位置,与腓尼基很相似,两国都是夹在大国和大海中间"讨生活"。

15世纪,葡萄牙国土不足10万平方千米,人口约百万。16世纪,葡萄牙的殖民地就已遍布非洲、美洲和亚洲,全盛时,其领土面积达1000多万平方千米。而罗马帝国全盛时的领土面积只有500多万平方千米,奥斯曼帝国全盛时领土面积也只有500多万平方千米。从对海洋文明开创性贡献角度看,葡萄牙之后的西班牙、荷兰只是在葡萄牙基业上发挥,二者没有葡萄牙贡献大。

葡萄牙首都里斯本的大航海纪念碑是游客必到之处。纪念碑的主角都是大航海时代的先驱，站在第一位的是手捧卡拉维尔三角纵帆船的葡萄牙王子唐·阿丰索·恩里克（1394—1460）。恩里克王子和卡拉维尔三角纵帆船是葡萄牙的国家标志。欧元流通前，葡萄牙最大面值的纸币上，一面印有卡拉维尔三角纵帆船图案，另一面则印有恩里克王子的像。

大航海纪念碑上站在高处的恩里克王子

葡萄牙纸币上印有卡拉维尔三角纵帆船

卡拉维尔三角纵帆船是迪亚士绕过好望角，达·伽马开辟新航路，哥伦布发现新大陆的功勋船。大航海时代的开启，首先要从葡萄牙恩里克王子和卡拉维尔三角纵帆船说起。

1417年，23岁的葡萄牙王子恩里克在北非港的休达与摩尔人交战时得知，有一条商路可以穿过撒哈拉大沙漠到达土地肥沃的"绿色国家"，即今天的几内亚、塞内加尔等地，传说那里有黄金、象牙和胡椒，还有传说中信仰基督教的"约翰王"。于是，从小就喜欢探险的恩里克王子决定去寻找"绿色国家"和"约翰王"。

葡萄牙人如果从陆路寻找非洲"绿色国家"必须过两关：第一，要经过世仇北非摩尔人的领地；第二，即使绕过了仇人的领地，穿越沙漠也不是海边民族葡萄牙人的长项。恩里克王子因此产生了从海路南下沿非洲西海岸寻找"绿色国家"的想法。于是，恩里克王子来到葡萄牙西南端的小渔村萨格里什，开始为远洋航海探险做准备。

第一，创办国家航海学校。恩里克王子建校专门培养航海人才，后来，绕过好望角的迪亚士就曾在这个航海学校学习。恩里克王子还建立了天文台和图书馆，从世界各地招聘天文学家、数学家、地图绘制师，广泛收集天文、地理、气象、信风、海流、造船、航海等文献资料，并加以分析、整理。收集的资料中，就有对大航海有重要影响的《地理学指南》和《马可·波罗游记》。

由于航海学校的专门教育，葡萄牙的船长很重视航海资料的记录、整理和研究，这对后人帮助很大。哥伦布夫人的祖父曾是一位著名的葡萄牙船长，哥伦布在研究了老船长的大量航海资料后，才产生了西行大西洋寻找东方印度的想法。

第二，研究和改进航海器具。恩里克王子资助葡萄牙里斯本大学开设航海学、天文学、几何学、地理学等学科，深入研究远洋航海导航技术，不断改进、制作新的航海仪器。例如，改进了从中国传入的指南针，改进制造出了一种能测量海拔高度的仪器——象限仪，还有用来测量纬度的横标仪——简易星盘等。

第三，研制适合远洋探险的船只。在萨格里什渔村，恩里克王子一边研究航海和培养船长，一边迫不及待地组织船队在葡萄牙临近的大西洋海域探险。一开始由于不了解海况，更由于当时的船不适合远离海岸航行，船经常出现偏航或不受控的状况，但也因此"歪打正着"地发现了马德拉群岛和亚速尔群岛——本来是想向南航行探险，最后由于风暴和船的问题，被海浪偶然送到了当时不为人知的亚速尔群岛。

恩里克王子愈加觉得，在大西洋上探险不同于在地中海航行，必须建造出适合远洋探险的船具。恩里克王子与造船师研究了当时的各种舰船，最后，古阿拉伯人的三角帆船引起了葡萄牙人的关注。这里简单介绍一下古阿拉伯三角帆船。

古代科技含量最高的船具，当属古阿拉伯人发明的能使船逆风航行的三角帆，这有点像当代三角飞翼布局的飞行器，是使用时间最长的发明，直到今天还在使用——美国正在研制的 B21 远程战略轰炸机仍然采用这种布局。

科威特国徽上有三角帆船的元素

美国 20 世纪 40 年代的三角翼轰炸机

后人无法考证逆风航行的三角帆是如何发明的，这应该是一个偶然发现，人们试着猜测：一天，一艘船在阿拉伯海上顺风航行，风向突变，水手想收起风帆划桨前行，但在帆还没有完全收起来时，发现船沿"之"字路线前行了一段距离。水手很奇怪，又试验了几次，发现只要将帆与逆向吹来的风形成一定的角度，风鼓起的帆就可以让船逆风前行。不过，不能走直线，要走"之"字路线，让帆与风形成合适的角度。当时，人们还不知道是什么原理，这要等到 18 世纪以后，流体力学和空气动力学出现后才能解释，与飞机机翼产生升力的原理类似。

欧洲人在 6 世纪见到了古阿拉伯三角帆船；9 世纪，三角帆在欧洲流行开来。恩里克王子的造船师们根据大西洋的海况，结合地中海船和古阿拉伯船的优点，将三角帆与横帆混搭，或者干脆全部采用三角帆，建造出了 2—3 根桅杆的卡拉维尔三角纵帆船。说起来容易做起来难，实际上，这要经过非常复杂和危险的航行试验。

卡拉维尔三角纵帆船大约在1440年定型。该船轻便灵活速度快，方便逆风航行，不但能在深海中抵御风浪平稳航行，还可以躲避暗礁和沙洲浅滩以靠近未知海岸探险。卡拉维尔三角纵帆船根据需要建造，船体可大可小，排水量在50吨至160吨。

带有横帆的卡拉维尔三角纵帆船

1442年，装备了卡拉维尔三角纵帆船的特里斯·唐探险船队到达非洲毛里塔尼亚的努瓦迪布角，带回10多个穆斯林俘虏。随后，葡萄牙人又多次组织了以掠夺非洲奴隶为目的的船队，欧洲400年奴隶贸易从此开始。

1444年，恩里克王子派出的船队到达布朗角的塞内加尔河口，这里海岸青翠、植被繁茂——经过20多年的探险航行，恩里克王子终于找到了传说中的"绿色国家"。

以特里斯·唐为主题的葡萄牙纪念币，上有卡拉维尔三角纵帆船图案

1460年，恩里克王子病逝。

1488年，毕业于恩里克航海学校的巴尔托洛梅乌·迪亚士（1450—1500）成功绕过了非洲最南端风暴连天的"好望角"。在葡萄牙发行的纸币上，正面

葡萄牙纸币，正面印有迪亚士肖像

第一章 从古埃及王朝到大航海时代

印有航海家迪亚士的肖像,背面则是卡拉维尔三角纵帆船、罗盘和航海图。

1492 年,被葡萄牙王室拒绝的哥伦布帮助西班牙发现了美洲新大陆。哥伦布探险船队旗舰"圣玛利亚"号卡拉克帆船在航行中搁浅,最后是一艘名为"尼雅"号的卡拉维尔三角纵帆船带着哥伦布返回了西班牙。

哥伦布帮助西班牙发现新大陆后,葡萄牙人加快了寻找东方新航线的步伐。1497—1499 年,在迪亚士的引领下,葡萄牙贵族达·伽马(1469—1524)开辟了从葡萄牙通往东方印度的新航路,船队旗舰"圣加布里埃尔"号是卡拉克帆船。下面葡萄牙纸币上的图案,是葡萄牙建造的卡拉克拿屋船,外形与卡拉维尔三角纵帆船有着明显的区别。

葡萄牙人建造的卡拉克帆船别具特色。他们利用研制卡拉维尔三角纵帆船的经验,针对当时欧洲流行的卡拉克帆船进行了远洋货运适应性改造,加装了最具特点的船首斜桅杆,形成了 3—4 根桅杆、主桅杆挂方形大横帆、后桅杆挂三角纵帆的布局,最终定型了欧洲用了上百年的卡拉克帆船,所以后来的卡拉克船也被叫作葡萄牙"拿屋船"。

葡萄牙纸币上印有拿屋船、胡椒,以及达·伽马与印度人交流的画面

横帆和纵帆搭配使用,既能在大西洋的强风中高速行驶,又能在地中海上自如航行。船首斜桅上悬挂的横帆,不但可以获得额外的动力,还能增加平衡性和灵活性。加大后的船舱,可以放置更多的远洋

波兰邮票上印有 15 世纪的葡萄牙卡拉克船

物资。15 世纪末的卡拉克商船吨位在 200 吨—600 吨，被人称为欧洲第一款远洋货船。驾驶这种船，水手操控风帆的经验很重要，行业里称"船艺"。

葡萄牙卡拉克船比较容易被改装为战船，巨大的船身和多层甲板可以装配更多的火炮，战船吨位可达 1000 吨以上。由于艏楼和艉楼高大，船舷很高，让敌人传统的"接舷跳帮"白刃战变得困难。改进后的卡拉克帆船在葡萄牙崛起为大国的过程中发挥了关键作用。

卡拉维尔和卡拉克两型船可以快速改造成风帆火炮战船，轻重搭配，海战效果非常好。海战中，卡拉克战船相当于战列舰，卡拉维尔战船相当于巡洋舰。

1509 年 2 月 2 日至 3 日，在印度西部古吉拉特邦第乌海面，一场决定东西方未来几百年命运的海战爆发。葡萄牙舰队，包括 18 艘配备火炮的大型卡拉克风帆战船和稍小些的卡拉维尔风帆战舰，共有 1800 名葡萄牙战士和 400 名印度水手。对手是埃及和土耳其组成的联合舰队，虽然战舰数量多达 2000 余艘，但与葡萄牙的战船差了一个时代。战况是，联合舰队第乌要塞的岸炮打不到葡萄牙人的大船；面对葡方 18 艘首尾相连、机动灵活的"战列舰"，联军的排桨船和单桅小帆船根本靠不到近前，弓箭和射程可怜的火炮更是无可奈何，即使有几艘船冲到葡方前，阿拉伯弯刀战士又难以跳上卡拉克和卡拉维尔的超高船舷上。

葡萄牙与土耳其阿拉伯联合舰船力量对比表

	葡萄牙舰队	阿拉伯联合舰队
船型	新型卡拉克帆船、卡拉维尔帆船	排桨帆船、单桅帆船
特点	吨位大，船舷高，船速快，灵活	吨位小，速度慢，不灵活
武器	远程火炮，火枪	弓箭，弯刀，短程火炮

最终，阿拉伯联合舰队伤亡过半，被迫退出战场。葡萄牙仅有几十人受伤，取得了绝对胜利。这一关键性海战，使亚洲国家失去了对印度洋的控

制。除中国和日本外,印度及印度洋上的许多国家开始沦为葡萄牙及后来纷至沓来的欧洲国家的殖民地。这一战,标志着风帆火炮时代的到来,战列线战术初现萌芽。卡拉维尔"巡洋舰"和卡拉克"战列舰"的海战优势得以展现。

第乌海战的旗舰是"海之花"号卡拉克船。该船排水量约400吨,3—4层甲板,于1502年建于里斯本,3根桅杆6张帆,一根船艏斜桅杆,长36米,宽8米,是葡萄牙舰队中最大的船。1502年,"海之花"号从葡萄牙首航葡属印度,1503年满载香料回程,回程航行至莫桑比克海峡时遭遇风浪发生渗漏,在莫桑比克岛修理两个月后回到葡萄牙。1505年,"海之花"号载着第一任葡属印度总督上任,1506年回程航行至莫桑比克海峡时再次发生渗漏,被迫在莫桑比克岛停留10个月进行修理。在参加第乌海战后,1510年,"海之花"号参与了征服印度果阿之战;1511年,参与了征服马六甲之战。在1995年葡萄牙发行的纪念币上,其中一面是"海之花"号卡拉克船。现在,马六甲还有一个"海之花"号造型的博物馆。

葡萄牙纪念币上的"海之花"号船

马六甲"海之花"号卡拉克船造型博物馆

1511年年末,"海之花"号从马六甲岛起航,载着从马六甲苏丹宫殿里掠夺的60吨黄金,以及200颗钻石、红宝石和祖母绿,途中在苏门答腊东北部遭遇风暴沉没。如今,有关国家还在为这些海底财宝打捞权而争执。

16世纪末,葡萄牙总结"海之花"号经验和教训,帮助西班牙造出了更适合远洋运输的西班牙大帆船①。再后来，西班牙和英国在西班牙大帆船的基础上建造出了盖伦战船。

卡拉维尔和卡拉克两型船不但帮助葡萄牙开辟了海上新航线，还帮助从葡萄牙跑到西班牙的哥伦布发现了新大陆，帮助麦哲伦完成了环球航行。所以，这两型船是大航海时代的元老功勋船。

葡萄牙人经过80多年的不懈努力，终于开辟了欧洲通往东方的海上新航路。到16世纪上半叶，葡萄牙海外势力达到顶峰，成为横跨欧亚非的世界性大国。

在葡萄牙第十六代国王塞巴斯蒂昂一世（1554—1578）执政期间，年轻的国王雄心勃勃，忘了祖上避免陆战的祖训，又打起了海峡对面摩洛哥的主意。1578年，这位赵括式人物，亲自披挂上阵，虽然力量占优，但很快被摩洛哥人击溃。撤退中，还未来得及与西班牙公主成婚的年轻国王竟然淹死在马哈赞河中，致使塞巴斯蒂昂一世没有留下子嗣。经过几轮争夺，与葡萄牙王室有血亲关系的西班牙国王菲利普二世率大军夺得了葡萄牙王位。

1580年，葡萄牙被西班牙吞并。1640年，西班牙在荷兰、法国、英国的联合打击下，国力开始衰退，葡萄牙借机脱离了西班牙的控制，但这时的海上强国已经是"海上马车夫"荷兰。荷兰人只要看上葡萄牙的海外领地，就直接抢夺，这就是大航海时代的文明。

虽然失去了数一数二的大国地位，但葡萄牙在大航海时代依然是一个殖民地大国，领土面积800多万平方千米的巴西殖民地一直被葡萄牙统治到1822年。

1807年，拿破仑法国占领葡萄牙首都里斯本，葡萄牙王室和贵族逃亡巴西，殖民地人民热情地接纳了葡萄牙流亡政府，巴西因此获得了与宗主国葡萄牙本土同样的政治和经济地位。葡萄牙王室曾想立足巴西扎根发展，但最终还是回到了葡萄牙。王室回到里斯本后，资产阶级贵族控制的葡萄牙议会

---

① 1580年，西班牙吞并葡萄牙，并统治其直到1640年。

提出将巴西的贸易和税收政策变回殖民地待遇。殖民者忘恩负义的行为不但激怒了巴西本土人民，就连留守巴西的葡萄牙王子也极为不满。1822 年，葡萄牙佩德罗王子宣布巴西脱离葡萄牙，建立了巴西帝国。

第六节　西班牙大帆船

"在我的领土上，太阳永不落下。"1516 年至 1556 年在位 40 年的西班牙国王卡洛斯一世豪迈地说。卡洛斯一世同时还是神圣罗马帝国皇帝查理五世、罗马国王、西西里国王、那不勒斯国王、低地国家君主等。16—18 世纪，西班牙特色的大帆船载着大炮和黄金白银往来于欧洲、美洲和亚洲，船首和船尾高高耸起的大帆船是西班牙强盛时期的显著标志。

1492 年才统一的西班牙，其崛起要从两位来自葡萄牙的"归化"船长与王室的合作说起。一位是发现新大陆的哥伦布，另一位是组织完成海上环球航行的麦哲伦。两人都在葡萄牙攒足了经验，产生了创意，但创意没被葡萄牙王室采纳而跑到西班牙碰运气的船长。幸运的是，二人在合适时机来到了西班牙，又都遇到了明君。哥伦布遇到了卓有远见的"风险投资人"西班牙女王伊莎贝拉一世，麦哲伦遇到了雄心勃勃要继承罗马帝国衣钵的卡洛斯一世。葡萄牙的大航海探险是在王室的推动下开始的，西班牙则是在哥伦布、麦哲伦等一批航海家的推动下开始的，取得了比葡萄牙更辉煌的成就。

一、哥伦布的"招股书"

克里斯托弗·哥伦布[①]（1452—1506）出生于意大利海港城市热那亚的一

[①] 本章有关哥伦布的内容主要参阅了《哥伦布与大航海时代》一书，作者是 19 世纪美国作家华盛顿·欧文，被誉为"美国文学之父"，他笔下的哥伦布比较符合客观实际。

个商人家庭，从小向往海上探险，为此学习了拉丁文、绘图、几何、地理、天文和航海等知识，读过很多航海书，包括《马可·波罗游记》。14岁时，哥伦布离开了家乡，上了一艘不知名的船，开始了海上生涯。

1470年，18岁的哥伦布来到航海探险气氛浓郁的葡萄牙，一边绘制海图打工，一边学习和搜寻航海资料，有机会就跟人出海探险。在葡萄牙亚速尔群岛的圣港岛，哥伦布结识了首任岛主的孙女并与之成婚生子。在圣港岛上，哥伦布研究了岛主留下的许多航海资料，其中包括恩里克船队沿非洲西海岸航行的资料。有时，哥伦布也跟着探险船队出海挣点钱养家，到过西非海岸的几内亚，逐渐积累起了航海经验。

经过多年的游历和研究，哥伦布制订了一份向西航行穿越大西洋寻找东方印度的计划书。计划书参考了当年葡萄牙恩里克王子鼓励船长探险的一些政策，提出了能够保障自己利益的条件，很像今天的"招股书"。

哥伦布首先向葡萄牙国王若昂二世呈送了"招股书"。葡萄牙航海探险学术委员会在研究了哥伦布的方案后，认为哥伦布的计划书有误：哥伦布计算的从大西洋向西航行到达印度的距离与葡萄牙学者计算的不同，少了许多，他们认为方案不可行——后来，事实证明哥伦布的计算的确有误。此外，还有两个拒绝原因：一是，当时的葡萄牙航海家们已经沿非洲西海岸向南探索了几十年，感觉印度就在眼前，不需再节外生枝；二是，哥伦布的"招股书"开出的条件过高，让葡萄牙国王难以决策。

1484年，由于妻子去世，心灰意冷的哥伦布带着儿子离开生活了14年的葡萄牙，来到还未完全统一的西班牙。哥伦布想方设法通过一位公爵把"招股书"呈给了西班牙女王伊莎贝拉一世（1451—1504）。

此时的女王正忙于统一战事，但她对哥伦布的建议还是很感兴趣。1486年1月，伊莎贝拉一世接见了哥伦布，听取了他的远航计划。女王指定了一个委员会审议方案，在此期间，哥伦布由王室支付薪酬保障生活。这个安排真的很贴心，体现了女王的大度和精明。所谓精明，女王知道哥伦布同时也在向法国和英国寻求帮助，这样安排是想先稳住哥伦布。由女王宫廷官员组成的专家委员会将方案审议了4年，最终否决了哥伦布的计划——理由与葡萄牙差不多，哥伦布的计划有计算错误。

1491年11月，哥伦布做了最后的努力，找到女王的忏悔主教做"保荐人"，得以在圣塔菲城向女王亲自"路演"。此时的女王非常忙，正在指挥与伊比利亚半岛最后的伊斯兰国家格拉纳达王国的决战，女王让神学家、天文学家和法学家组成"评审委"再次审议哥伦布的远航计划，然而"评审委"再次否决了哥伦布的方案。理由是哥伦布提出的"定价"过高，尤其是一介平民竟然提出了获得贵族头衔的要求。

1492年1月，格拉纳达摩尔人国王向西班牙军队投降，经过800年的艰苦抗争，十字架终于取代了新月旗，西班牙完成了统一。然而，这时的哥伦布已决定离开西班牙去法国"路演"。此前，哥伦布已经让弟弟去英国和法国打前站。西班牙国王的财务顾问，塞维利亚最大商号老板路易斯·桑坦赫听说哥伦布要离开西班牙，非常着急，因为他比较认可哥伦布的计划。桑坦赫匆忙找到女王，表示愿意做哥伦布的"保荐人"和"基石投资者"。桑坦赫向女王推介说，哥伦布远航探险费用不算高，并承诺可以为国王夫妇垫资作为航行经费。

刚刚统一的西班牙财政已近枯竭，但伊莎贝拉女王抱负远大，她说不用桑坦赫出钱，但考虑到丈夫，同时也是西班牙国王菲利普二世不太赞同此事，女王说抵押自己的珠宝借钱投资哥伦布的远洋探险。这里说明一下，刚刚统一的西班牙由两个王国组成，女王和丈夫分别管理着各自的王国，财务实行"AA制"。

这时的哥伦布已离开圣塔菲城准备去法国，女王赶紧派人在离城6公里的地方追回了哥伦布。又经过三个多月在细节方面的讨价还价，1492年4月17日，第一份由国王与臣民签订的协议产生了，这就是《圣塔菲协定》。其中两条重要的协议保证了哥伦布的基本利益。

1."海洋的领主陛下从此赐予克里斯托弗·哥伦布以'唐'的贵族封号，委任他为所发现的海岛和大陆的司令，在他去世后，这个封号和属于他的所有权力将由他的继承人继承……哥伦布被封为所发现和夺得海岛和大陆的总督，为了管辖每片发现土地，有权选出管理者……"（这条明晰了产权和管理权）

2."所有的交易商品，无论珍珠、宝石、黄金和白银、香料，还是其他货物……凡在司令管辖区内购买、交易、发现或夺得的，他都有权得到十分之一的利润……其余十分之九则应呈献给陛下。"（这条明晰了利益分配方案）

哥伦布还得到了与司令职务相符的薪俸，以及处理与此相关联的刑事和民事案件的权力。女王还将哥伦布的儿子安排在宫廷当侍卫，解决了哥伦布的后顾之忧。协议签订两周后，哥伦布获得了国王夫妇赐予的"唐"的贵族称号——这使他获得了社会地位。

协议签订后，哥伦布开始了远洋探险的准备，选择合适的船最重要。15世纪的远洋船主要是葡萄牙的卡拉维尔三角纵帆船和卡拉克帆船，在葡萄牙出过海的哥伦布对这两型船非常了解。哥伦布选择了一艘大一些的卡拉克船和两艘卡拉维尔三角纵帆船组成了远洋探险船队。旗舰"圣玛丽亚"号是卡拉克帆船，排水量150吨，船员40人。由于前途莫测，水手很难找到，哥伦布不得不去监狱里找水手，勉强聚集了100多名水手。

协议签订不到4个月，1492年8月3日，哥伦布带着西班牙女王给印度君主和中国皇帝的国书开始了远洋探险。途中，旗舰搁浅在一个岛礁，哥伦布将一部分水手留在了岛上，自己率领两艘卡拉维尔三角纵帆船继续航行寻找东方印度。航行中,两艘小船又被风浪吹散,哥伦布最后靠一艘小船发现了他自己认为的"印度",实际上是一块欧洲人从来不知道的大陆——美洲,时间是1492年10月12日凌晨。在返回西班牙的途中,哥伦布遇到了被吹散的另一艘卡拉维尔三角纵帆船。这两艘卡拉维尔三角纵帆船于1493年3月15日回到了西班牙。由此也证明了葡萄牙卡拉维尔三角纵帆船的卓越探险性能。后来,西班牙将哥伦布发现美洲大陆的10月12日定为国庆日。

1992年英国发行了两张邮票,纪念哥伦布发现美洲500年。邮票上的图案是卡拉维尔三角纵帆船和卡拉克拿屋船。

美洲新大陆的发现使西班牙拥有了大片的海外殖民地,尤其在新西班牙——墨西哥,那时叫阿兹特克王国,夺取了大量的金银财宝。据统计,到16世纪末,世界金银总产量的83%被西班牙占有,西班牙由此称霸世界,成为第一个日不落帝国。

英国发行的纪念哥伦布发现美洲500年的邮票

《圣塔菲协定》是第一份国王与平民签订的协议,体现了平等和契约精神。协议讨价还价的过程表明,商业精神和契约精神已经为当时社会各阶层所接受,无论国王,还是平民。

二、西班牙大帆船

没有一型船与一个国家的命运联系得如此紧密而长久,西班牙大帆船就是这样一型船,它是西班牙强盛时期经济和军事力量的象征。

通过依靠葡萄牙人研制出的卡拉维尔三角纵帆船和卡拉克帆船,西班牙发现了北美新大陆,于1521年野蛮地征服了阿兹特克王国,使墨西哥成为新西班牙。此后,西班牙又将秘鲁、哥伦比亚、阿根廷、佛罗里达、古巴等纳入自己的版图。如何将阿兹特克王国宫殿里的金银财宝安全地运回西班牙,如何将新墨西哥等殖民地的珍贵木材、蔗糖、谷物等经济地运回欧洲,西班牙人为此费尽了脑筋。

西班牙造船师在反复研究了葡萄牙的卡拉克拿屋船后,尤其在分析了"海之花"号卡拉克船沉没在马六甲的原因后,了解了"海之花"号两次在莫桑比克海峡渗水的原因和维修过程,终于研制出了一型优于葡萄牙卡拉克帆船的新型大帆船。

古巴曾多次发行各种帆船的邮票,每一张邮票上的船都代表着一段历史。

下图左是1996年古巴发行的邮票,我们可以将帆船图案剪裁下来放大(下图右),比较船尾形状,会发现西班牙大帆船与葡萄牙卡拉克船的区别。

古巴邮票及其局部图

西班牙大帆船与葡萄牙卡拉克船相比有两个显著特点：一是，大帆船比卡拉克帆船"苗条"，船身长宽比是4∶1，卡拉克是3∶1；二是，尾部水下部分，卡拉克尾部是圆弧形（下图左），大帆船底部则是平面型（下图右）。此外，从图中还可以看出，西班牙大帆船的船艉楼收窄了一些。

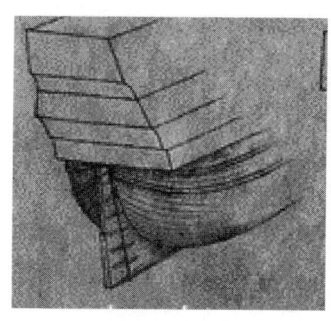 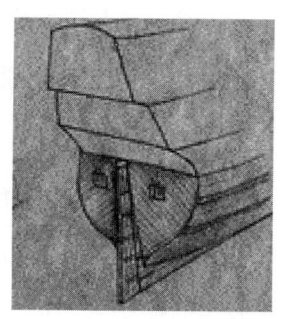

15 世纪的葡萄牙卡拉克船的船尾　　16 世纪的西班牙大帆船的船尾

这两点变化大大改善了船身的流体力学性能，使大帆船比卡拉克船速度更快。在海战中，在海盗船劫掠商船中，速度就是生命。西班牙大帆船与卡拉克船之比较，举个不太恰当的例子，就好像下面图中两型飞机的比较，是代差。有"圆滚滚肚子"的卡拉克船犹如20世纪50年代的米格-15战机，尾部有"肌肉棱角"的大帆船犹如21世纪20年代的苏-57战机。

20 世纪"圆滚滚"的米格-15　　21 世纪有棱角的苏-57

西班牙大帆船的显著特点就是大！艏楼高大，艉楼高大，桅杆数多且高大，风帆数多且宽大，因此建造成本也高，所以运送的物资也贵，在海盗题材的影视作品中，西班牙大帆船又被称为西班牙珍宝船。西班牙大帆船主要

067

有以下特点：

动力和速度方面：3—4根桅杆，分船艏斜桅、前桅、主桅和后桅，挂较大的方形风帆，吨位超过800吨的超大帆船会有两个后桅，即第四桅。船艏桅杆挂一块方形风帆，前桅和主桅挂三块方形风帆，分别叫上桅帆、中桅帆和主帆，后桅一般都挂一块大型三角帆，主要为了方便控制方向。

吨位和建造方面：最早的大帆船吨位在300吨左右，到了16世纪70年代，500吨位的大帆船已经常见，在西班牙无敌舰队里有多艘800吨—1000吨的战船。1580年西班牙吞并葡萄牙后，葡萄牙的造船业为西班牙所用，西班牙开始在里斯本附近的河口建造船只。1610年以后，西班牙人在古巴哈瓦那建造了新大陆最大的船坞，在那里建造了大量的西班牙大帆船。多数大帆船是由橡木建造的，但哈瓦那建造的西班牙大帆船采用当地出产的红木作为原料，这些船的质量更好。

武器装备方面：大帆船的显著特点是高大的船艏楼、船艉楼和甲板，船身和甲板高有利于接舷战，海战时方便跳上敌船拼杀。吃水线上方有撞角，用来冲撞敌船。甲板上下层配置不同射程的加农炮，上层甲板配有少量主炮，50磅的炮弹射程可达400米。甲板下层配置的炮比较多，这样可使船身重心下移，解决船身过高容易倾覆的问题。加农炮从船身两侧舷窗伸出，也叫舷侧炮。大帆船相当于那个时代的航空母舰。

西班牙海军舰队由不同吨位的船构成，不同吨位的船配置不同数量的火炮，差异比较大。据资料所知，一支22艘船组成的舰队包括：3艘在250吨—350吨，装备20—24门火炮；8艘在500吨—600吨，装备24门火炮；8艘在700吨—850吨，装备30—40门火炮；3艘1000吨巨舰，每艘配置50门火炮。例如，一艘建于1618年的500吨大帆船，配置了20门火炮：2门加农炮、4门长炮、10门半长炮、4门隼炮。按需要和功能布置在船艉、船舯、船艏和船舷两侧。船员的典型配置是：15 名军官，26 名水手，19 名见习水手，10 名杂役及 21 名炮手，合计 91 人。还有约 125 名士兵，船员总数约 216 人，没有包括临时性雇工和乘客。士兵比例显著提高，是西班牙大帆船的一大特点。

从西班牙大帆船开始，商船护航体系、海军作战体系逐渐完善。西班牙将最好的船用于本土防卫，商船护航舰队中的大帆船一般是从本土舰队淘汰下来的二等战舰。大帆船的建造周期需要两年，即使在西班牙无敌舰队，120 艘战舰中也仅有 20 艘大帆船，其他还是以卡拉克、卡拉维尔等帆船为主。

大航海时代造船师们的主要贡献是：将桨帆混合动力船变为纯风帆动力船；将大炮搬到甲板，再搬到甲板下层，以便顶层甲板装载更多的士兵，运送更多的货物；在船身关键部位包上金属，使船变得越来越大，速度越来越快，航行得越来越远。

从 16 世纪到 18 世纪的 200 多年间，西班牙大帆船将来自中国福建月港等地的丝绸、瓷器、茶叶等从菲律宾马尼拉运到墨西哥阿卡普尔科港，然后再转运到西班牙的塞维利亚或加迪斯港。

西班牙凭借大帆船快速成为经济大国。有了资金后，西班牙又将意大利的多个城邦变为属地，成为神圣罗马帝国天主教和哈布斯堡王朝的保护者，获取了宗教优势，成为政治大国。这时的西班牙已然成为罗马帝国的接班人，当然，挑战也接踵而来。

1571 年 10 月 7 日，在伯罗奔尼撒半岛和希腊半岛之间的勒班陀海湾，西班牙、威尼斯、罗马教廷等组成的联合舰队与奥斯曼帝国舰队展开了对决。

联合舰队有战船约 200 艘，奥斯曼海军有战船约 300 艘。由于是在地中海，双方战船多以排桨帆船为主，奥斯曼战船数量虽然多一些，但联军中有 30 多艘西班牙大帆船。海战中，联军右翼热那亚舰队对阵海战经验丰富的巴巴里海盗。热那亚船队指挥官畏敌怯阵后退，被海盗船打得溃不成军，联军中军的右侧翼因此出现了空当。海盗旗舰趁势冲进联军的中军，联军旗舰危在旦夕。这时，西班牙名将圣克鲁斯侯爵率领大帆船预备队及时赶到，扭转了战局，击杀了奥斯曼舰队司令阿里。勒班陀海战，奥斯曼舰队损失战船200余艘，基督教联合舰队损失战船不到20艘，联合舰队取得了胜利。

勒班陀海战表明，虽然双方战船数量仍以排桨帆船为主（据说占90%），战法也主要是接舷战，武器也主要是近战的火绳枪和弓箭、投石，但在势均力敌的情况下，西班牙大帆船及远程火炮起到了扭转战局的关键作用。这一战，标志着桨帆弓箭时代的结束，世界迈入了风帆火炮时代。经此一战，大帆船为西班牙海军赢得了"无敌舰队"的威名。

1580年，西班牙吞并了葡萄牙。1582年，西班牙舰队在亚速尔群岛蓬塔德尔加达海域击败了法国支持的葡萄牙"复国者舰队"，彻底接管了葡萄牙。

1582年以后的葡萄牙造船业完全为西班牙所用，西班牙舰船的建造速度加快，更多的大帆船开始往来于大西洋和太平洋之间，成为西班牙帝国的标志。西班牙海军虽然在1588年被英国海军击败，在1639年被荷兰海军击败，但西班牙人都能很快恢复海军力量。直到18世纪末，西班牙仍然能与法国联手对抗大英帝国海军，都得益于大帆船从美洲和亚洲运回的巨额财富。

西班牙珍宝船队虽然屡遭英国海盗、荷兰反抗军、法国私掠船的劫掠，但西班牙大帆船还是能够在大西洋、太平洋的航线上航行200多年，足见这一型船的成功。现在的许多影视剧，只要西班牙大帆船一出场，给人的第一感觉就是场面大！

美国领土扩张的历史，是西班牙一步步失去大国地位的痛苦过程。美国的很大一部分领土来自曾经的新西班牙——墨西哥。1521年，墨西哥沦为西班牙殖民地；300年后，1821年，受美国独立战争影响，墨西哥宣布独立，当时的墨西哥占地 400 多万平方千米。今日的墨西哥领土约 196 万平方千米，人口约 1.26 亿，官方语言为西班牙语，老墨西哥的多数领土被美国获取。

美国加利福尼亚州、得克萨斯州、新墨西哥州、科罗拉多州、亚利桑那州等都来自新西班牙——墨西哥，美国或强取，或强买。加利福尼亚州的名称据说来自 16 世纪西班牙小说《骑士蒂朗》中的乐土"卡拉菲亚"。小说中的"卡拉菲亚"与世隔绝，遍地黄金。1848 年，美国从墨西哥手中夺取加利福尼亚州后发现了黄金。

现在的美国路易斯安那州曾是西班牙北美殖民地路易斯安那的一部分。当时的路易斯安那总面积 200 多万平方千米，1800 年被法国拿破仑夺取，1803 年拿破仑将其以 1500 万美元的低价卖给了美国。

1898 年，在美国海军部西奥多·罗斯福的策划下，美国海军击败西班牙加勒比舰队和亚洲舰队，古巴、波多黎各、菲律宾马尼拉等西班牙的殖民地被美国全面接管，西班牙被迫退出了自 1565 年以来经营了 300 多年的西班牙—墨西哥—马尼拉海上贸易航线，西班牙大帆船就这样从此消失了。

西班牙发现的新大陆最终成就了美国，只有古巴人还没有屈服。

第七节　荷兰商船与快船

"我们阿姆斯特丹人扬帆远航……利润指引我们跨越海洋。为了爱财之心，我们走遍世界上所有海港。"这是 1656 年荷兰诗人冯德尔为阿姆斯特丹市政厅所作颂歌中的词句。"荷兰之所以还是荷兰，是因为我们祖先照顾好了自己的生意。"这是荷兰人教育孩子的老话。

荷兰是个商业国家，凭借着快速腌制鲱鱼、建造低成本平底商船的"一招鲜"，长年奔波于惊涛骇浪之中的"海上马车夫"终于在 17 世纪中叶成为海上强国。现在的美国纽约、法属圭亚那首府卡宴、南非开普敦、印度尼西亚诸多群岛、新几内亚岛等都曾是荷兰的殖民地。

在海上贸易和殖民地扩张中，荷兰成为第一个资产阶级共和国，最早创办了银行和股票交易所。黄金时期的荷兰曾独战英法联军获胜，但随着独立英雄海军上将马顿·特罗普被英国海军狙击手射杀，英荷战争中，英雄海军上将德·勒伊特在地中海倒在法国舰炮之下，在成就了英国"光荣革命"高光时刻之后，荷兰最终还是被英国剪了羊毛，失去了大国地位。

如今的荷兰，国土面积4万多平方千米，人口约1740万。荷兰在2020年全球GDP排名第17位，2021年东京奥运会金牌榜排位第7，2022年北京冬奥会金牌榜排位第6。知名企业有荷兰皇家壳牌石油公司，光刻机制造企业阿斯麦公司（ASML）等，欧洲空客公司注册地在荷兰。

很显然，同样是大航海时代崛起的海洋强国，今日荷兰要比葡萄牙和西班牙的日子好许多。与葡萄牙、西班牙当年打着宗教旗号殖民占地、屠杀"异教徒"不同，荷兰人海上争霸的目的就是做生意。荷兰人为了生意可以舍命、舍尊严，被誉为最有"商业精神"的民族。

一、荷兰人的商业精神

荷兰人的"商业精神"有时让人由衷敬佩，有时也让人难以接受。

为抗税而造反。荷兰曾被神圣罗马帝国、哈布斯堡王朝、西班牙王国统治，一直逆来顺受，为西班牙贡献了近40%的税收。但是，西班牙国王不断加码收税，荷兰商人终于忍无可忍，奋起反抗。从1568年开始，虽然遭受西班牙一次次的残酷镇压，但荷兰起义的人越来越多，逐渐形成了北部七省同盟——乌得勒支同盟。1588年，以牺牲十几万荷兰人的生命为代价，在英国人的支持下，荷兰共和国宣布成立，并最终于1648年被西班牙承认。在80

年的独立战争中，荷兰人一直在认真打理生意：1602年成立了世界上第一家股份公司——荷兰东印度公司，1609年成立了世界上第一个股票交易所——阿姆斯特丹证券交易所，1621年成立了西印度公司。待到1648年独立时，荷兰已经是世界海上贸易第一大国、海上力量第一强国和第一造船大国。

为了生意，不惜与"恩人"英国翻脸。在荷兰独立战争中，英国人出于自身利益打压西班牙，客观上给予了荷兰最大支持，可以说是荷兰的"恩人"，荷兰人一度想让英国女王伊丽莎白一世当他们的君主。但随着荷兰的生意越做越大，海军力量越来越强，荷兰不再把英国放在眼里。1639年，荷兰不顾英国海军的警告，与西班牙在英国唐斯海域大打出手，英国人感受到了来自荷兰的威胁。1651年，英国议会通过了强硬的《航海条例》，限制荷兰海上贸易——英荷为此进行了三场战争（1652—1674），历时22年，荷兰2胜1负。荷兰海军一度打到英国泰晤士河河口，将英国海军旗舰俘获到阿姆斯特丹展览，羞辱英国。

为了生意，入乡随俗跪拜中国皇帝。1656年，为了与中国通商，荷兰使团到北京觐见清朝皇帝，同意按照三跪九叩的皇宫礼仪向皇帝行礼。英国人、西班牙人都不理解，要知道当时的荷兰可是海上第一强国，正在黄金时期。荷兰人这样解释了同意跪拜的原因："我们只是不想为了所谓的尊严，而丧失重大的利益。"

荷兰人的商业精神甚至赢得了敌对国商人的信任。在荷兰与西班牙、英国、法国进行战争期间，这些国家的人仍然将钱存到荷兰的银行，仍然通过阿姆斯特丹证券所交易股票，仍然向鹿特丹的船厂订制船舶。

不管人们对荷兰的商业精神是褒是贬，荷兰人的生意经一直在念。2003年，我组织中国航空科技工业股份公司（HK2357）到香港上市。正值"非典"肆虐期间，大的投资银行都不愿接单，当时的荷兰商业银行（ING）接了单,但每次都讨价还价到最后。尤其在最后的首次公开募股(IPO)发行的关键时刻,"要挟"我们到美国发行美国存托凭证(ADR),否则就不干了。由于我们坚持宁可不 IPO 也不到美国发行 ADR,荷兰商业银行才罢休。本人也算领教了西方生意人的手法。现在看来,没到美国上市的确少了不少麻烦。

二、小鲱鱼与荷兰"大肚子"商船

14世纪,荷兰人口不足百万,20万人靠海吃饭。在欧洲,鲱鱼被誉为"穷人的牛排"。1358年,一个叫威廉姆·伯克尔斯宗的荷兰渔民发现,鲱鱼腐烂先从头和内脏开始,但靠近鱼胃末端与肠的交界处,即胰腺的部位不容易腐烂,于是他将鲱鱼的头和内脏去除,保留一部分胰腺作为防腐剂,再用粗盐腌制,这样鲱鱼就可以保存好几个月了。到了1386年,经过不断改进,威廉姆已经总结出了一套规范的腌制鲱鱼的流程,可以一刀去除鱼头和内脏,再将鱼放进装盐水的木桶中,盐水比例据说是 1∶20 最佳,这样腌制的鱼可以保存一年。

由于荷兰人制作的咸鲱鱼保存时间长,在没有冰箱的年代,可以使欧洲人长年吃到鲱鱼。从此,一艘艘装满咸鲱鱼木桶的荷兰人快船从鹿特丹、阿姆斯特丹驶往欧洲各地,尤其以波罗的海地区的国家最多。

爱沙尼亚 2017 年发行的波罗的海黑鲱鱼邮票

在卖鱼的同时,精明的荷兰人了解到了欧洲各地什么货物紧缺,什么货物便宜,于是在荷兰本地、欧洲各地做起了贸易。荷兰国土大多在海平面以下,为了排涝曾修建了多条运河和堤坝,许多城市名字末尾的"丹"(dam)

字在荷兰语里就是堤坝的意思。荷兰人顺势用这些运河和堤坝建起了商品集散通道，鹿特丹、阿姆斯特丹逐渐成为欧洲最繁忙的港口。

海面上的船只越来越多，荷兰人开始了造船生意。他们不断改进船具，建造出了比其他渔船小但速度快的"鲱鱼快船"。新型渔船排水量在60吨左右，是单桅杆帆船，既可以追逐鱼群捕捞鲱鱼，又方便在大小不一的港口靠岸买卖鲱鱼。这种船在荷兰人发家的初期做出了贡献，因为它特别适合在荷兰低地水域航行，能够在条件不好的港口停靠。

"鲱鱼快船"适合个体渔民捕鱼、卖鱼用，随着生意越来越大，就有了分工，出现了专门运输鲱鱼的"大肚量"的货船。精明的荷兰人根据低地国家外海水浅滩多的海域特点，建造出了运营成本低、对停靠码头要求不高的平底"大肚子"荷兰商船（fluyt）。

大航海时代的三个海上强国各自贡献了一型独特的船，这也体现在了波兰发行的邮票中。这里解释一下，本书采用的图片，尽量选取邮票、钱币、著名油画等上面的图案，以更大限度地保证准确和公正，因为许多国家都在主张关于某些船的发明权。在此，我们再来比较一下，帆船根据需要而不断演进的过程。

15世纪适合探险和贸易的葡萄牙卡拉克拿屋船

16世纪适合远洋运输和海战的西班牙大帆船

17世纪适合大规模贸易的低成本荷兰平底商船

波兰邮票

荷兰商船有两大特点：一是平底，二是货仓"肚子大"。平底有利于船在荷兰浅水海湾行驶，在各类港口码头停靠；"肚子大"，是因为当时在欧洲货船收税以甲板面积计算，精于算计的荷兰商人请造船师将船舱容积加大，把甲板面积变小，平底"大肚子"商船便出现了。

荷兰商船缴税少、运费低的运营优势很快得到欧洲人的认可，就连敌对国西班牙、英国的商人也都来订购。订单多了，造船师就不断改进造船方法，简化船体结构，发明了模块化、标准化、规模化等造船工艺方法，大大提高了造船效率和质量。此外，荷兰还通过批量采购和使用低价木材进一步降低成本。通过这些改造和精打细算，荷兰船要比英国船成本低三分之一至二分之一。到17世纪中叶，荷兰成为欧洲第一造船大国，仅在首都阿姆斯特丹就有上百家造船厂。荷兰制造的商船渐渐垄断了欧洲市场，荷兰商船吨位占欧洲商船总吨位的四分之三。

造船业和海运业带动了荷兰的商业发展，荷兰人为此创办了银行、股票交易所，成立了专门的运营公司——东印度公司。凭借商业信誉、金融和造船业的支持，荷兰东印度公司建立起了拥有1.5万艘商船的船队。到1670年，荷兰的商船数量是英国的三倍，比英国、葡萄牙、法国、西班牙、德意志等国总数加起来还多。

三、荷兰快速战船与唐斯海战

在大航海时代，商船一般都配备火炮，但战斗力终归有限。荷兰商队庞大，运输的货物价值大，经常被敌对国家和海盗抢劫。初期，荷兰虽然建立了护航海军，但与西班牙海军相比，甚至与海盗私掠船相比，差距都很大，被西班牙人称为"海上乞丐"。于是，荷兰人开始想方设法建造新型战船。

荷兰开始建造的战船排水量都不大，超过200吨的不多，与动辄800吨以上的西班牙大帆船难以相比。荷兰也尝试过建造大型战船，但没有成功。于是，善于游击战的荷兰海军将领与造船师合作，根据荷兰海域特点，参照对手西班牙敦刻尔克①私掠船建造出了适合"混战"的快船。荷兰快速战船排水量一般在200吨—400吨，配备30—40门新型火炮。荷兰快船相当于现在的巡洋舰，吃水浅，快速灵活，有很强的战斗力，既可以在暗礁浅滩密布的荷兰外海抗击西班牙的大型战船，又可以快速巡航保护货船船队。

随着对手越来越强，荷兰人对卡拉克船、西班牙大帆船、英国盖伦船进行了研究改造，进一步降低船首，取消高大的艉楼，降低重心，向西班牙学习，将传统的弧形船尾改为方形，将船身拉长呈流线体，进一步降低吨位保持合适的吃水线，建造出了荷兰特色的盖伦帆船：一般有两层甲板和三桅风帆，配有加农炮，贸易和海战都适用。荷兰战船与西班牙、英国战船相比，其特点是吨位稍小、吃水浅，低船舷设计尤为突出，使荷兰战船快速灵活优势凸显。

为了贸易权，荷兰人与葡萄牙、西班牙、英国、法国、德国、瑞典、丹麦等欧洲国家都进行过战争，还跑到亚洲向德川幕府时代的日本和明朝时期的中国挑战。

17世纪上半叶之前，荷兰海军的主要对手是西班牙与葡萄牙的联合舰队。据资料，1627年到1635年，荷兰有413艘商船和渔船被西班牙击沉，被俘获1606艘。当然，荷兰也如法炮制抢劫西班牙的珍宝船。1628年，荷兰船长皮特·彼得松·海因在马坦萨斯港（今古巴）劫掠了西班牙价值巨大的珍宝船队，导致西班牙经济陷入衰退。

1639年9月16日，西班牙和葡萄牙组成联合舰队，77艘战舰、24000人杀向荷兰本土，旗舰"圣地亚哥"号排水量1200吨，配备火炮60门，想一劳永逸地解决荷兰问题。西葡联合舰队与荷兰一队只有13艘船的巡逻队

---

① 此时的敦刻尔克归属西班牙，后来归属英国，最终被英国卖给了法国。

不期而遇，巡逻船队指挥官是马顿·特罗普（1598—1653）。特罗普的旗舰"艾米莉亚"号排水量只有 600 吨，船舷两侧可配置火炮 46 门，最多可配置火炮 57 门。"艾米莉亚"号与前面讲述的西班牙大帆船尾部相同——圆弧形变为平面，但整体上与西班牙大帆船相比，船艉楼大大降低，船艏楼已去掉，使该船具有了速度和灵活优势。

油画作品《唐斯海战中的荷兰旗舰"艾米莉亚"号》（佚名）

面对强大的西班牙和葡萄牙联合舰队，特罗普利用荷兰船吃水浅、快速灵活等特点，将西班牙舰队引入浅海沙洲，使得西班牙大帆船难以发挥重舰优势。荷兰人采取海盗战术，四处游击。在海雾和硝烟中，西葡联合舰队内部分辨不清敌我，互相炮击起来。最后，77 艘西班牙巨型战舰被荷兰 13 艘小型战舰追打，躲进了当时保持中立的英国唐斯海域。荷兰各联省的船队闻讯赶到，很快聚集起了 100 多艘战船、武装商船和 10 多艘纵火船（相当于现代的鱼雷导弹）。特罗普被推举为总指挥。1639 年 10 月 21 日，特罗普指挥荷兰"散兵游勇"般的船队对敌人发动总攻。先是火炮，再上纵火船，接着是接舷拼杀。面对"打群架"死缠烂打的战法，习惯正规战的西班牙联合舰队损失惨重，不得不放弃征服荷兰的企图并撤了回去。

1639年的唐斯海战是大航海时代海上力量的转折之战，荷兰由此成为世界第一海上强国。1640年，葡萄牙脱离了西班牙60年的控制获得独立，西班牙海军从此一蹶不振。1648年，西班牙被迫正式承认荷兰独立。马顿·特罗普成为荷兰民族英雄，晋升为海军上将。

荷兰人趁势抢占了葡萄牙和西班牙的多个海外贸易站点和殖民地，1648年占领葡萄牙的好望角，在北美建立新尼德兰殖民地，在曼哈顿岛建立新阿姆斯特丹（今纽约）。荷兰人还一度侵入中国台湾，并在日本长崎建立了商业据点。

荷兰东印度公司负责东方贸易，西印度公司负责西北非洲与美洲之间的贸易，两公司分支机构遍布世界各地，荷兰的贸易额占到世界贸易总额的一半以上，当时全世界共有约2万艘商船，其中约1.5万艘都是荷兰的。到了17世纪中叶，无论是海上贸易经济，还是海上军力，荷兰都是当仁不让的第一。

然而，曾经的盟友英国、法国开始了与荷兰的争斗。

荷兰海军在1639年唐斯海战中击败西班牙，荷兰议会认为荷兰海军已天下无敌，议会开始不断裁减海军预算，裁减战船三分之二，裁减海军人员六成，只保留了30—40艘护航战船，每年的海军预算费用也少得可怜。荷兰海军统帅特罗普非常清醒，唐斯海战中西班牙并不完全是被荷兰海军击败的，而是天时、地利、人和三个因素偶然叠加在一起的结果，但这种幸运不可能总站在荷兰这边。

实际上，这时的法国和英国的海军力量已经悄悄地超过了荷兰，尤其英法都采用了大型战舰和战列线战法，旗语指挥系统越来越成熟，逐步向正规化、常备化发展。而荷兰海军还处于以游击混战为主的阶段，荷兰海军很大程度上靠着马顿·特罗普、德·勒伊特等几位经验丰富的老将的威望和经验在支撑。

荷兰人的悲剧很快到来，昔日帮助荷兰一起抗击西班牙的英国人"翻脸"了。1651年，英国议会颁布了《航海条例》，核心条款是：凡是运抵英国的货物必须由英国船只或者商品生产国的船只运送；禁止外国船只在英国港口买卖咸鱼（针对荷兰鲱鱼）。这分明就是为荷兰量身定制的条款。英国与荷兰因《航海条例》贸易权进行了三次战争。

1652年，第一次英荷战争爆发。英军使用的战法是适合战列舰的"直列一字战阵"，荷兰依然是护航商队的作战模式。这次海战，无论是战舰，还是战法，荷兰已经严重落后于英国，失败在所难免。1653年8月，在斯赫维宁根海战中，面对英国巨型战舰、远程大炮和新型战列线战法，特罗普这位为荷兰赢得独立的海军上将，被英国水兵狙击枪击中，倒在了德·勒伊特的怀中。特罗普对德·勒伊特说完"风向就像政客，难以预测"后死去，而未来的海军上将德·勒伊特并没有明白特罗普这句话的深意。

荷兰战败后，被迫承认了英国的《航海条例》。但是，复辟上位的英国国王查理二世制定了更加苛刻的《航海条例》，荷兰的海上贸易遭受了进一步的打击。

荷兰海军上将特罗普战死，议会终于同意加强海军力量。新任海军上将德·勒伊特研究了英国海军战法，设计了新型战列线战法和旗语系统，创造性地组建了海军陆战队。亲自监造了一批大型风帆战列舰，著名战舰有"恩德拉赫特"号（长41米）、"七省"号（长46米）、"金狮"号（长49米）。

"恩德拉赫特"号长41米，排水量1000吨，装备火炮58门（可改造为72门）。在第二次英荷战争"四日海战"中，"恩德拉赫特"号是荷兰海军旗舰，但被英国海军旗舰"皇家查理"号击中爆炸，包括舰长在内的404人阵亡，只有5人幸存。"七省"号接替"恩德拉赫特"号成为旗舰。

"七省"号双层甲板舰体坚固，长46米，排水量1000吨，装备80门火炮，下层甲板28个炮位配12门36磅重炮和16门24磅火炮。在第三次英荷

第一章　从古埃及王朝到大航海时代

荷兰画家老威廉·德·维尔德为"七省"号所作的油画

战争期间,"七省"号都改为36磅重炮,火力配置不输于英国三层甲板大型一级战列舰,但排水量依然不如英国的大型战列舰——英国大型战舰排水量在1500吨左右。荷兰海军的特点是"小船扛大炮"。

"七省"号是荷兰强盛时期海军上将德·勒伊特旗舰,参加了第二次和第三次英荷战争,以及后续与法国的多次海战。虽然多次严重受损,但"七省"号服役了30多年,堪称荷兰海军图腾,于1694年完成使命后被拆解。

1667年5月至6月,德·勒伊特坐镇"七省"号指挥了荷兰海军巅峰之战——突袭英国梅德韦河。6月14日,荷兰的三支舰队在大雾的掩护下向泰晤士河口进发。6月16日,荷兰舰队在浓雾的掩护下突然出现在英国人面前。旗舰"七省"号率一支舰队锚泊在泰晤士河河口,负责指挥、封锁和接应。第二支佯攻舰队顺着泰晤士河河口猛进,河口处的20多艘英国商船逃进内河,躲进格雷夫森德。英国人以为荷兰舰队接下来会沿河进犯伦敦,于是将主力船队调遣至格雷夫森德,德·勒伊特实施的调虎离山计成功。6月19日,德·勒伊特亲自率领24艘主力军舰和20艘吃水浅的小型军舰、15艘纵火船,乘晚上涨潮之时杀进泰晤士河,攻占了河口希尔内斯炮台,夺取了储存在那里的大量黄金和物资。德·勒伊特在泰晤士河河口虚晃一枪后,于6月22日沿着梅德韦河突袭进最终目的地,英国舰队的母港——查塔姆海军基地。荷兰海军先用舰炮摧毁了英国岸炮，德·勒伊特训练的陆战队将英国 14.5 吨、800 多码长的横江大铁链破坏，放出纵火船（风帆时代的鱼雷）烧毁了英国的 6 艘军舰。英国海军旗舰"皇家查理"号被荷兰海军俘获并拖回阿姆斯特丹展示，至今还有该船部件在荷兰博物馆展示。

油画中，巨大的英国海军旗舰"皇家查理"号桅杆顶部是英国国旗，而船艉已挂上了荷兰国旗，周边是比"皇家查理"号小很多的荷兰军舰。此次战役，荷兰以极小代价让英国损失惨重，皇家海军旗舰被俘，令英国海军蒙受奇耻大辱，英国直接经济损失达 20 万英镑。之后，伦敦发生了大火，并暴发了黑死病，英国难以再战。1667 年 7 月 31 日，英国与荷兰签署了《布雷达和约》，修改了《航海条例》，英国放弃了一些利益，但通过交换土地留住了之前从荷兰人手中夺取的新阿姆斯特丹，即今天的纽约。

荷兰画家小威廉·德·维尔德创作的油画《梅德韦河突袭行动中被荷兰海军俘获的英国"皇家查理"号》

第二次英荷战争后，英国国王查理二世一直对皇家海军旗舰被荷兰俘获一事耿耿于怀，而此时的法国国王正是雄心勃勃想称霸欧洲的太阳王路易十四（1638—1715）。路易十四趁机贿赂和挑拨查理二世，英法于 1670 年秘密签订了《多佛密约》。双方约定：择机瓜分荷兰。

1672年，第三次英荷战争爆发，法国站在英国一边参与了战争。先是法国从陆地上侵入荷兰，强大的法国陆军很快占领了荷兰60%的领土。英国从海上入侵荷兰，荷兰由于相信与英国有《布雷达和约》，结果没有防备，不料初战被打得很惨。危急时刻，已经65岁的德·勒伊特再次出山，以"七省"号为旗舰，经过多次互有胜负的激烈海战，最终打败了英法联合舰队。

第三次英荷战争，荷兰海军"金狮"号立下了大功。这场海战是一次战列舰大会战，双方战舰和战法基本势均力敌，都投入了最新的"一级战列舰"。荷兰主力战舰是超大型战列舰"金狮"号，长49米，排水量2000吨，三层甲板，顶层甲板装备了36磅重型火炮，两舷则搭载了86门火炮，全

荷兰画家威廉·维尔德父子画笔下的英荷第三次战争战列舰对阵

舰火炮数量在百门以上，是当时荷兰最先进的风帆式战列舰，远超"七省"号。在第三次英荷战争特赛尔海战中，"金狮"号击毁了英军"皇家王子"号。此次海战属于骑士般的硬碰硬对决，双方战列舰按照战列线阵式，在相互平行行驶中用舷炮互射，荷兰的战舰已大于英军战舰。当时的荷兰画家威廉·维尔德父子对这次海战进行了描绘。在画中，双方战舰可通过悬挂的国旗进行区分。

第三次英荷战争于1674年结束。德·勒伊特对英国第三次海战的胜利，是大航海时代荷兰海军的一次关键性胜利，英国被迫退出英法联盟，英荷再次签订了同盟条约。这个条约使英荷之间保持了约100年的和平。

两次击败英国海军挽救荷兰于亡国边缘，德·勒伊特的威望达到顶峰。荷兰共和派视德·勒伊特为领袖，但保守派及奥兰治亲王威廉感到了威胁，加之法国对荷兰的不断入侵，奥兰治亲王威廉决定与英国、西班牙结盟对抗法国。

英荷同盟后，老谋深算的英国国王鼓动奥兰治亲王威廉称王，挑拨奥兰治亲王威廉与荷兰共和派的关系，挑唆荷兰与法国争斗，在外交和战略上渐渐取得了主动。

1676年4月，奥兰治亲王威廉派德·勒伊特到地中海帮助西班牙与法国争夺地中海的制海权。海战中，由于西班牙联军不配合，德·勒伊特在西西里岛东海岸的奥古斯塔海面与法国海军打了一场力量悬殊的海战，史称奥古斯塔海战。69岁的德·勒伊特不幸中炮身亡。2015年荷兰拍摄的电影《海军上将》，将德·勒伊特之死描写成是荷兰当政者的"阴谋"。

临死前，德·勒伊特终于明白了特罗普那句遗言："风向就像政客，难以预测。"德·勒伊特战死后，荷兰奥兰治亲王威廉与英国玛丽公主很快便成婚了。此后，奥兰治亲王威廉不再满足于做生意，而是开始参与英国王室与议会的斗争。

五、成就英国"光荣革命"

1688年6月20日，信奉天主教的英国国王詹姆士二世得子，为防止天主教徒承袭王位，英国资产阶级政党（辉格党和托利党）邀请玛丽公主的丈夫、荷兰执政奥兰治亲王威廉来保护新教。信奉新教的奥兰治亲王威廉高兴地接受了邀请，并于9月30日发表宣言，要求恢复妻子玛丽，即詹姆斯二世与第一个妻子所生长女的王位继承权。1688年11月1日，奥兰治亲王威廉率领1.5万荷兰大军在托尔湾登陆英国，奥兰治亲王威廉的岳父詹姆斯二世被迫出逃法国。1688年12月，荷兰执政奥兰治亲王威廉进入伦敦。1689年1月，议会宣布由奥兰治亲王威廉和玛丽共同统治英国，分别称他们为威廉三世和玛丽二世，史称"光荣革命"（Glorious Revolution）。用中国话通俗地说："倒插门女婿"成就了英国"光荣革命"。

英国议会通过了限制王权的《权利法案》，奠定了国王统而不治的宪政基础，国家权力由君主逐渐转移到了议会，这就是君主立宪制政体的开始。这对英国和西方来说是一件革命性的大事，解决了长期以来王室与议会的纷争。但对荷兰来说，却是衰败的开始，从此善做生意的荷兰人陷入了英国与法国、西班牙的不断纷争之中。

英国"光荣革命"后，荷兰执政奥兰治亲王威廉自认为成了英国国王威廉三世，放心地与英国签订了英荷同盟协议。协议规定：战争中，英荷双方建立联合舰队，舰船比例5:3，联合舰队总指挥由英国人担任，荷兰人则专心建设陆军。

按照协议，看似荷兰少承担了责任，实则吃了大亏，荷兰从此放缓了海军建设。此后的100多年中，荷兰再也没有出现像马顿·特罗普和德·勒伊特那样优秀的海军指挥官。在18世纪，荷兰的海洋经济虽然还很强大，但荷兰海军再没能达到1673年德·勒伊特单挑英法联军时的辉煌。

100多年后，1780年，英国以荷兰支援美国独立战争为由，废除了英荷同盟条约，发动了第四次英荷战争。这次战争就像罗马共和国对迦太基的第三次布匿战争一样，毫无悬念，英国皇家海军很快就打垮了军备松弛的荷兰海军，战败后的荷兰只能任英国宰割。

英国与荷兰结盟的100多年间，英国向富裕的荷兰人发了很多国债。战后，英国找各种理由免除利息，而且还打折向荷兰人收购本金。荷兰被英国狠狠地剪了羊毛，伦敦渐渐取代阿姆斯特丹成为世界金融中心。荷兰的海外殖民地成了英国想夺就夺的囊中物。1799年，荷兰东印度公司破产，英国东印度公司顺利接手荷兰在印度的地盘，成了名副其实的东印度公司。

1799年荷兰东印度公司破产后，荷兰政府举全国之力保住了殖民地东印度群岛（今印度尼西亚）。1933年，为应对日本对荷属东印度群岛的威胁，荷兰威尔顿·菲耶诺德造船厂建造了以德·勒伊特命名的轻型巡洋舰。该舰长170米，宽15米，平均吃水深5米，满载排水量7668吨，编制435人。值得一提的是，该舰搭载了两架荷兰福克飞机公司研制的C.XI-W型双座水上飞机，用于短程侦察和校射。

在第二次世界大战的太平洋战争中，美国、英国、荷兰、澳大利亚成立了针对日本的联合舰队（简称ABDA），"德·勒伊特"号成为ABDA舰队旗舰。1942年2月27日，"德·勒伊特"号在爪哇海战中被日军"羽黑"号重型巡洋舰发射的鱼雷击中，舰队总指挥多尔曼少将和舰长拉康鲍尔与舰同沉。

1945年，第二次世界大战结束后，荷属东印度群岛——印度尼西亚宣布独立建国。1949年，荷兰无奈承认印度尼西亚独立，从此失去经营了300多年的最大一块殖民地。

今天的印度尼西亚是世界上最大的群岛国家，在太平洋和印度洋上拥有17 000多个岛屿，陆地面积约190万平方千米，海洋面积约316万平方千米，海洋专属经济区面积约616万平方千米（世界排位第六），人口2.6亿多，语言为印度尼西亚语，主要宗教为伊斯兰教。今天的荷兰国土面积4万多平方千米，人口1700多万。

《海权论》作者阿尔弗雷德·塞耶·马汉说："如果说英国是为海洋所吸引的话，荷兰则是被赶向大海的。没有了海洋的存在，英国或许会一蹶不振，而荷兰则会衰败消亡。"这句话同样也适用于曾经辉煌过的西班牙帝国、葡萄牙帝国、罗马帝国、迦太基帝国、古希腊、腓尼基和古埃及王朝。

第二章

从敦刻尔克私掠船到图卢兹空中客车

▼

联合国五大常任理事国都是海空天大国,讲海空天文明的发展,从法国开始比较合适。

第一节 为什么先从法国讲起

法国国土面积约 55 万平方千米,但其海洋专属经济区[①]面积约 1169 万平方千米,位居世界第一。美国的海洋专属经济区面积约 1135 万平方千米,排第二位;经常在海上"敲打"法国的英国以 680 万平方千米排第五;中国只有 300 多万平方千米。法国为什么会有这么大的海洋专属经济区?

从 16 世纪开始,法国与西班牙、英国、荷兰、美国、德国、俄罗斯合纵连横鏖战于地中海、英吉利海峡、黑海、加勒比海、马尼拉海湾,败多胜少。1805 年,法国在特拉法尔加海战中惨败于英国,使拿破仑法国称霸欧洲的梦想破灭。第二次世界大战刚开始,法国就被德国闪电击败投降,法国海军通过自沉军舰的方式保留了些

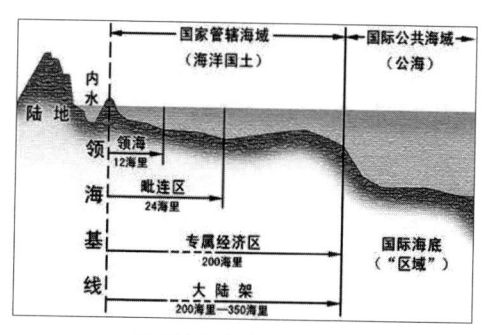

海洋专属经济区说明图

[①]《联合国海洋法公约》规定,专属经济区又称经济海域,指领海以外并邻接领海的一个区域,从测算领海宽度的基线量起 200 海里以内,除去离另一个国家更近的点。

许尊严。海上吃了这么多败仗,竟然还拥有世界第一大海洋专属经济区面积,法国人该满意了吧?

不满意!法国总统马克龙的政治顾问雅克·阿塔利[①]写了一本小书,名叫《海洋文明小史》,他认为在大航海时代,法国王室和精英层面没有形成统一而明确的海洋观念,对海洋的认识不如西班牙、荷兰、英国那般坚定,认为所谓有关海洋的也就是在海上做贸易挣辛苦钱,对海外战略和海军建设,时而重视,时而忽视。在书中,总统顾问多次列举法国海洋战略举措的失当之处。其实,总统顾问有点苛求祖先了,每个大国的历史都有至暗时刻,无一例外。

法国之所以有今天的国际地位,还真是要从其海上力量的崛起说起。风帆时代,法国造船技术长期领先于英国,英国的新型舰船往往是仿照法国建造的;蒸汽时代,法国率先建造出了蒸汽铁甲战列舰,首先提出了航空母舰设想;法国制造出了世界上第一艘潜艇"鹦鹉螺"号,名称是来自法国作家儒勒·凡尔纳的科幻小说《海底两万里》[②]。

进入21世纪,英国正在服役的"伊丽莎白女王"号航空母舰由法国泰雷兹集团(Thales)设计。虽然澳大利亚撕毁了与法国的巨额潜艇合同,但也说明法国在潜艇方面的不俗实力。目前,世界上能与波音客机抗衡的是由法国主导的空客公司。2021年,日本东京奥运会闭幕式上,法国作为下届奥运会主办方,播放了《巴黎8分钟》,法国宇航员在国际空间站用萨克斯奏响《马赛曲》,将闭幕式气氛推上了高潮。

无疑,今日法国是一个典型的海空天大国。这一切,法国是如何开始的呢?

这要从17世纪法国的两位国王和两位海军大臣说起。为了建造出更好的

[①] 雅克·阿塔利是法国著名政治家和经济学家,曾影响马克龙进入政坛。
[②] 《海底两万里》完成于1869—1870年。

舰船，法国率先建立了国家科学院和皇家科学院，引起英国、德国、沙俄竞相效仿，意外地掀起了科技革命和工业革命浪潮。不要有疑问，著名的英国皇家学院、牛津大学都是步法国后尘而建的。

在海空天文明与力量形成阶段，英国的确不如法国贡献大。从风帆战舰开始，法国创新先试，英国跟踪模仿，后来的美国则跟踪模仿欧洲，"青出于蓝"挣大钱。从这一章开始，我们会看到不少这样的史实。

了解法国海空天文明与力量的形成过程，我们还会对法国与俄罗斯的关系加深理解——为什么在法国有那么多人同情俄罗斯的处境，不仅仅是勒庞女士①。2022年6月3日，法国总统马克龙表示，尽管俄罗斯"犯了错误"，俄罗斯也不应受到羞辱。历史上，从德国嫁到俄罗斯的叶卡捷琳娜二世发起"希腊计划"，从奥斯曼帝国手中夺得黑海沿岸土地，创造了"克里米亚神话"，法国启蒙思想家伏尔泰为叶卡捷琳娜二世赋诗一首："哦！北方的君主，你是阿波罗的姐姐②，你要为希腊复仇，赶走那些不配的人——艺术的敌人、女人的压迫者，我将前往马拉松的故土，在那儿等你！"在沙俄时期，俄罗斯贵族和文人以能用法文写作为荣。我在莫斯科航空学院学习时，谈起前任校长，俄罗斯同学自豪地说："他是苏联驻法大使。"谈起俄罗斯米格航空器集团创始人格列维奇，俄罗斯同学自豪地说，他与法国达索是同学。

关于法国，我们中国人不免会联想到，20世纪初，为什么会有那么多中国青年才俊赴法勤工俭学，而且其中的许多人后来成了新中国的革命先驱和领袖。有一幅《赴法勤工俭学》油画，上面画有11位新中国革命先驱。敬爱的周总理和邓小平大家都知道，而聂荣臻元帅则是新中国海军、空军建设的组织者，是"两弹一星"的领导者。

---

① 2022年法国总统大选候选人之一。她的竞选策略包括："若当选，法国退出北约。"
② 阿波罗的姐姐，希腊神话中的狩猎女神、月亮女神阿尔忒弥斯。

从法国开讲海空天一体化发展历史，是对历史的尊重。

第二节 首相黎塞留创建国家海军

2017年6月28日，法国国有船舶制造企业集团（DCNS）举行400周年庆典，前空中客车集团执行董事、法国国有船舶制造企业集团新任首席执行官艾尔韦·吉尤宣布，DCNS集团正式更名为"法国海军集团"（Naval Group）。法国媒体报道："17世纪初，在黎塞留的支持下，大西洋海岸的布雷斯特建造起了全法第一座国有造船厂——布雷斯特第一海军工厂。这座与法国海军同龄的造船厂从建造风帆炮船开始，走上了振兴法国海军之路。"由此推测，法国最早的国有造船厂成立于1617年6月。

1618—1648年，欧洲爆发了"三十年战争"。开始是神圣罗马帝国内战，但很快，欧洲主要国家都参与进来，结果变成了混战。初期，法国没有参战，但法国很快就受到了西班牙的威胁。1624年，法国国王路易十三[①]（1601—1643）授权黎塞留（1585—1642）加快海军建设。

首先，黎塞留将当时的皇家海军更名为法国国家海军，成立海军部，亲自兼任海军大臣。其次，向当时的盟国荷兰和英国定制了多艘大型舰船，还请了一些荷兰人担任法国舰队副司令和船员。最后，在布雷斯特、土伦、勒阿弗尔、布鲁日建立了四处海军基地，组建了大西洋风帆舰队和地中海大桨舰队[②]，法国从此有了常备海军。

1636—1637年，打败了丹麦和瑞典的西班牙与神圣罗马帝国南北两路夹击法国，逼近巴黎。关键时刻，首相黎塞留率法军出击，先后在1638年的戈

[①] 1610—1643年在位。
[②] 虽然当时世界已进入了风帆船时代，但是排桨帆船在地中海还有不少国家使用。

特里亚海战和 1641 年的塔拉戈纳海战两次击败西班牙海军，法国成为"三十年战争"胜利一方的功臣，巩固了其在欧洲大陆的霸主地位。年轻的法国海军从此走上了前台。

黎塞留高度重视海上贸易，鼓励法国商人发展扩大西洋贸易，授予大船东以贵族身份在北美及加拿大、非洲等地拓展法国的殖民地。逐渐地，法国在海外开始与西班牙、荷兰、英国争夺殖民地和贸易权。由于那时英、法、荷共同对抗强敌西班牙，因此他们之间还没有发生大的纠纷。但黎塞留深知，冲突必将来临，单靠向荷兰和英国购买舰船不是长久之计，法国必须拥有自己建造舰船的能力。于是，法国高薪聘请荷兰人来帮助造船，法国船厂多了起来。那时的造船经验很重要，徒弟总不如师父，法国制造的船经常出问题。例如，法国自制的第一艘大型战舰"王冠"号由于质量问题，仅仅使用 5 年就退役了，而荷兰人造的船可以使用 10 年以上。

造船质量问题让路易十三和黎塞留看到了法国与荷兰的差距。虽然法国早已成立了巴黎大学，但与新贵荷兰莱顿大学相比，影响力还不够，就连著名的法国哲学家、数学家笛卡尔都被吸引去了荷兰莱顿大学。于是，黎塞留亲自兼任了巴黎大学校长，但大学教育远水解不了近渴——建造出更好的舰船。

第三节 海军大臣创建国家科学院

1635 年，当荷兰人热炒郁金香之时，路易十三的首相兼海军大臣黎塞留主持创建了法国国家科学院和法兰西学术院。

1666 年，在英荷第二次战争期间，热衷于建立大海军的路易十四（1638—1715）授权近臣，后来的财务大臣和海务大臣让·柯尔贝尔又建立了皇家科学院，兴建了巴黎天文台。路易十四在位 72 年，提出了一系列科学研究问题，如电与蓄电、燃烧金属替代蜡烛、研究武器与金属等，还立法保护知识产权和发明。

路易十五（1710—1774）执政期间，虽然遭非议很多，但路易十五也非常喜欢科学和新技术，支持一些法国大学成立了物理学部和机械部。

为什么这些"路易国王"都喜欢建科学院和大学？这要从路易十三的母亲说起。

路易十三的母亲玛丽·美第奇来自意大利文艺复兴时期著名的美第奇家族。美第奇家族不但善于赚钱，还有支持科学和文化的传统，供养过许多艺术家和科学家，包括米开朗琪罗、达·芬奇等。路易十三的父亲去世较早，他由母亲教育和摄政，因此在科学和艺术方面受到了很好的教育。虽然后来因权力之争导致母子不和，但遗传基因是改变不了的。

实际上，法国王室热衷教育，办大学也早于英国，英国第一所大学——牛津大学就是由一些从巴黎大学回去的师生创办的。由于王室长期重视科学和文化，法国从巴黎到地方建立起了各类学院和学校，丰厚的薪酬，崇高的荣誉，吸引来了欧洲各地的精英。巴黎由此成为最早的世界数学中心。

为了造出比荷兰和英国更好的船，海军大臣柯尔贝尔曾多次召集专家学者研究提升造船质量问题，征集造船和航海论文，对优秀实用的论文给予重奖。这个传统在18世纪还在进行，数学家欧拉于1727年应聘沙皇彼得堡科学院，敲门砖就是巴黎科学院二等奖论文《关于船舶桅杆布局优化算法》。

在浓厚的科技和文化氛围中，法国造的船也越来越好，他们不再依靠荷兰和英国。终于，法国在1690年的比奇角海战中击败了英国与荷兰的联合舰队。

在造船理论研究方面，无疑，最先建立科学院的法国做得最好，英国人也承认这一点。"船舶设计理论在法国的大发展得益于路易十四的海务大臣让·柯尔贝尔。"这是英国舰船设计师大卫·K.布朗（1928—2008）在他的专著《英国皇家海军战舰设计发展史》中的评价。在书中,大卫介绍了风帆时代法国人在造船领域的诸多研究,有些抱怨地列举了英国人少量的研究,例如"英国在理论方面做出的唯一却极具价值的贡献,就是……却没法儿直接应用到船舶设计中来","英国巡航舰造型受法国影响最深,例如英国五级舰中建造数量最多的两种型号,其蓝本是1782年俘获的'丽达'号和1806年俘获的'总统'号两艘法国战船"[1]。

科学院真的有这么重要吗?法国数学家勒内·笛卡尔和荷兰物理学家克里斯蒂安·惠更斯的经历很能说明这个问题。

1575年,荷兰执政官为奖励莱顿市民抵抗西班牙军队的英勇表现,设立了莱顿大学。莱顿大学很快吸引了法国数学家笛卡尔来此访学,因为那时的法国还没有比莱顿大学更好的学术机构,莱顿大学给的薪酬也比较高。但是,1666年法国皇家科学院成立后,毕业于莱顿大学的荷兰人惠更斯则从莱顿来到巴黎,成为皇家科学院薪俸最高的会员之一。在法荷战争期间,惠更斯更是得到法国海军大臣让·柯尔贝尔的保护,被安排住在皇家图书馆。1673年,惠更斯的《摆钟论》在巴黎出版,他将此书献给了法国国王路易十四。试想一下,一位海军大臣设法保护一个敌对国家的学者,他治下的海军快速崛起也就不足为奇了。

从科学造船开始,法国人的创新思维和革命思想就不断闪现,但经常被英国人和美国人得到实惠。苏伊士运河由法国人首先提出并开凿,后被英国"耍手段"获得;开凿巴拿马运河的想法也由法国人最先提出,最后由美国人获得了运河开凿权,并控制其多年;蒸汽铁甲战列舰最先由法国人建造出来,但很快,英国就在这方面超越了法国。

---

[1] [英]大卫·K.布朗:《英国皇家海军战舰设计发展史》(卷一 铁甲舰之前 战舰设计与演变,1815—1860年),李昊译,江苏凤凰文艺出版社,2019年。

在飞机、鱼雷和航母出现之前，战列舰是海上霸主。虽然法国率先建造出了"光荣级"战列舰，但从19世纪70年代开始，在法国，质疑战列舰价值的观点占了上风，认为只要依靠潜艇、鱼雷艇、巡洋舰等建造成本低的海军武器，就可以对抗由多艘战列舰组成的大型舰队，还形成了一个所谓的"绿水学派"。这些思想有些超前，因为只有在现代飞机、潜艇和鱼雷出现后才能实现。法国因此放慢了战列舰的建造步伐。第一次世界大战前，曾经吨位排行第二的法国海军已经远远落后于英国，后来还被美国、德国、日本超越。

20世纪初，飞机被发明后，法国人又率先提出了航空母舰的概念，并公开发表。英国人得知后，抢先建造出了航空母舰。当然，最后还是美国成了航母第一强国。

第四节　财务大臣再造法国海军

路易十四1643年即位，但直到1661年才开始亲政。他虽然在位长达72年，但执政时间只有54年。在路易十四亲政前，法国内部经历了一段时间的内乱，尤其是1648—1653年的投石党运动，法国海军力量被严重削弱，以至于这一时期的法国海军不敢与英、荷海军正面交锋，法国的海外贸易和领地也不断受损。

路易十四亲政后，任命近臣让·柯尔贝尔担任财务大臣兼海务大臣。从1662年开始，王室出巨资建立了多家大型造船厂。柯尔贝尔亲自主持舰船研讨会，组织技术人员到荷兰、英国、德国等国考察学习，高薪聘请荷兰、英国等技术人员指导造船，提高造船技师待遇等。与此同时，柯尔贝尔修建、扩建了多个港口。在北部，法国从英国手中重金购买了英吉利海峡岸边的敦刻尔克并扩建了港口，在西部修建了拉罗谢尔港，在南部加强了土伦、马赛等港口。

柯尔贝尔还加固了港口防御工事，修缮了 200 多个旧堡垒，构筑了 30 多个新堡垒，建立了运河和道路系统。他还组织建立了法国东印度公司、西印度公司、北方公司、近东公司、非洲公司。

这里专门讲一下敦刻尔克。1662 年，法国国王路易十四从英国国王查理二世手中购得敦刻尔克——其在荷兰语中是"沙丘上的教堂"之意，现为法国北部靠近比利时的深水海港城市。当时，路易十四购城花费了 32 万英镑，相当于英国政府当年三分之一的财政收入。查理二世的母亲是路易十三的妹妹，与路易十四是表亲，他们的外祖母是玛丽·美第奇。法国人在后来的欧洲争霸中虽然多次失败，但还是保住了敦刻尔克这块祖业。1940 年，第二次世界大战开始，英法 33 万军队在德军的围追堵截下，由敦刻尔克海滩成功渡海撤退到英国，史称"敦刻尔克大撤退"，敦刻尔克由此闻名。

如此要地，英国为什么会把它卖给法国？首先，当时的英国国王查理二世刚刚复辟登上王位，不仅要面对财政困难，而且还担心荷兰来抢占敦刻尔克。其次，当时法国正值强势的路易十四统治，把敦刻尔克卖给法国也可以多一个对抗荷兰的盟友。归根结底，当时的法国已经崛起为欧洲海军大国。

柯尔贝尔建立了海军军官培养制度，编撰了海军法典和殖民地法典，重建了法国海军。法国的造船技术和海军力量很快在 1672—1678 年的法荷战争中得到了检验。1676 年，在地中海西西里岛奥古斯塔海战中，法国舰队打败荷兰、西班牙舰队，重创荷兰旗舰"伊恩德纳赫特"号，荷兰战神海军上将德·勒伊特中炮身亡。1678 年，法国与荷兰等国签订了《奈梅亨条约》，取得了法荷战争的全面胜利。法国海军声望达到顶峰，路易十四赢得了欧洲"太阳王"的称号。

英国与荷兰开始联手对抗法国。先是荷兰执政奥兰治亲王威廉与英国公主结婚，1688 年英国资产阶级贵族邀请奥兰治亲王威廉完成"光荣革命"，赶走了亲法的英国国王詹姆斯二世。詹姆斯二世的母亲是路易十三的亲妹妹。

在黎塞留和柯尔贝尔两任致力于科学造船的海军大臣的努力下,法国造的船越来越好,海军军官和水手培训也逐渐变得正规,成果很快得到了验证。为帮助詹姆斯二世夺回王位,1690年,法国海军在英吉利海峡比奇角打败英荷联合舰队,法国75艘战船对英荷56艘战船,法国一艘舰船也没有损失,英荷损失11艘战船,法国海军取得压倒性胜利,控制英吉利海峡一个多月。比奇角海战大捷成为法国海军最光辉的历史瞬间。但是,法国海军没有抓住机遇乘胜追击,失去了扶持詹姆斯二世东山再起和摧毁英国"光荣革命"的时机。这种赢了海战,没达成战略目标的情况多次发生在法国人身上。

从17世纪末开始,路易十四的法国成为西欧霸主。路易十四在位期间,法国疆土扩张得最快。1682年,法国殖民者将西班牙在北美的一块殖民地命名为"路易斯安那",并逐步扩大。法属路易斯安那领地最初包括美国中部由密西西比河口至加拿大边境的很大一片领地。但是,1803年,拿破仑将整个路易斯安那领地连同从西班牙新夺取的殖民地低价卖给了美国。此后,美国政府从该州划分出了15个州。这可能也是部分法国人不喜欢拿破仑的原因之一——不但没能称霸欧洲,还使法国失去了重要的海外领地。

比奇角海战的法国旗舰是"皇家太阳"号战列舰,在1692年的一次以少对多的拉乌格海战中,该舰在瑟堡港口维修时遭英国纵火船引燃弹药库爆炸

油画作品《1692年瑟堡港被火攻的"皇家太阳"号》

法国画家绘制的1693年建造的"皇家太阳"号

沉没。画家威廉·范·德·维尔德为其创作了油画作品《1692年瑟堡港被火攻的"皇家太阳"号》。1693年,原"皇家太阳"号建造师的儿子又建造了一艘"皇家太阳"号。

从17世纪末到19世纪中叶,法国与英国开始了100多年的海上竞赛。但是,受益于科学造船理念,法国造船技术在多数时间对英国保持着优势。风帆时代的英国海军部甚至认为,没必要使用新发明的船,可以先让法国人去试验。由于英国在航海和海战经验方面优于法国,法国率先投入使用的新式战船经常被英国俘获。

例如,英国两层甲板战列舰,是参照俘获法国的战船建造的。法国在18世纪30年代开发出了著名的"74炮"级战列舰,被称为是数学家算出来的战舰,后被英国仿制普及到欧洲各国。二层连续火炮甲板74炮级战列舰,比二层连续火炮甲板的50—60炮的战列舰威力大,比三层连续火炮甲板70或80炮战列舰机动性要好。74炮和拉长的52米火炮甲板,是法国人经过精确计算和反复试验得出来的。1747年,英国在奥地利王位继承战争中缴获了一些法国战船,发现法国战列舰设计优于自己的。1755年,几位英国海军测量员根据法国战列舰设计了新的74炮战列舰"都柏林"和"贝罗纳"级,火炮甲板长51米—52米。18世纪80年代的后续设计继续放大舰体,增强了对其的操纵性;到18世纪末,英国已经有一半的战列舰是74炮舰。

第五节 法英蒸汽铁甲舰竞赛

1805年特拉法尔加海战,法国败给英国;1815年,拿破仑因滑铁卢战败被囚至死,法国海军陷入了长时间的低潮。

一、英法铁甲竞赛

1850年,法国舰船设计师迪皮伊·德·洛梅建造出了世界首艘蒸汽动力双层甲板战列舰"拿破仑"号。之后,洛梅在舷侧敷设铁制装甲板,以使木壳船体能够承受新式前装炮发射的25千克开花弹的轰击。1859年,世界首艘蒸汽动力铁甲战列舰"光荣"号下水,排水量5630吨,扭转了法国海军落后于英国海军的被动局面,由此引发了英、法之间的蒸汽铁甲战舰竞赛。

英国维多利亚女王得知法国"光荣"号战列舰服役情况后,要求皇家海军拿出对策。于是,英国很快研制出了首艘蒸汽铁甲舰"勇士"号。"勇士"号排水量9137吨,于1861年10月服役,设计师是伊萨克·瓦特。动力方面,与法国"光荣"号一样,"勇士"号同时拥有风帆和蒸汽机。"勇士"号在使用风帆时可以将螺旋桨提起,以减少阻力,速度可达14.36节,超过法国"光荣"号的13.5节。1873年,英国建造出了世界首艘不带风帆、纯蒸汽动力战列舰"蹂躏"号,英国海军又保持了对法国海军的优势。

到19世纪末,英、法、德、日、美、俄等国建造出了各有特色的蒸汽铁甲战列舰、巡洋舰。蒸汽机不仅为军舰提供推进动力,而且还被用于操纵舵系统、锚泊系统、转动装甲系统、装填弹药、抽水及升降舰载小艇等。

1850年建成的世界首艘蒸汽动力战列舰法国"拿破仑"号

1859年建成的世界首艘蒸汽铁甲舰法国"光荣"号

1861 年建成的英国首艘蒸汽铁甲舰"勇士"号　　1873 年建成的世界首艘纯蒸汽动力战列舰英国"蹂躏"号

潜艇研制方面，法国也最早起步。1797 年，美国发明家罗伯特·富尔顿曾在法国海军资助下建造了"鹦鹉螺"号潜艇，但没能投入使用。1863 年 4 月，法国军官西蒙·布尔热瓦建造了世界上第一艘完全由机械动力驱动的"潜水员"号潜艇。1888 年，法国设计师古斯塔夫·泽德研制出了世界首艘柴电潜艇，并首次配备了鱼雷、潜望镜等。

关于英法海军的长处和短处，旁观者清。清朝洋务运动推动者左宗棠看得很清楚：法国人造船技术占优，英国人航海作战占优。左宗棠在 1866 年创办福州马尾船政局时，聘请了两位法国人负责造船，并要求船政学堂的造船班学习法语，航海班学习英语。

二、英法最后的海战

法国与英国最后一次海战是无奈的，悲壮的。1940 年 6 月 22 日，法国投降德国。英国人担心法国强大的海军被德国所用，决定先下手为强。1940 年 7 月 3 日，法国有一支舰队驻扎在北非殖民地阿尔及利亚奥兰以西 3 海里的海军专用港口——米尔斯克比尔，有两艘战列舰、两艘战列巡洋舰等。英国海军派出驻直布罗陀的舰队执行任务。米尔斯克比尔海战爆发，双方的航空母舰、战列舰、战列巡洋舰及飞机都参与进来。

英国皇家海军"皇家方舟"号航空母舰

英国"胡德"号战列舰首先开炮,这是1815年滑铁卢战役之后,英国第一次向法国军队开火。最后,英军取得完胜,英法双方伤亡比居然是1∶800。法军方面,战列舰"布列塔尼"号被击沉,"普罗旺斯"号和"敦刻尔克"号被重创,1297名水兵阵亡,341人受伤。顺便说一下,英国最先进的战列巡洋舰("胡德"号)在1941年5月24日被德国最先进的"俾斯麦"号战列舰击沉,1418名水兵阵亡,3名幸存。法国"敦刻尔克"号经过补修后,于1941年2月返回土伦港。1942年11月,为避免被德军征用,"敦刻尔克"号和"斯特拉斯堡"号在土伦港内自沉搁浅。

三、"黎塞留"号战列舰的命运

1940年6月,当时尚未完全竣工的"黎塞留"号战列舰面临两个选择:投降德国,或者继续战斗。舰员们自行决定撤离法国本土。6月15日,"黎塞留"号驶离布雷斯特造船厂,前往法属塞内加尔的达喀尔港。"黎塞留"号是当时法国海军最先进的战列舰,满载排水量45 438吨。

1940年7月8日，英国"竞技神"号航母上的十几架"剑鱼"鱼雷机袭击了停靠在达喀尔港内的"黎塞留"号战列舰，但"黎塞留"号没有受损。为了支持法国抵抗领袖戴高乐将军，1940年8月，英法双方制定了夺取达喀尔港的计划。9月23日，英国皇家海军"皇家方舟"号航母、"决心"号、"勇士"号和"巴勒姆"号战列舰及5艘巡洋舰、10艘驱逐舰驶入达喀尔港外围海域，还有一支搭载了8000名士兵的运输船队，其中包括戴高乐将军的2700名自由法国士兵。由于"维希法国"的达喀尔总督拒绝投降，英国巡洋舰首先发起攻击，停泊在港内的"黎塞留"号战列舰与两艘巡洋舰、两艘驱逐舰、3艘潜艇及海岸炮兵也开火还击。经过两天激战，"黎塞留"号战列舰遭受重创，另有两艘潜艇和一艘驱逐舰被击沉，英国舰队有两艘战列舰和两艘驱逐舰受伤，英军没能登陆。"黎塞留"号上的法国官兵在随后的时间里，既不宣布加入德军，也不向英军和戴高乐妥协。1942年年底，在美国的调解下，"黎塞留"号与戴高乐领导的"自由法国"达成和解，美国名义上把"黎塞留"号战列舰买下来，经过整修编入了英国皇家海军远东舰队，多次参加了太平洋战场对日作战。第二次世界大战结束后，美国将"黎塞留"号战列舰交还给了法国政府。

今日，法国造船主力主要集中在法国海军集团（Naval Group，简称NG），依然在展示着"Strength at sea"（海上力量）。目前，法国海军集团产业包括造船、原子能、航空航天、可再生能源、房地产和物流等，下辖布雷斯特、土伦、洛里昂、瑟堡、吕埃尔五大造船厂。法国海军集团首任总裁来自欧洲空客集团，这有点像中国船舶集团公司。

俄罗斯曾向法国订购"西北风"级两栖攻击舰，后因2014年克里米亚问题而毁约。澳大利亚曾与法国签订500多亿美元的核潜艇合同，后来澳大利亚毁约转而购买美国潜艇。还有，英国"伊丽莎白女王"号航母由法国泰雷兹集团设计。这些都说明，法国在军船建造方面仍然处于世界领先水平。

总之，从18世纪到20世纪，法国与英国等进行了多场海战，虽然有多次败绩，但法国海军力量保持前列，有能力保护其海外诸多岛屿，法国海洋专属经济区面积世界第一，就是这样而来的。

第六节　法国航空先驱

在航空工业集团工作时，我曾带队到法国图卢兹的欧洲空客集团商学院进行过一周多的专题交流，曾为北京航空航天大学中法工程师学院做过名为"从巴黎到图卢兹——欧洲在航空领域从0到1的创新"的讲座。在《世界航空航天企业百年发展与演变》一书中，我专门对欧洲航空航天先驱表达了敬意。法国巴黎是最早的航空之都：1909年，法国人率先提出了航空母舰设想；1965年，法国发射了本国首颗人造卫星；欧洲空客集团由法国主导……

在人类航空航天发展史上，法国占有重要地位，有许多关于法国人发明飞行器的记载：

1678年，一个叫贝尼耶的锁匠制作了一架扑翼机从屋顶飞下。

1783年11月，孟格菲兄弟制造的热气球实现了第一次载人飞行，飞行时间25分钟，飞行距离10千米。

1783年12月，法国科学院科学家雅克·查理和让·罗贝尔、路易·罗贝尔兄弟制作的氢气球实现载人飞行，飞行时间125分钟，飞行距离43千米。

1852年9月，亨利·吉法尔研制出了蒸汽机驱动螺旋桨的飞艇，飞行了27千米。

1868年，马里·勒·布里斯研制出了从马车上弹出的滑翔机。

1871年，阿方索·佩诺研制出了橡皮筋动力飞行模型，11秒飞行了40米。

1874年，海军军官菲利克斯·杜·唐普勒和弟弟制造出了以蒸汽机为动力的单翼飞机，借助斜坡滑行升空能飞行一小段时间。

1884年8月，法国海军军官查理·勒内尔研制出了电池供电的电动机飞艇，飞行了8000米。

1890年、1897年，克莱蒙·阿代尔分别研制出了蒸汽动力飞机"风神"号和"飞机3号"，据说都能飞起来。

总之，在1903年美国莱特兄弟载人动力飞机发明之前，法国人做出了各种努力。

1906年，在巴黎学习航空的巴西人桑托斯·杜蒙研制出了"14-bis"飞机，在巴黎郊区飞行了220米，用时21秒。1907年，加布里埃尔·瓦赞兄弟研制出了箱形翼飞机，由亨利·法尔曼驾驶飞行了771米。1908年1月，法尔曼驾驶改良过的瓦赞飞机赢得了欧洲最早的航空飞行比赛大奖。1909年7月，布莱里奥驾驶自己设计的单翼机首次飞越英吉利海峡。同年，世界上首个航空展在巴黎开幕，这就是现在著名的巴黎航展。

飞机在法国渐渐显示出了经济和军事价值。那一时期，法国涌现出了包括瓦赞、法尔曼、纽波特、高德隆、布雷盖、布莱里奥、斯帕德等一大批世界闻名的飞机制造企业。到1914年，法国成为世界航空制造业中心，拥有20家飞机制造公司和13家发动机制造公司，其产品远销世界各国和地区。当时的德国有15家飞机制造公司，美国有14家飞机制造公司。法国的许多飞机和发动机在国外进行许可生产。

第一次世界大战期间，法国生产的飞机超过52 000架，发动机超过93 000台。1918年第一次世界大战结束前夕，法国公司飞机月产量达2750架，发动机月产量达4000台。所以，法国在第一次世界大战前被称为世界航空中心，巴黎号称"航空之都"。法国早期的飞机制造公司都可圈可点，有的延续至今,成为法国乃至欧洲航空力量的代表,例如达索飞机公司。

一、法国第一家飞机制造企业:瓦赞(沃森)兄弟公司

1906年11月,加布里埃·瓦赞和查尔斯·瓦赞兄弟俩创建了法国第一家飞机制造企业。瓦赞(沃森)兄弟公司早于英国和美国第一家飞机公司的成立,与法尔曼、杜蒙、布莱里奥等多位航空先驱进行过合作,奠定了法国当时航空中心的基础。

在第一次世界大战中,瓦赞全铝飞机生产了近万架,高峰期可以每周生产60架,在各国得到普遍应用。但随着第一次世界大战结束,军用飞机订单大幅下降,民用飞机需求仅限于飞行爱好者。在第一次世界大战中,公司形成了巨量资产和产能,不得已,瓦赞公司转产豪华汽车,逐渐退出了飞机制造行业。顺便说一句,在法国,航空和汽车跨界至今仍很普遍。

瓦赞兄弟公司对欧洲航空业发展有以下三个特别贡献:

第一,瓦赞兄弟曾帮助来自巴西在法国学航空的桑托斯·杜蒙[①]研制动力飞机。杜蒙在不知道莱特兄弟飞机详细资料情况下,于1906年9月研制并试飞成功欧洲第一架动力飞机14-bis。也因此,桑托斯·杜蒙的名气比瓦赞兄弟大。

第二,瓦赞兄弟研发制造了全铝飞机。

第三,瓦赞兄弟还同著名的路易·布莱里奥进行过合作,研制浮筒式滑翔机。路易·布莱里奥在1905年同瓦赞兄弟合作后,1906年又在瓦赞兄弟的雇用下设计飞机。虽然在瓦赞兄弟公司设计的飞机没有成功,但是积累了丰富飞机设计制造经验的路易·布莱里奥很快创立了自己的公司,成为欧洲有影响力的飞机设计师和成功的企业家。

---

① 桑托斯·杜蒙,是欧洲第一位制造出能转弯飞艇的人。

二、高德隆（Caudron）飞机制造公司

高德隆飞机制造公司由芮尼·高德隆和盖斯顿·高德隆两兄弟创办于1912年前（具体时间不确定）。1913年，袁世凯的北洋政府买了13架高德隆G.II和G.III教练机，在南苑校阅场进行了飞行表演，创办了中国第一所航空学校。高德隆飞机由于构造结实耐用，第一次世界大战期间共生产了2450架G.III型飞机，用于战场侦察和炮兵观测。高德隆飞机是许多航空爱好者的入门飞机，达索就起步于改造高德隆飞机。高德隆公司在1933年被雷诺公司收购。

高德隆兄弟在南苑校阅场移交飞机时的合影

1914年制造的高德隆水上飞机

三、布莱里奥斯帕德（Spad）飞机制造公司

1909年，路易·布莱里奥（1872—1936）驾驶自制的单翼机首次飞跃英吉利海峡，1913年收购了斯帕德飞机制造公司[①]，并将其更名为法国航空与赛斯公司，公司缩写恰与原来公司缩写相同，仍是"Spad"。发明了硬壳机身的设计师路易斯·贝切罗留在了重组的公司，设计出了第一次世界大战中优异的Spad战斗机系列。第一次世界大战中，法国斯帕德S.XIII型战斗机、德国福克D.VII和英国索普维斯"骆驼"战斗机是最著名的三种战斗机。斯帕德S.XIII型战斗机以坚固、快速著称，无论是爬升，还是俯冲速度，都远强于其他机型。斯帕德S.XIII型结构简单，使得生产工艺简便易行。第一次

[①] 最初的斯帕德飞机制造公司由阿蒙德·德佩杜辛于1910年成立。首字母缩略词"Spad"来自该公司正式名称的首字母。

世界大战结束前，该机型共计生产了8472架，在战争中使用广泛、数量众多。第一次世界大战结束时，除法国各战斗机中队配备斯帕德S.XIII外，美国远征军部队也全部使用S.XIII，英国、意大利、比利时和俄罗斯等国也有使用。

布莱里奥早于高德隆（Caudron）飞机制造公司与中国结缘。1910年5月，清朝载涛贝勒一行曾造访巴黎郊区的伊瑟雷莫里诺机场，与布莱里奥有过交流，并留下了合影。照片上，布莱里奥在为对面穿着绸缎马褂的载涛讲解，身后是晚清总理李鸿章之子李经迈。一年后，清朝灭亡。

1910年，布莱里奥给清朝贝勒载涛讲解

四、赛峰集团先驱马克·柏吉特创建的公司

在Spad飞机发展的历史上，还要提到一个重要人物——瑞士出生的工程师马克·柏吉特。他先是移居西班牙与人联合创办了西斯帕罗·苏扎（Hispano Suiza）汽车厂，研发制造汽车发动机。1911年，马克移居法国，在勒瓦卢瓦-佩雷创立公司设计高档轿车。第一次世界大战期间，他开始涉足航空领域。马克为Spad飞机设计了著名的V-8发动机——150马力的固定式水冷发动机。Spad飞机设计师贝切罗按照新发动机设计了新的机身，这就是第一次世界大战期间著名的双翼战斗机S.VII。之后又为S.XIII设计了220马力和235马力的发动机。两次世界大战之间，马克主要从事高端汽车定制业务，他的客户包括毕加索、罗斯柴尔德家族、米其林等。之后，马克又回归飞机发动机和起落架等飞机附件制造。后来，他的公司成为斯奈克玛公司（SNECMA）的一部分，继而又成为赛峰集团（SAFRAN）传动系统公司的组成部分。

五、最长寿的家族企业：达索（Dassault）飞机制造公司

达索飞机制造公司由马塞尔·布洛克创建于 1916 年（与波音公司同年创立），是少有的"长寿家族航空企业"。布洛克祖孙三代历尽坎坷，他们将一家制造飞机木质螺旋桨的手工小作坊，发展成为法国军用飞机和民用飞机制造业的领军企业。1912 年，20 岁的马塞尔·布洛克考入法国国立高等航空制造学院，与苏联著名飞机设计师、米格设计局创始人之一的格列维奇是同班同学。

1916 年，马塞尔·布洛克发明了第一个木质螺旋桨，创办了"航空设计公司"（法国达索集团的前身），并于 1917 年将高德隆 G.III 侦察机改进为拥有 375 马力的 SEA.IV 双座战斗机。这一独创的战斗机很受法军欢迎，法国装备部一次就定购了 1000 架，最后由于第一次世界大战结束合同中止，SEA.IV 双座战斗机才未能大批量生产。第一次世界大战结束，由于战斗机订单的锐减，马塞尔·布洛克转行经营家具和房地产生意[①]。

1927 年，美国飞行员林白驾驶单翼型飞机，经过 33.5 小时的飞行，第一次完成了跨越大西洋从纽约到巴黎的不着陆飞行。35 岁的马塞尔·布洛克受到鼓舞决定重返航空界。他变卖了所有资产，第二次投身飞机制造业。马塞尔·布洛克于 1931 年研制出了一架三引擎邮政飞机，设计出了 MB.200、MB.210、MB.131 双引擎等不同型号的轰炸机，制造出了 MB.150 型系列战斗机和 MB.120 型十座三引擎军用运输机。这一时期，达索已与波音和道格拉斯同步。

然而，第二次世界大战爆发后，法国战败投降德国。这又中断了马塞尔·布洛克雄心勃勃的航空梦。1944 年，52 岁的马塞尔·布洛克因拒绝为纳粹研制飞机和火箭而在里昂被捕，被关进了"布黑瓦尔德集中营"。第二次世界大战结束后，1946 年，马塞尔·布洛克将名字改为他兄弟在战时抵抗

---

① 洛克希德兄弟也曾做过房地产生意。波音也曾做过木材和家具生意。

运动中使用过的化名——马塞尔·达索,第三次创建了飞机制造厂——马塞尔·达索飞机制造公司。厚积薄发的达索公司先后推出了法国第一架喷气式战斗机——"暴风",法国第一架超音速战斗机,以及"军旗""超军旗"舰载攻击机,后者帮助阿根廷空军在1982年的马岛之战中,以"飞鱼"导弹先后击中英军"谢菲尔德"号和"大西洋旅游者"号军舰。马塞尔·达索设计制造出了著名的"幻影2000"战斗机、双引擎隼式喷气式公务机。

1986年4月18日,95岁高龄的马塞尔·达索走了。他逝世时,时任法国总理雅克·希拉克称赞他是"在世界航空史上创下光辉业绩的几个幸存的先驱者之一"。产品开发综合解决方案CATIA软件是达索公司为现代制造业做出的重要贡献,目前被广泛应用于航空、航天、造船等领域,其影响力超过了达索的飞机。

第七节　戴高乐独立自主的航空航天产业政策

第二次世界大战结束后,与英国政府犹豫不决发展航空工业的思路不同,法国政府高度重视航空航天工业的全面发展,多次改组航空航天企业,甚至不惜国有化,果断上马了一些航空航天大项目。例如,联合民主德国等欧洲国家打造了与美国航空航天业抗衡的欧洲空客集团,成为欧洲航空安全局(EASA)、欧洲航天局(ESA)的主导国,巴黎是这些机构总部的所在地。

1958年,戴高乐(1890—1970)当选总统后,执行了一系列被称为"戴高乐主义"的强硬政策:维护民族独立,力争大国地位;对美国既联盟又独立,对苏联既竞争又对话,打破美苏两极格局,推动世界多极化;建立以法国为核心的"欧洲人的欧洲";树立法国在世界事务中的大国形象等。这些政策延伸到航空领域就是法国要成为航空强国,其中第一个抓手就是要成为航空发动机强国。

1965年11月26日，法国用自制的"钻石"火箭将"阿斯特里克斯"号（A-1）人造地球卫星送入太空，是继苏联、美国之后第三个用自制火箭成功发射人造卫星的国家。英国于1971年10月28日，用自制的黑箭式运载火箭发射了第一颗人造卫星"普洛斯帕罗"号，晚于法国和中国。

戴高乐逝世后，继任的蓬皮杜总统继续执行戴高乐在任时制定的政策。当时，为了保持法国独立的军事和外交政策，法国把技术力量和财力集中于喷气战斗机发动机的研发上。在为战斗机选择发动机时，法国坚持"宁愿自己的水平低，也不买外国的发动机"的政策。在这一政策指导下，法国开发出了军用涡喷发动机"阿塔"系列（"超军旗""幻影"系列的发动机）和涡扇发动机M53（"幻影2000""幻影4000"的发动机）。这些都由其发动机制造商斯奈克玛公司负责。虽然这些发动机在当时还不能和英美的产品相比，但已能基本满足法国自身的军事需要，并有相当数量的出口。当时，困扰斯奈克玛公司的是其民用发动机领域非常薄弱，公司从未开发过大型民用航空发动机。于是，在法国政府的支持下，斯奈克玛公司启动了民用航空发动机CFM56项目。CFM56发动机是美国通用电气公司和法国斯奈克玛公司联合开发的单通道干线客机发动机，该型发动机技术先进、性能可靠、经济性好，市场反响良好，至今仍在单通道干线客机市场占有重要份额。有了自己的客机发动机，法国和德国放开手脚联合多国打造了欧洲空中客车与美国分庭抗礼，空客的总部设在法国第四大城市图卢兹。

成功打造空客后，2005年，法国整合飞机发动机、火箭发动机制造商斯奈克玛公司和电子信息安全企业萨基姆等公司成立了赛峰集团。赛峰集团的核心企业斯奈克玛发动机公司在发展进程中得到了法国政府的全力支持，其中包括重要的成员企业——国际发动机公司（CFM）。该公司成立于1974年，由法国斯奈克玛公司与美国通用电气公司各持有50%股份。

合资公司成立遇到了许多阻碍,最后经过美法两国总统斡旋,总算通过了合作项目,但在美国发布的国家安全决策条文里,事关国家安全的最重要条款——"与法国政府达成关于出口发动机核心机的物理安全和技术保护的满意协议",仍然作为最为醒目的条款写进美国的总统令里,发送给美国的情报、科研、经济和国防机构。

法国与美英在外交理念和经济利益上一直有分歧。20世纪60年代,美国希望法国帮助其摆脱越南战争泥潭,法国总统戴高乐拒绝参战,并警告美国,"亚洲不会屈从于美国意志"。进入21世纪,法国奉行"欧洲战略自主"战略,美国奉行"美国优先"战略,二者渐行渐远。

第八节 打造欧洲空客抗衡美国波音

远亲不如近邻,在第一次世界大战、第二次世界大战中相互厮杀的欧洲各国终于走到一起。2000年7月10日,欧洲宇航防务集团(EADS)成立;2014年,欧洲宇航防务集团更名为空客集团。这不仅能代表欧洲航空航天发展史,还能反映欧洲地缘政治、经济社会发展的历史,我们从欧洲宇航防务集团复杂的组建过程及其运营管理特点可以看到这一切。

1997年12月,由法国提议,法、德、英三国政府基于欧洲各国在空中客车等领域成功合作的经验,并考虑到来自美国的竞争压力,号召各自国家的大型企业进行整合,并于1998年3月出台了有关工业重组和整合的详细计划和时间表,三国联合宣布了成立欧洲宇航防务集团的第一份报告,并得到空客的四个合作伙伴的回应。当时,这份报告还被分别提交给了瑞典的萨博公司和意大利的芬梅卡尼卡公司,以便他们进行与政府间的磋商。1998年

7月9日，英国、法国、德国、西班牙、瑞典、意大利六国的工业部部长要求尽快解决整合相关事宜，并于当年11月底出台了第二份报告。但在第二份报告中，讨论并没有达到实质性阶段，只是交换了思想，并对可能的收益进行了一般性讨论。从这里可以看出，欧洲重组过程的复杂性。在第二份报告中，六国的公司在以下方面达成共识：

（1）建立一个独立的综合性公司，即欧洲宇航防务集团。

（2）欧洲宇航防务集团的核心业务应该包括民用及军用运输机、军用作战飞机、直升机、空间发射装备及轨道设施、卫星及卫星运行、制导武器及防务、航空航天系统。

（3）欧洲宇航防务集团的业务目标将按照经济及财政业绩原则确定，股东价值是主要目标，并且每个业务部门应该实现相应的利润率。

（4）欧洲宇航防务集团将作为一个单一实体进行管理，完全拥有所有资产和资源。管理机构分三个部分：总部中心职能部门，负责中心财务、管理协调、集团战略和政策；业务部，包括业务部门及相关资源和资产；国家实体部门，负责处理与各自政府的关系。

（5）股东权益将按三个原则支配：任何一方不能行使权力控制业务；建立保护措施防止权益受到侵害；分散式股东相对于集中式大股东处于平等地位。

在第二份报告中，有关其他问题没有提供答案。其中关于业务范围，六国在讨论是否将弹道导弹（仅由法宇航制造）和支线飞机［戴姆勒公司（DASA）和萨博公司刚刚剥离这一业务］作为核心业务这一问题始终不能确定。另一个焦点问题是达索公司，他们提出的先决条件是要将所有欧洲战斗机业务都集成到欧洲宇航防务集团中来。

另外，在具体执行方面，六国在采取哪种方案的问题上产生了争议。以下是被考虑的几种方案：

第一种方案是以空中客车为主扩展公司，即未来空中客车公司将是控股公司，随后相继或同时集成其他业务部门，形成其子公司；

第二种方案是先建立一个欧洲宇航防务集团的空壳，以后陆续建立其分部门；

第三种方案尤其受英国航空航天公司（BAe）推崇，即将所有核心业务部门同时合并到未来公司中去（其他部门可以暂时处于过渡状态）。

大多数合作者都能接受最后这种方式的合并，因为这样既快速又明确。但是，他们也知道，要想一步完成六个国家的合并太复杂了。因此，英国航空航天公司、戴姆勒公司和萨博偏向于采取渐近方式进行合并，即先合并2—3个公司。法宇航接受了这一方案，但坚持第一阶段合并至少要有三个合作伙伴，这三个伙伴分别是英国航空航天公司、戴姆勒公司和它自己。西班牙宇航公司（CASA）和意大利芬梅卡尼卡却提出异议。

最后的问题是建立什么样的股权结构来保护目前股东和新公司股东的权益，由于合并形式复杂，这一问题没能达成一致意见。当时，法宇航、西班牙宇航公司和芬梅卡尼卡的私有化已经宣布或者提交，但还没有完成。而已经私有化的集团在股东结构上又有很大的不同，例如，英国航空航天公司的股东较为分散，戴姆勒公司拥有私人大股东，萨博则介于两者之间。因此，股东们对如何运作的想法还在变化着。戴姆勒公司、法国政府和法宇航等公司的新股东主张将其持有的股票转成欧洲宇航防务集团的股票，戴姆勒公司和法宇航各自直接或间接拥有欧洲宇航防务集团的股票，从而不使其股价下跌。英国航空航天公司和萨博不同意这种做法，因为他们害怕这样会损害他们自己分散的股东的利益。

大多数公司还是赞成直接进行业务合并的方式，但是面临着几个棘手问题：公司股权分配和责任及与本国政府的关系。这些问题在不同国家的公司间都很难解决。

问题的焦点是哪几个公司首先合并。对于小公司来讲，他们不希望大公司合并后将其抛开；而对于大公司来讲，它不允许自己被另外两个合并的公司所孤立。

首先担心被孤立的是法国企业，因为其私有化及重组进程相当缓慢。但是，欧洲有关建立欧洲宇航防务集团的讨论已经开始，而法国的防务工业前景仍然很不明朗，其内部有关私有化问题的争论还十分激烈。1996年年初，法国提出围绕两个支柱产业，即电子和航空航天，组成联盟的想法，据此对私有化公司汤姆逊-CSF和法宇航进行重组。然而，这一努力最终宣告失败。1997年春，戴姆勒公司由于对法国在欧洲工业界的领导地位产生怀疑，加之不满其改革的步调太慢，决定放弃与法宇航的结盟，而与私营企业马特拉豪斯技术公司（Matra Hautes Technologies）（拉加代尔集团的防务分公司）结成同盟。随着这一联盟的逆转，作为空中客车、阿丽亚娜及欧洲直升机的真正领导者的法宇航公司在欧洲航空航天工业内部被隔离。

正如法国所担心的，1998年年初，英国航空航天公司和德国戴姆勒公司开始讨论有关首先合并的问题。由于它们在公司运行机制方面的共同特点，这一重组过程看起来更自然。英国航空航天公司和戴姆勒公司都参与了主要的欧洲项目——空中客车和欧洲战斗机项目，而且更重要的是，它们具有同样的经营理念，都把股东利益作为绝对优先考虑的因素，公司中无国家参股。

英国航空航天公司和戴姆勒公司对法宇航有政府股份不满意，它们希望建立能够以自己为主的、完全私有化的集团。英、德谈判一开始比较顺利，但由于两公司规模不同，因此在谈判权责分配、股权结构等方面花费了太多时间。随着时间的推迟，英国航空航天公司和戴姆勒公司的和睦关系出现了问题。这时，美国通用电气公司宣布出售马可尼电子系统公司，动摇了英国航空航天公司和戴姆勒公司合作的立场，因为英国航空航天公司如果收购马可尼电子系统公司，会使它从平台制造商过渡到拥有设计和制造重要平台系统技术的巨头。更重要的是，这会使英国航空航天公司获得直接进入美国市场的机会，因为马可尼电子系统公司在美国有一家分公司，名为特雷科尔公司（Tracor）。

英国航空航天公司以 77 亿英镑收购了马可尼电子系统公司后，英国航空航天公司和德国戴姆勒公司的合并谈判也随之失败。合并后的英国航空航天公司更名为英国宇航系统公司，公司营业额高达 174 亿英镑，成为当时欧洲最大的公司（当时法宇航-马特拉为 116 亿英镑，戴姆勒公司为 98 亿英镑）。这一平衡的打破，在经营战略和政治影响方面震动了法国和德国。英国做好了远离欧洲的准备。

英国航空航天公司和戴姆勒公司之间谈判的失败结束了英、德合作的可能，同时也为西班牙和法国带来了新的机遇。这时，法宇航与马特拉的合并及私有化的完成，改进了法宇航和戴姆勒公司之间的关系。西班牙政府将私有化作为其政策的一部分，也有意将其拥有的西班牙宇航公司与欧洲的公司整合。在 1999 年 6 月巴黎航展期间，戴姆勒公司和西班牙宇航公司签署了结成联盟意向书。

由于两公司的规模不同，联盟看起来有点儿像西班牙宇航公司被收购。然而，这一联盟的重要性在于：一是两个国家级的大型公司第一次决定合伙经营它们的业务；二是从根本上改变了戴姆勒公司相对于英国和法国伙伴的地位。西班牙宇航公司在六家欧洲公司中虽然规模最小，但是它参与了空中客车和欧洲战斗机项目，具有战略意义。新的戴姆勒-西班牙宇航集团在两个欧洲合作项目中扮演着相当重要的角色（其份额在欧洲战斗机中占 43%，在空中客车中占 42.1%）。

在这期间，法宇航-马特拉与德国戴姆勒公司在西班牙不知情的情况下也一直在磋商合并一事。法国加快了私有化进程，法国政府参股成为拉加代尔的股东，表明了其希望与德国合作的诚意。

正当人们期待着戴姆勒-西班牙宇航正式宣布联盟时，1999年10月14日，法国与德国联合宣布建立欧洲宇航防务集团。随后，法国和德国很快再次与西班牙伙伴谈判。西班牙宇航公司于1999年12月2日签署加入欧洲宇航防务集团的协议，公司于2000年7月正式成立，成为当时排在波音之后的世界上第二大航空航天防务公司，并成为排在英国宇航系统公司之后的欧洲第二大武器制造商。公司在大多数欧洲项目中起到重要作用，业务覆盖所有航空航天领域，其中涉及：

民用航空：在空中客车公司中，欧洲宇航防务集团拥有空客一体化公司（AIC）和飞机装配线的80%的股份（另外20%由英国宇航系统公司持有）。这一业务占新组建集团营业额的近一半。

军用航空：欧洲宇航防务集团在欧洲两个最重要的项目中都有份额。在欧洲战斗机项目中，法宇航-马特拉集团公司的达索航空公司占有45.76%的份额，戴姆勒公司和西班牙宇航公司各占30%和13%。

航天：欧洲宇航防务集团拥有新欧洲航天公司75%的资产，欧洲宇航防务集团还成为阿丽亚娜公司的主要股东，占有25.9%的股份，使其在世界航天资产重组过程中的地位得到巩固。

直升机：它们已经在欧洲直升机公司集成了各自的业务，母公司的合并对其他业务没有改变。但是，西班牙宇航公司进入欧洲宇航防务集团后，使西班牙成为"虎"项目的完全合作伙伴。

导弹：法宇航-马特拉将其在马特拉BAE动力公司（MBD）的50%股份和在欧洲导弹集团中的股份带进欧洲宇航防务集团，而戴姆勒公司则将它在欧洲导弹集团中的股份及它的子公司西德公司（LFK）的股份带进欧洲宇航防务集团。

除了以上五个核心业务以外，戴姆勒公司的防务电子业务、法宇航-马特拉的支线客机业务和西班牙宇航公司的轻型军用运输机业务也被带进了欧洲宇航防务集团。

通过艰苦细致的谈判，最终纳入欧洲宇航防务集团范围的业务及其相关公司拥有悠久的历史。

EADS 在 2000 年 7 月 9 日公布的 IPO 发行备忘录中披露，在首次公开发行股票后，法国方面（法国拉加代尔集团、法国政府和法国几个私营金融机构）持有 30% 股份，德国方面（戴姆勒公司）持有 30% 股份，西班牙方面（西班牙国家工业控股公司，简称 SEPI）持有 5.5% 股份，这些共计 65.5% 的股份通过一个契约持股组织统一行使投票权。剩余 34.5% 的股份则在巴黎、法兰克福和马德里股票交易所出售。出于财务上的原因，欧洲宇航防务集团总部设在荷兰。可以看出，在欧洲宇航防务集团中，法、德的平衡是该股东结构的核心。它们中的任何一方都不能完全控制欧洲宇航防务集团，双方享有同等权益。如果其中一个股东希望卖掉股份，只能上市操作，但不能改变欧洲宇航防务集团内部权力。也就是说，市场股份与投票权无关。此外，法国和德国股东有优先认购权。

2014 年 1 月 1 日，欧洲宇航防务集团更名为欧洲空客集团，总部确定为法国图卢兹，法国人在公司的影响力进一步加大。

法国人一直认为，在海空天领域，他们理应享有更高的荣誉和利益，以与其相配，法国将重组整合的第一大军工企业命名为"Thales Group"，显示了其更大的雄心。要知道，古希腊"七贤"中的一位名字就叫"Thales"（泰勒斯），被西方称为"科学和哲学之祖"。

在法国的带动下，意大利也将其第一大航空航天船海装备公司"芬梅卡尼卡"更名为"莱昂纳多公司"。欧洲复兴先从更名开始。

第三章

从皇家海盗海军到皇家学院机器时代

▼

"英国屡战屡败,最后一次除外。"这是英国人的一句老话。为了走出孤岛,英国与法国、西班牙、荷兰、普鲁士、俄罗斯、美国、中国几乎所有的大国都发生过冲突。

1780年,英国赢得了与荷兰的第四次战争胜利,终于"剪了荷兰的羊毛"。之后,英国1814年火烧华盛顿阻止美国向加拿大扩张,1815年于滑铁卢打败拿破仑法国。经过这几场关键之战,英国终于在19世纪成为世界第一强国,鼎盛时期,其管辖土地3000多万平方千米。时至今日,英国国土面积约24万平方千米,海洋专属经济区约680万平方千米,人口6700多万,2020年GDP世界排位第五。

英国虽然是一个海空天大国,但海空天标志性产品在世界存在感不明显,甚至不如日本和韩国。20世纪40年代的第二次世界大战,英国顶住了纳粹德国的狂轰滥炸;20世纪50年代的战后重建,英国率先开发出了喷气式客机"彗星";1971年,英国成功发射了本国首颗人造卫星,成为第五个发射人造卫星的国家。现在,英国罗罗公司是世界上少有的几个赚钱的海空天动力公司,英国宇航系统公司位列世界军工前十位。

像腓尼基人、荷兰人一样,英国人很"商业",有风险不赚钱的事情不愿意先干:17—19世纪,先进的风帆战船和铁甲战舰让法国人先探路,英国人的确占到了便宜;英国率先研发出来的喷气发动机和喷气客机,遇到一些困难就放弃,让给美国去干;他们自制的"黑箭"运载火箭在成功发射卫星之前就已被众议院表决退役,无奈地在英国科学博物馆里"躺平"被参观。类似的情况还有,"伊丽莎白女王"号航母工作量的三分之二(按费用计)虽然由英国宇航系统公司承担,但设计者却是法国泰雷兹集团公司。终于,2021年9月,英国商业、能源和工业部与国防部联合发布了《国家航天战略》——感觉英国要集中力量办几件大事了,不知能坚持多久。

英国的崛起,开始于1559—1603年在位的伊丽莎白一世的海洋觉醒;成为日不落帝国,完成于1837—1901年在位的维多利亚女王殖民扩张。也许是巧合,1901年,荷兰后裔西奥多·罗斯福接任美国总统。在罗斯福任上,美国海上力量强势崛起,最终取代了英国。

第一节 女王的海洋谋略

终身不嫁保持中立。1559年,信奉新教的伊丽莎白·都铎(1533—1603)成为英国女王,称伊丽莎白一世。在残酷的宗教和权力斗争中胜出的伊丽莎白是一个谋略家,在她执政期间(1559—1603),英国采取与法国和解,支持荷兰脱离西班牙统治的外交政策,集中力量对付海上帝国西班牙。当时的英国内外交困:内部,信奉天主教的苏格兰女王玛丽在法国的支持下谋划夺权和分裂;外部,西班牙和法国正虎视眈眈,随时准备找借口入侵英国。面对西班牙王子和法国王子时不时的"逼婚",年轻的女王不得不设法周旋,最后终身未嫁。英国议会曾请求女王尽早择婿生养继承人,伊丽莎白说:"如果我选择了外国王子,就会使英国无法保持中立的外交政策;如果我嫁给了一个英国人,则会加剧宫廷内的宗派斗争。"

敌人的敌人是朋友。为对抗当时的海上强国西班牙,女王全力支持西班牙统治下的荷兰联省独立,西班牙为此对英国恨之入骨。1571年,西班牙、威尼斯和罗马教皇联合舰队在地中海勒班陀海战胜了奥斯曼帝国海军。西班牙虽然取得了这次战役的胜利，得到实惠的却是英国，英国借机向地中海地区扩张商贸。1580 年，奥斯曼帝国与英国正式通商，伊丽莎白女王向利凡特公司颁发了贸易许可证书，允许该公司垄断对奥斯曼帝国的贸易。女王个人还向该公司秘密投资 4 万英镑，占该公司股份的比例为 50%。英国通过利凡特公司每年向奥斯曼帝国出口价值约 15 万英镑的呢绒，恢复了与地中海地区的贸易往来，还将威尼斯商人也策反过来，打通了与印度等东方国家的贸易。此时的海上航线还被葡萄牙和西班牙垄断着，英国还没有能力与其竞争。

布局海外扩张。英国人的海外扩张战略决心一直是坚定的。北非和西非是葡萄牙的传统地盘，1580 年西班牙吞并葡萄牙后，西班牙忙于剿灭法国支持的葡萄牙复国者。伊丽莎白一世则趁机支持英国商人在北非、西非等国家开展商贸活动捞实惠。英国在 1585 年成立"摩洛哥公司"，在 1588 年成立"几内亚公司"，与葡萄牙争夺非洲殖民地生意。到了 1600 年，英国成立东印度公司，争夺太平洋和印度洋之间的贸易。该公司是西方存在时间最长的东印度公司，于 1858 年才被英国议会撤销。

16 世纪的海上强国西班牙一直以罗马天主教廷的保护者自居，一直想在英国扶持天主教徒登上王位。1587 年，伊丽莎白一世处死了曾经的苏格兰女王——虔诚的天主教徒玛丽·斯图亚特，打击了天主教势力。

西班牙终于找到了出兵英国的理由。1588 年，在罗马教廷的支持下，西班牙"无敌舰队"挟战胜奥斯曼帝国之威，与被其吞并不久的葡萄牙海军组成联合舰队扑向英吉利海峡。然而，一直被人轻看的英国海军却击败了强大的西班牙"无敌舰队"。

第二节 女王与海盗的生意

英国女王伊丽莎白一世执政初期基础不稳，但她善于发动平民"群众"。敌军压境，女王骑马视察前线看望士兵；莎士比亚戏剧有争议，女王乔装观看给予鼓励。最为关键的是，女王将海盗船长们发动了起来，为英国赢得了走向大洋的信心之战——击败西班牙"无敌舰队"。

女王与海盗的第一笔生意就是打劫西班牙珍宝船。伊丽莎白一世公开支持海盗劫掠敌对国家商船，为英国海盗颁发了"私掠许可证"，甚至私下入股私掠船队，海盗打劫成功就封官加爵。"私掠许可证"是一国政府授予本国私人船只在战争时期攻击和劫掠敌国商船的权力，"私掠"在当时得到国际认可。持有"私掠许可证"的海盗如果被抓获，敌方要将其视为战俘对待，不可处死，这在《加勒比海盗》电影中有描述。以此为依据，16—19 世纪，武装民船通常被认为是国家海上力量的一部分。1856 年克里米亚战争结束，西方列强签订的《巴黎条约》废止了"私掠许可"。但美国一直到 1907 年才废止，因为那时的美国海军已足够强大，不再依靠私掠船。

当然，也有大臣向伊丽莎白进言应该通过正常贸易实现海外扩张，而不是去劫掠别人的财富。有历史学家分析，英国如果与荷兰同期采取海外贸易政策，而不是依靠海盗私掠，17 世纪的海上强国可能是英国，而不是荷兰。然而，历史不能假设。

在女王的支持下，英国海盗力量渐渐强了起来，出现了几位头领，代表人物有约翰·霍金斯（1532—1595）和弗朗西斯·德雷克（1540—1596）。霍金斯于 1562 年开启了英国罪恶的"黑三角贸易"①，是英国海盗头领，为女

---

① 黑三角贸易，即从英国普利茅斯出发，到非洲几内亚抓捕黑人奴隶，再贩卖到美洲西方国家殖民地获取珠宝和农产品等，再运回英国。

王赚取了大量钱财。1568年，霍金斯私掠船队在一次"黑三角贸易"中停靠西属墨西哥湾港口休整，被西班牙舰队突然袭击死伤300多人，只有霍金斯和德雷克各带一条小船逃回普利茅斯。英国与西班牙彻底撕破脸皮，女王任命霍金斯为负责财务的官员整备海军。死里逃生的德雷克则从此踏上与西班牙大帆船死磕的复仇之路。

1572年，德雷克在霍金斯的资助下，带领两艘武装商船和70多名水手出海，在加勒比海疯狂劫掠西班牙商船。这次出海长达15个月，共劫掠西班牙珍宝船价值约2万英镑的货物，资助人，包括女王在内，都得到了回报。德雷克被英国人视为民族英雄，西班牙则对德雷克恨之入骨，向英国提出抗议，但伊丽莎白女王不予理睬。

1577年12月，德雷克在英国王室和贵族的支持下，开始了沿麦哲伦航线的环球航行，一路上凶险不断。在南美洲最南端与南极洲之间有一道宽阔的海峡，被水手们称作"死亡走廊"。德雷克在躲避西班牙军舰追捕时，为了逃命，不得不向"死亡走廊"航进。没想到，他们竟然通过了这一海峡，"德雷克海峡"之名由此而来。最终，德雷克不但完成了环球航行，还顺手劫掠了西班牙大帆船的大量金银珠宝，于1580年9月26日回到了普利茅斯港。按私掠许可规定，德雷克将劫掠财物的三分之一献给了女王，女王册封德雷克为爵士，任命德雷克为普利茅斯市市长，海盗变身贵族。

据统计，从1585年到1604年，英国每年有100—200艘武装商船出海，专门在大西洋和加勒比海劫掠西班牙运输船队，每年平均可劫掠敌对国家（主要是西班牙）货物价值达20万英镑，这在当时是笔巨款。1662年，英国国王查理二世将敦刻尔克卖给法国国王路易十四，作价32万英镑。

第三节 女王船与海盗海军

英国与西班牙的矛盾越来越不可调和,女王要求霍金斯加快海军的备战步伐。霍金斯召集了一批经验丰富的航海家,这些航海家大多是私掠船长,也就是西班牙人眼中的海盗。他们捕获过西班牙的珍宝船,也曾被西班牙大帆船猎杀,因此海盗船长们比较了解西班牙海军的战法及舰船长短。

16世纪的西班牙大帆船号称巨舰,船艏楼和船艉楼高大,虽然可载运更多士兵和装备更多大炮,但也导致大帆船重心高、航速慢、灵活性差。西班牙的海战战术还以中世纪的"接舷战"为主,即先用火炮破坏敌舰的风帆,使敌舰失去动力,然后靠拢上去,发挥大帆船船舷高的优势,以使大量陆军士兵跳上敌舰搏杀。这种海战理念实际上仍是陆战思维,海战的主导力量是接舷作战的陆军士兵,而不是火炮和掌握海况与风向的水兵,战船其实就是陆军的载体。

霍金斯与船长们集思广益,在船、武器、战法和水兵战斗力等方面想了许多办法。这些办法在荷兰对抗西班牙海军时也用过,这时的英荷是同盟,应该可以互通有无。

第一,以快制慢。 针对西班牙"巨舰",霍金斯建造出了轻型盖伦战船,方便操纵、快速灵活,可进行远距离炮战,能够避免接舷战,这型船也称"女王船"。"女王船"一般长50米,排水量500吨—600吨,为改善操作性能,船艏上层的大部分建筑被降低或移入船体内部,这是该船与西班牙大帆船的主要区别。英国的新型战舰也称"快舰"或"快船",与前面介绍的荷兰船很相似,代表作是"复仇"号。"复仇"号于1574年建造,排水量500吨,长36米,宽9.6米,是一艘两层甲板、四桅帆船。1588年在与西班牙的海战中,"复仇"号是舰队副司令德雷克座舰,一战成名。海战中,西班牙人对英国战舰的快速灵活印象深刻，一个船长在日记中写道："英国人最慢的船比我们最快的船都要快很多。"以快制大，英荷观点是一致的。

第二，改进火炮和培训多面手水兵。 针对舰船武器，霍金斯和船长们认为，应该尽量发挥火炮的作用，要尽量避免与西班牙大帆船接舷战。于是，同前面介绍过的荷兰快船建造理念一样，他们取消了高大的船艏楼，降低了船艉楼，船体重心因此降低，这样就可以在底层甲板装备射程比较远的重型火炮。虽然英国战船吨位要比西班牙大帆船小许多，但其在火炮和船速方面占有优势。改进后的英国战船，机动灵活，速度快，敌船很难靠近它们，故而发挥接舷战优势。此外，根据船长们的实战经验，英国战船率先在一些容易被敌炮击中的部位和易损的部位进行了加固，或者裹上了铁皮。

取消艏楼和降低艉楼的英国盖伦船

艉楼和艏楼高大的西班牙大帆船

皇家海军重点改进了火炮。这时的英国已经发明了比西班牙射程远、精度高、威力大的火炮。以英国海军副司令德雷克的"复仇"号为例，虽然该船排水量500吨，不算大，但底层甲板可装备18门18磅重炮，通过船身的舷窗发射实心炮弹；上层甲板可装备同样数量的10磅火炮；在船艏、船艉和船舷两侧还可装有一些小口径火炮。"复仇"号定员250人，包括军官和水手140人，以及炮手110人。与西班牙战舰上士兵和水手严格分工不同，英国军舰上的士兵一般都可以当作水手使用，而水手在需要的时候也可以操作火炮和射击，这样可以使英国军舰在海战中能够承受严重的战损而战力不减——可以说是全船皆兵，典型的海盗风格。水兵加强了射击训练，英荷第一次战争，荷兰海军上将特罗普就倒在英国水兵的狙击枪下。

第三，改进战法。发挥英国盖伦战船速度快、机动灵活的特点，以及英国火炮射程远、威力大的优势，英国海军发明了全新的"战列线"战术。作战时，英国战舰以纵列向敌方舰队逼近，接着依次从敌方舰队一侧成队列驶过，一侧舷炮齐发，离开射程后迅速掉转船头，发射另一侧舷炮。这样周而复始，几小时不间断地炮轰敌方舰队，即使像西班牙这样的大舰队，以习惯的弧形左、中、右翼布阵应对，两翼的战舰以一侧舷炮和尾炮还击，也很难对目标小、速度快的英国轻型盖伦战船造成大的战损。这种优势很快在1588年的海战中展现出来。

1587年3月，听闻西班牙国王菲利普二世在葡萄牙里斯本集结"无敌舰队"要对英国下手，女王命德雷克应对。德雷克于4月2日在旗舰"伊丽莎白博纳文"号上给女王回信道："风是我的向导，舰队正在扬帆出征。"德雷克从普利茅斯港出发，率领20多艘英国新式大型盖伦船，配备十几门可齐发的舷侧炮，以海盗惯有战术突袭攻入西班牙加的斯港，击毁敌舰十几艘。之后，德雷克又派出一支分舰队突袭葡萄牙亚速尔群岛。德雷克的这次主动出击，使西班牙征讨英国的行动推迟了一年，为英国海军的备战赢得了时间。

此次主动出击，德雷克又顺便发了笔大财。德雷克得知将有一艘西班牙珍宝船途经亚速尔群岛，1587年6月18日，德雷克在亚速尔群岛海域截获了西班牙"圣菲利普"号大帆船。西班牙大帆船装有数量惊人的金银珠宝、肉蔻、丁香、胡椒、丝绸等，总价值约11.5万英镑左右。按英国法律，德雷克分得1.4万英镑，英国女王分得4万英镑。而德雷克所乘旗舰"伊丽莎白博纳文"号造价才2600英镑。

英国邮票上印有德雷克旗舰"伊丽莎白博纳文"号　　被德雷克抢劫的西班牙珍宝船"圣菲利普"号

　　1588 年 4 月 25 日，西班牙与葡萄牙联合舰队指挥官来到里斯本大教堂，大主教宣读了祈祷文，祈祷"无敌舰队"一举击败新教徒英国。1588 年 5 月 9 日晨，"无敌舰队"从里斯本港拔锚起航。但天公不作美，强劲的海风将舰队困在一个河口 20 多日。西班牙国王为了给舰队鼓劲儿，便给他们写信说英国皇家海军内部不和、战斗力弱，但对于西班牙舰队临时换帅①、舰队组成混杂、对海况不了解等不利因素则考虑不足。多变的海风好像在有意捉弄西班牙舰队，他们在到达英国普利茅斯港之前就损失了三十几艘船。此外，西班牙船长们对英国海峡不熟悉，尤其是普利茅斯港口曲折复杂的峡湾和遍布的浅滩及暗礁使联合舰队处于不利状态。

　　天时、地利、人和都不在西班牙一边。英国方面则三方面优势尽占，有针对西班牙大帆船量身定制的新式盖伦快船、新式战列线战法、新式远程火炮，以及英国船长对家门口海域的了解。1588 年 8 月，在格拉沃利讷海战惨败之后，西班牙"无敌舰队"损失惨重地逃回了老家。

　　实际上，西班牙舰队因风暴触礁等非战斗所造成的损失更大。新教徒英格兰人愿意相信西班牙"无敌舰队"毁于神风；伊丽莎白女王授予舰队司令

---

① 舰队主帅原本是勒班陀海战战胜奥斯曼帝国的圣克鲁斯，但他于 1588 年 2 月 9 日在里斯本猝然死去。不得已，西班牙国王换上行政经验丰富但无海战经验的西多尼亚。

霍华德的勋章上刻着"万能的主一呼吸，敌人就抱头鼠窜"；荷兰诗人用拉丁语为新教徒得胜的祝福，强调的也是上帝的特别恩宠，而只字未提英格兰海盗海军的勇敢和无畏。

经此一役，英国人树立起了海上争霸的信心，开始从沿海走向大洋。此次战役是英国海上崛起之战，但不是决胜之战，决胜之战要等到100多年后的特拉法尔加海战（1805）。通过这场海战，英国战胜了拿破仑法国与西班牙的联合舰队，之后，英国才真正成为海上第一强国和世界第一强国。

这场海战不像一些人评述的，是西班牙衰落之战。西班牙国王菲利普二世得知"无敌舰队"失败的消息后，镇定地说："我应该感谢上帝，使我具有这样大的权力。假使我愿意的话，我可以很容易地再建立一支舰队。只要源头不断，那么一道流水虽然有时会被阻止，但对源头并无太大的作用。"

1591年，西班牙舰队恢复了力量，并在后来的多次海战中重创不听女王号令的英国海盗海军。

第四节　文官改造海盗海军

1588年的格拉沃利讷海战，英国皇家海军虽然战胜了西班牙"无敌舰队"，其主要意义也就是增强了英国走向大洋的信心，但在综合国力方面，英国与西班牙差距仍很大。

海战失败后，"无敌舰队"约50条船逃回了西班牙比斯开湾基地。1589年之后，英国女王两次制订了彻底消灭西班牙海军的计划。但一到海上，看到西班牙珍宝船和富裕的里斯本，德雷克指挥的海盗海军就忘掉了女王指令，干起了海盗生意，将女王的战略打击目标抛到了脑后。女王气愤地写信谴责德雷克："离开前，你们曾多次发誓，让我和枢密大臣相信，你们的首要任务是攻击海军舰船，把它们消灭在港口内。你们也曾承诺，如果违反命令，你们愿意作为叛国者被对待。"此后，德雷克逐渐失宠，于1596年1月病死在船上。

由于贻误战机，英国失去了彻底摧毁西班牙海军的机会。恢复力量后的西班牙让英国付出了惨痛代价。1601年7月—1604年9月，经过三年围城血战，西班牙战胜了英荷联军，赢得了"奥斯坦德之围"的胜利，但双方死亡10万多人。战争期间，西班牙海军在加的斯湾等海域多次击败英国舰队，清除了英国私掠船的威胁。1604年，英国被迫签订《伦敦条约》，承诺保持中立，不再支持荷兰。这时，伊丽莎白一世女王已去世一年。1609年，西班牙和荷兰达成12年的休战协议。

1588年，战胜西班牙舰队的英国海军并没有像英文史书上说的那般强大，西班牙也没有很快衰落下去，否则17世纪的海上强国就是英国而不是荷兰了。17世纪上半叶，当荷兰、西班牙、法国在海上争锋时，英国更多是看客的角色。1639年，荷兰与西班牙在英国唐斯海域大打出手，当时保持中立的英国提出抗议，被荷兰海军上将特罗普怼了回去："没有人能够对其舰炮射程以外的海洋发号施令。"

17世纪下半叶，英荷为《海上条例》通商条款进行了三次海上战争。英国海军在后两次输得很惨，皇家海军旗舰被荷兰俘获到阿姆斯特丹展示。

1673年，荷兰海军打败英法联合舰队。英国终于认识到，依仗海盗海军干不了大事，靠临时征召商船也不是长久之计。面对越来越强大的荷兰、法国、西班牙舰队，英国需要建设一支正规常备的海军。1673年，英国议会任命塞缪尔·佩皮斯为海军大臣（在任时间为1673年至1688年），佩皮斯以著有《佩皮斯日记》闻名。

在文官佩皮斯任海军大臣的15年间，英国的海洋战略和海军使命更加清晰，海军建设得到大发展，佩皮斯因此被称为英国现代海军的奠基者。接任海军大臣的第四年（1677），佩皮斯对英国海军风帆战舰做了六级分类，史称"佩皮斯议案"。按装备火炮数量分类：一级战列舰为90—100门炮，二级舰80门炮以上，三级舰48—60门炮……六级舰仅4—18炮。

一级至四级划分为战列舰，五级至六级划分为巡航舰。这个舰船分类议案看似简单，但对英国海军建设意义重大，英国海军从此走向制度化、规范化、标准化建设道路，舰船建造、战法训练、武器配备有了统一标准，风帆战列舰、巡航舰时代由此开始。

英国一级战列舰前身是"皇家船"，在17世纪战列线战术普及前，卡拉克船和早期盖伦船算不上战列舰。那时，战列舰往往是一个国家里最大的战船，是决战之舰，就像现在的航母，没有几艘。发展到1814年，英国的六级战舰火炮配置标准有了一些微小的变化，一级战列舰火炮数从90—100门调整到100门以上，六级巡航舰从4—18门增加到20—28门。

下表是1794年和1814年英国海军各级舰船的服役情况，从中可以看出舰队变化趋势。1814年，一级战列舰仅7艘，二级战列舰仅8艘，但三级战列舰却有103艘（占比36%），五级巡洋舰134艘（占比47%），二者合计237艘，占比82.6%。

1794年和1814年英国海军各级服役舰船情况表

类型	分级	载炮数（门）	火炮甲板（层）	船员（人）	吨位	1794年服役（艘）	1814年服役（艘）
战列舰	一	100+	3	850—875	2500	5	7
	二	90—98	3	700—750	2200	9	8
	三	64—80	2	500—650	1750	71	103
	四	50—60	2	320—420	1000	8	10
巡航舰	五	32—44	1—2	200—300	700—1450	78	134
	六	28	1	200	450—550	22	0
		20—24	1	140—160	340—450	10	25

英国早期战列舰主要以两层连续火炮甲板60—64门三级战列舰和50门四级战列舰为主,后来被法国研制的74门舰(64—80门)替代。我们在前一章法国部分介绍过,1747年英国缴获到了一些法国战船,1755年,几位英国海军测量员根据法国战列舰设计了新的74门舰,18世纪80年代继续放大舰体,增强操纵性,该舰在英国舰队中占比越来越高。在法国部分,我们还介绍过,英国数量最多的五级舰是以1782年俘获的法国"丽达"号和1806年俘获的"总统"号为蓝本设计制造的。也就是说,在1814年,也就是英国与拿破仑法国决战的关键之年,英国海军82.6%的战舰源自法国设计。

19世纪50年代英法之间的蒸汽铁甲战舰竞赛也是这样,英国跟随法国发展。法国人先研制出来某型舰船,不成熟也大胆投入使用;英国人则一边吸取法国人的教训,一边设法在海战中俘获法国新船,接着测绘仿制优化,直到击败法国人。对此,英国人是认可的。英国海军部曾认为,没必要先使用新发明的船,而是先让法国人去试验。这是英国舰船设计师大卫·布朗在他的专著《英国皇家海军战舰设计发展史》中的总结。

第五节 英国削弱荷兰与法国的策略

"英国屡战屡败,最后一次除外。"英国与荷兰历史上发生过四次以海战为主的战争,第一次英国获胜(1654),第二次(1667)、第三次(1674)荷兰获胜,第四次(1780)英国获胜。前三次海战因英国颁布《航海条例》而起,虽然英国在海战中处于下风,英国得到的实惠却多于荷兰。后来,英国还借助荷兰完成了"光荣革命"。借力荷兰海军的力量,英国从西班牙手中夺得了直布罗陀海峡。此后,又在罗斯柴尔德金融机构的帮助下"耍手段"获得了法国人开凿的苏伊士运河,控制了地中海的进出要道。英国在与荷兰、法国的海上博弈中逐渐取得主动权。

一、《航海条例》限制荷兰海上贸易

16世纪，荷兰是英国对抗西班牙帝国的一枚棋子，英国支持荷兰独立，使西班牙失去了40%的税源。17世纪中叶，荷兰依靠海上贸易和强大的海军力量压制住了西班牙，但强大起来的荷兰开始不把英国放在眼里。在海外，英国东印度公司常被荷兰东印度公司赶出香料群岛；在家门口，荷兰廉价的渔船和咸鲱鱼让英国渔民生计堪忧。随着荷兰渔船变成商船，商船变成战船，英国有了一种养虎为患的感觉。但碍于英荷曾经联合对抗西班牙，一时也不好撕破脸皮，当然主要是忌惮荷兰当时强大的海上力量。

1639年，荷兰与西班牙交战，当时英国保持中立，他们抱怨荷兰人在其唐斯海域开战。荷兰指挥官特罗普傲慢地对英国人说："没有人能够对其舰炮射程以外的海洋发号施令。"英国人很受刺激，但那时英国海军的确不如荷兰。

1649年，英国国王查理一世被克伦威尔军政府处死，英国资产阶级主导的共和国议会制订了新的海洋战略，改变了伊丽莎白一世时期临时征召武装商船和海盗船参战的传统，成立了海军委员会，负责建造新型战舰。很快，英国战舰就从1649年的39艘增至1651年的80艘，其中多是2—3层甲板的大型战船，配置火炮60—80门，最大战舰排水量达1500吨，火炮配置100门。在海军装备超过荷兰后，1651年，英国议会颁布了《航海条例》。核心条款是：凡是运抵英国的货物必须由英国船只或者商品生产国的船只运送；禁止外国船只在英国港口买卖咸鱼。这个条例分明是为荷兰量身定制。

1652年至1674年，英国与荷兰进行了三次因《航海条例》而起的贸易战争[①]。英荷三次战争，荷兰海军两次获胜。

[①] 这里说明一下，1780年的英荷战争已经不是贸易战争，而是英国单方面的掠夺与报复。

1652—1653年的第一次英荷战争,英国海军准备充分,在大型战船方面比荷兰占据绝对优势。英国海军旗舰是"海上主权"号,排水量1500吨,三层完整火炮甲板,配置火炮100门,造价约6.5万英镑,这在当时是巨资。该舰采用了很多当时最先进的造船技术,尤其对动力系统——风帆进行了改进,在上桅帆之上装了第四组风帆以增加动力。荷兰海军主力旗舰是"布雷德罗德"号,排水量1000吨,装备火炮54门。其中,在下层主炮甲板装备4门36磅火炮和20门24磅火炮,稍稍弥补了吨位小的不足。

若按后来英国制定的战舰等级划分,英国旗舰"海上主权"号相当于一级战列舰,荷兰旗舰"布雷德罗德"号相当于四级战舰,属巡航舰类别,称不上战列舰。这次战争,荷兰海军上将马顿·特罗普战死,英国取得胜利。

第二次战争,荷兰海军上将德·勒伊特突袭英国海军基地,加之英国伦敦瘟疫和大火,英国战败。1674年第三次战争,英国与法国联合欲瓜分荷兰。在关键海战中,荷兰击败了英法联合舰队,迫使英国退出联盟。然而,从战争的最终目的看,胜者没赢,输者没输——英国人通过战后谈判和外交谋略取得了不比荷兰少的利益:荷兰人得到的更多的是眼前利益,而英国人得到的更多是长远利益,尤其英国在海外殖民地方面收获更大。例如,英国在第二次英荷战争战败的情况下,通过交换获得了荷兰在北美的新阿姆斯特丹,也就是今天的纽约,扩大了英国在北美的殖民地。

《航海条例》在今天看来是典型的贸易保护主义,但它大大促进了英国本土经济和港口的发展,为18世纪英国的经济腾飞奠定了基础。然而,当19世纪英国稳坐世界第一强国位置时,他们就倡导起了自由贸易政策,甚至为毒品鸦片贸易背书,将对中国1840年的鸦片战争美化为"通商战争"。三次《航海条例》战争后,英国用了100多年的时间,"温火煮熟了"荷兰,终于成为海上贸易大国和海外殖民地大国,但离绝对第一还差一步——宿敌法国和西班牙仍对其虎视眈眈。

二、控制地中海进出要道限制法国和西班牙

英国成为海上霸主关键的一步是夺得地中海进出要道——直布罗陀海峡和苏伊士运河。

"光荣革命"后,英国与荷兰签订的同盟条约让荷兰人放心地发展海外贸易赚快钱、搞金融,"海上马车夫"辛辛苦苦挣的真金白银变成了英国人发行的国债,而荷兰海军的经费则经常捉襟见肘投入不足,英国则根据协议大力发展海军。渐渐地,荷兰海军在联合舰队中越来越难以维持约定的 5∶3 的占比,联合舰队被英国实际控制了。在 1701—1714 年的西班牙王位继承战争中,英荷联合舰队夺取了西班牙的直布罗陀海峡,英国人将直布罗陀海峡据为己有。时至今日,西班牙还在向英国讨要直布罗陀海峡。直布罗陀海峡是地中海与大西洋的进出要道,是战略要地。

法国南部重要城市马赛濒临地中海。18 世纪末,拿破仑占领埃及时期曾计划开凿苏伊士运河,这样法国就可以穿过红海进入印度洋和太平洋,军事和经济意义都非常重要。19 世纪 50 年代,法国通过外交获得了奥斯曼帝国驻埃及总督的特许,可以开凿运河。1858 年年底,法国成立了苏伊士运河公司。在费时 11 年,花费了 1860 万英镑后,运河于 1869 年 11 月 17 日通航。苏伊士运河的开通缩短了亚洲与欧洲之间的海上航程(缩短距离为 8000 千米至 10 000 千米)。1875 年,因为外债问题,法国被迫将苏伊士运河的控制权卖给了英国。法国又一次为英国人"作嫁衣"。

这样,地中海东部和西部的两个进出要道——直布罗陀海峡和苏伊士运河都掌握在了英国人手中。控制了地中海,英国的海权大大加强。

1936 年,英国与埃及签订《英埃条约》,继续保留对苏伊士运河的控制

权。1951年，埃及新政府推翻《英埃条约》，要求英国撤军。1956年6月，最后一批英军撤离埃及。1956年7月26日，埃及总统纳赛尔宣布将苏伊士运河收归国有。

1888年，君士坦丁堡大会曾公告运河为英国保护下的中立区，规定无论和平还是战争期间，运河都要向所有国家船只开放，规定在运河水域内不得有任何敌对行动，并不得在其沿岸修建防御工事。但凡事总有例外：

1898年美国与西班牙战争期间不准西班牙战舰通过，因为当时英国与西班牙交恶，与美国交好；

1905年日俄战争期间不准俄罗斯海军舰队通过，因为有英日同盟条约；

1935—1936年意大利入侵埃塞俄比亚期间也准许其船只通过，因为英国与意大利交好。

总之，关键时刻还是取决于控制人英国的态度。

三、特拉法尔加海战

英法是世仇，法国称霸欧洲的梦想多次被英国阻断。1337—1453年，英法之间发生了相互屠杀的"百年战争"，两国的贵族和骑士损失惨重。最后，平民圣女贞德用牺牲唤醒了法兰西的民族意识，保住了法兰西。

在大航海时代，英国和法国时而结盟，时而混战。1582年，法国和英国曾帮助葡萄牙复国者向西班牙"讨要"国家，联合舰队在亚速尔群岛的蓬塔德尔加达海战中被西班牙击败。在荷兰独立战争中，英法又联合起来帮助荷兰实现了独立。四次英荷战争，在第二次战争中，法国站在荷兰一边反对英国《航海条例》；第三次战争中，法国则与英国密谋瓜分荷兰，毁灭荷兰。在美国独立战争中，法国的海军为华盛顿帮了大忙。

18世纪末，拿破仑上台，在将荷兰、西班牙等欧洲国家征服后，拿破仑又在奥斯特利茨击败俄奥联军。随后，拿破仑制订了进攻英伦三岛的计划，计划的一部分就是让法国和西班牙的海军帮助陆军登陆英伦。一场大海战随之而来，这就是特拉法尔加海战。1805年10月，英国海军在西班牙特拉法尔加海角大胜法国海军。海战中，英国海军司令霍雷肖·纳尔逊中将的旗舰是一级战列舰"胜利"号，排水量2162吨，长67.8米，宽15米。装有三根桅杆，主桅高62.5米，设置三层火炮甲板，装有102门铁铸加农炮和两门短重炮，火炮一次齐射，可发射半吨重的炮弹。据说，"胜利"号在建造时消耗了2000余棵橡树、38吨铁。"胜利"号服役到1812年。后来，为了纪念在特拉法尔加海战中战死的纳尔逊，英国海军将其重修永久安置在普利茅斯港。

修复后的"胜利"号

英国画家透纳于1822年创作的油画《特拉法尔加海战》

2005年10月，在我参加的剑桥央企高管学习班期间，英国国防部官员讲了英国私营企业参与军事机构运营的案例，学习班专门安排我们到普利茅斯军港交流并参观了该舰。军港负责人介绍说，普利茅斯军港原归属军队管理，穿军装人员大约1000多人，现在完全由民营机构管理。所以，我对此印象较深。

1805年特拉法尔加海战，英国主帅纳尔逊战死，但英国海军俘虏了法国海军主帅和法国18艘战舰，法国海军从此一蹶不振，拿破仑被迫放弃了进攻英国本土的计划。拿破仑虽然在随后的陆地战中取得了多场胜利，并试图封锁英国，但英国凭借海上优势进行反制，海上贸易、海外殖民经济实力不断增长。法国经济在拿破仑的不断征战中消耗殆尽。最终,英国率领反法联盟在滑铁卢打败拿破仑。1815—1821 年,拿破仑被囚禁在英属圣赫勒拿岛至死。

圣赫勒拿岛,1502 年首先由葡萄牙人发现并占领;1633 年被荷兰夺得;1659 年被英国东印度公司派兵夺取后一直占领着;1834 年,该岛成为英国直辖殖民地,由英国派总督管辖;第二次世界大战期间成为英国海军基地;1960 年后,该岛逐渐成为重要的电信交通中心。

第六节 皇家学会和蒸汽时代

17 世纪 30 年代,英国博物学家约翰·威尔金斯开始与一些学者酝酿成立一个科学学会。1660 年,流亡法国期间迷上新事物的查理二世复辟登上英国王位,查理二世的母亲是亨利埃塔·玛丽亚,玛丽亚与法国国王路易十三是亲兄妹,母亲是玛丽·美第奇——前面介绍过来自佛罗伦萨的美第奇家族,热衷于文学、艺术和科学。查理二世了解到法国成立的科学院在帮助海军改进舰船,所以在登基同年,一是让陪他一起流亡的亲兄弟詹姆斯(后来的詹姆斯二世)担任海军大臣,二是立即成立了英国皇家学会,让威尔金斯成为学会的秘书长。海军大臣塞缪尔·佩皮斯[①]在兼任皇家学会会长期间做了一件大事——1686 年,他批准了牛顿《自然科学之数学原理》可以公开出版(1687 年正式出版发行)。1688 年英国发生"光荣革命",詹姆斯二世退位又流亡法国,佩皮斯也不再担任海军大臣。佩皮斯由于在担任海军大臣期间(1673—1688)提出战舰分级法,成为英国现代海军的缔造者。

一个国家的光辉总在至暗时刻积攒。1667 年,荷兰海军封锁泰晤士河,

---

① 塞缪尔·佩皮斯(1633—1703),英国政治家和作家,毕业于剑桥大学,曾任英国海军大臣,是英国现代海军缔造者。

炮轰伦敦，俘获皇家海军旗舰在阿姆斯特丹展览。当英国处于战败、伦敦大火、瘟疫三重打击的至暗时刻，在乡下躲避瘟疫的大学生艾萨克·牛顿（1643—1727）回到了剑桥大学。半年后，牛顿成为剑桥大学数学教授，之后写出了《自然科学之数学原理》。牛顿于1703年当选皇家学会会长直至他去世，长达24年。牛顿建立的经典力学体系和发现的万有引力定律，是现代航空航天航海科学技术的基本原理。

英国皇家学会的建立，带动了英国人科学发现和发明创造的激情，从贵族学者到平民工匠都参与了进来。英国广泛推动技术创新，鼓励民间解决科技生产等难题，案例很多。1714年，英国政府为解决远洋航海"经度定位问题"，悬赏2万英镑（相当于现在的200万英镑）征集解决方案，聘请了英国皇家天文台专家组成评审委员会，皇家学会会长牛顿亲自当顾问。

悬赏的具体条件是：从英国出发，往西航行到西印度群岛，保持经度测算偏差在半度以内，或者时间误差在2分钟以内。这在当时被看作一个天文问题，或者一个科学问题。最终，木匠约翰·哈里森（1693—1776）将这个看似复杂的天文问题变成了简单的机械摆钟问题，于1736年造出了能够抵消海上震动结构的钟表。之后，哈里森不断改进，在他68岁的时候终于制作出了更加精密的航海钟表H4，精准度远远高于悬赏条件（H4的航行误差只有6秒），解决了远洋航行船舶导航的问题。哈里森72岁的时候，英国经度委员会认可了他的发明。1769年，76岁的哈里森，制造出了最后一块钟表H5，英国国王佩戴H5亲自试航。英国库克船长曾佩戴哈里森的钟表H4复制版环球三年，经过寒热带，钟表误差都在8秒以内。哈里森的名字因此留在了航海史中，他制作的钟表被大英博物馆收藏。

瓦特改良蒸汽机的故事大家都熟知，这里简单说一下。詹姆斯·瓦特（1736—1819）的父亲是位造船技师，虽然他拥有自己的造船作坊，但生意冷清。为了补贴家用，17岁的瓦特开始到伦敦等地的仪表修理厂当学徒。1757年，21岁的瓦特成为家乡格拉斯哥大学的仪器技师。大学里有台纽科门蒸汽机，瓦特在修理时发现了纽科门蒸汽机效率低的原因：由于活塞每推动一次，汽缸里的蒸汽都要先冷凝，然后再加热开始下一次推动，这样就使蒸汽80%的热量都耗费在维持汽缸温度上。经过几年的研究，瓦特有了改进的思路：将冷凝器与汽缸分离开来，让汽缸温度始终稳定在注入蒸汽的温度。

根据这一思路，瓦特在大学教授布莱克、钢厂老板约翰·罗巴克及铸造厂老板马修·博尔顿的帮助下，于1776年制造出第一台有实用价值的蒸汽机。这里列举这么多帮助过瓦特发明的人，是想说：创新者从来不是单枪匹马的，他们需要一个群体，一个社会氛围。下一部分讲飞机发明者时，我们还会看到这种现象。

蒸汽机的发明引发了人类社会的第一次工业革命，加速了科技革命和机械时代的到来。人们在纪念瓦特的讣告上说："蒸汽机武装了人类，使虚弱无力的双手变得力大无穷，健全了人类的大脑以处理一切难题。它为机械动力在未来创造奇迹打下了坚实的基础。"就像今天的计算机、互联网被广泛应用于各行各业一样，蒸汽机发明后，首先在1785年被大规模应用于纺织业，之后是采矿业、冶金业、造纸业等。1804年，矿山技师德里维斯克造出了世界上第一台蒸汽机车；1807年，经过瓦特指点的美国人富尔顿建造出了蒸汽轮船。

一项科学发现往往在100多年后才会被人认识，一项革命性的技术发明一般会在50年后才能体现出实用价值。1840年，鸦片战争中的英国舰队也还是以风帆战船为主；蒸汽轮船发明后大约50年，蒸汽铁甲战船才在克里米亚战争中展现优势。

1853—1856年，俄罗斯与奥斯曼帝国、英国、法国之间进行的克里米亚战争，是近代科技综合战争的开端，新式线膛步枪、有线电报、蒸汽动力战舰、铁路、战地医院都在这次战争中发挥了重要作用。在克里米亚战争中，蒸汽铁甲船发挥了重要作用，预示风帆战舰将被铁甲蒸汽战舰取代，但风帆战舰与蒸汽战舰还是并存了几十年。

世界不再像古希腊、古罗马或大航海时代，靠几型新船或者新式武器就可以长期霸占海上航线，进而瓜分世界，占领"异教徒"土地进行殖民统治，国家竞争和博弈胜负不再取决于一两场战争，舰船也不再是海洋唯一的霸主。

1903年，美国人发明了飞机；1909年，法国人提出了航空母舰设想；1917年，英国率先建造出了"竞技神"号航空母舰。

第二次世界大战刚刚开始，1941年，英德就展开了海上决战。德国最先进的"俾斯麦"号战列舰先将英国最先进的"胡德"号战列舰击沉。之后，英国航空母舰上的老式双翼舰载机"剑鱼"又将德"俾斯麦"号击沉。1942年4月，英国"竞技神"号航母在印度洋锡兰又被日本海军航母编队的舰载飞机击沉。

第二次世界大战期间，战列舰、航空母舰屡遭飞机重创沉没，标志着蒸汽铁甲时代的结束，海空天一体化时代的来临。

第七节 英国航空先驱

一、《探索月球上的世界》

约翰·威尔金斯是英国皇家学会创始人，曾担任牛津大学沃德姆学院院长，他在1638年写出了《探索月球上的世界》一书。据记载，在1654年前后，威尔金斯在沃德姆学院花园试验过一种以登月为目的的飞行器，以火药、羽毛翅膀和弹簧为动力。威尔金斯认为，在地球上空 32 千米以外，地心引力和磁场引力渐渐消失，如果用某种动力使飞行器超过 32 千米，人类就可以登上月球。威尔金斯这一设想符合科学大方向，符合现代的太空飞行理论。要知道，那时牛顿才 11 岁，万有引力定律还没被发现。

二、"英国航空之父"

乔治·凯利（1773—1857）是空气动力学家，被称为"英国航空之父"，他在 1809 年发表了《论空中飞行》，提出了现代飞机布局的概念。学界公认，现代飞机布局的概念源自乔治·凯利。他 1804 年设计的滑翔机从外形看已经是一架符合现代飞机布局的飞行器，具备固定机翼、机身、水平尾翼和垂直尾翼。在凯利的基础上，英国人威廉·塞缪尔·亨森在 1835 年构思了"空中蒸汽马车"，甚至还与人联合成立了航空运输公司，这可能是最早的航空公司。不过，最终"空中蒸汽马车"没能造出来。

三、英国第一家飞机制造公司

1908 年 11 月，奥斯沃德·肖特（1883—1969）三兄弟创建了英国第一家飞机制造公司——肖特兄弟（Short Brothers）公司。公司使用莱特兄弟专利授权生产"莱特飞行者"飞机，第一批 6 架订货来自英国皇家航空俱乐部（Royal Aero Club）成员。公司业务在第一次世界大战中开始扩张，其"S.184"是世界上第一架用于实战的鱼雷攻击船艇的飞机。第二次世界大战期间，1943 年，英国政府接管了肖特兄弟公司的所有权和管理权。奥斯沃德·肖特辞去了公司主席职位，保留了终生荣誉总裁的职位。第二次世界大战期间，肖特兄弟公司研制出四发重型轰炸机——"斯特林"式轰炸机。1964 年，公司制造出著名的 SC-5"贝尔法斯特"大型运输机，最大载重可达 36 吨。1989 年，肖特兄弟公司被加拿大庞巴迪公司收购。

四、"重型轰炸机之父"

1909 年，亨德里·佩奇（1885—1962）创建亨德里·佩奇（Handley Page）有限公司。由于他设计的 0/400 型双发动机飞机是最早的重型轰炸机，也被人称为"重型轰炸机之父"。亨德里·佩奇开发了著名的"亨德里·佩奇前缘缝翼"。它是一个切入机翼前缘的小槽，可以在高攻角的情况下改善空气流。这个设计很成功，其生产许可费成了该公司在 20 世纪 20 年代前几年的主要收入。第一次世界大战期间，亨德里·佩奇为英国皇家空军生产了一系列重型轰炸机。第二次世界大战期间，亨德里·佩奇共生产 7000 架飞机，包括 HP.52 中型轰炸机，仅次于兰开斯特（Lancaster）的第二大轰炸机 HP.57。佩奇于 1942 年被封为爵士，以表彰他对第二次世界大战所做的贡献。

五、皇家飞机制造厂和航空研究院

1908 年成立的皇家飞机制造厂（Royal Aircraft Factory），原是 1892 年成立的英国女王气球工厂，1910 年开始制造飞机，1918 年改称皇家航空研究院（Royal Aircraft Establishment，简称 RAE），并从生产向研究转变。第二次世界大战初期，海军陆战队飞机实验研究所（Marine Aircraft Experimental Establishment）并入航空研究院。法恩堡空军基地（RAE Farnborough Airfield）是皇家航空研究院的首个办公地点，后来扩展至贝德福德空军基地（RAE Bedford）。皇家飞机工厂在第一次世界大战期间制造了 S.E.5 英国双翼战斗机，搭载一台八汽缸 150 千瓦的西斯帕罗·苏扎液冷式发动机，最大速度超过每小时 209 千米，操控性优异，总产量达 5200 架。

1988 年，皇家航空研究院改称英国皇家航空航天研究院（Royal

Aerospace Establishment）。

六、罗尔斯·罗伊斯公司

1904 年，亨利·罗伊斯在曼彻斯特制造了自己的第一辆汽车。同年与查尔斯·罗尔斯达成一个协议，由罗伊斯负责生产汽车，罗尔斯负责销售，新车名为罗尔斯·罗伊斯。罗尔斯·罗伊斯公司（简称罗罗公司）于 1906 年 3 月 15 日成立，并于 1908 年迁至德比。第一次世界大战前，1914 年，公司第一款航空发动机鹰式（Eagle）推出。在第一次世界大战中，约一半的盟军飞机使用了罗罗公司的航空发动机。至 20 世纪 20 年代末，航空发动机成为罗罗公司最主要的业务。亨利·罗伊斯于 1933 年去世，但他最后设计的隼式（Merlin）航空发动机（于 1935 年推出）取得巨大成功。隼式航空发动机是一款动力强劲的 V12 发动机，在第二次世界大战中，它被安装在了许多飞机上：飓风式战斗机、喷火式战斗机、蚊式轰炸机（双发动机）、兰开斯特式轰炸机（四发动机）、威灵顿式轰炸机（双发动机）。美国 P-51 野马式战斗机也装有该发动机。隼式航空发动机一共生产了 16 万多台。第二次世界大战结束后，生产航空发动机成为罗罗公司的主业之一。由于 1971 年为洛克希德民机开发新型航空发动机亏损，导致罗罗公司破产。后在英国政府的干预下进行改组，公司被一分为二，即劳斯莱斯汽车公司和罗罗航空发动机公司两家公司。此后，罗罗航空发动机公司恢复了生机，而劳斯莱斯汽车公司则被德国宝马公司兼并。罗罗公司目前是世界领先的航空发动机公司之一。

第二次世界大战时期的英国航空工业堪称世界一流，但战后至 20 世纪 80 年代，英国在航空工业发展方面政策摇摆不定，国有化、私有化来回"翻烧饼"，下马军机采购美国军机，下马民机采购美国民机，其中虽有资金短缺问题，但是战略和策略出问题是第二次世界大战后英国航空航天工业发展越来越不如法国的主要原因。英国的造船业也不如法国,致使英国皇家海军在选择航母设计方案时喜欢上了法国方案。英国在世界航空航天航海业最具代表性的公司是英国宇航系统公司和罗罗发动机公司,罗罗发动机公司业务涉及海空天。

第八节 百岁航空先驱与英国宇航系统公司(BAE)

同波音公司一样,英国宇航系统公司的历史能充分反映英国航空航天发展史。先从活了101岁的飞机设计师索普威斯说起,从他身上你可以理解何谓"活久见"。

1912年,24岁的托马斯·索普威斯(1888—1989)用飞行比赛奖金创办了索普威斯飞机公司。公司在第一次世界大战期间生产了许多军用飞机,名机"骆驼"战斗机出尽风头,参战16个月,共击落敌机1294架,包括德国王牌飞行员"红男爵"里希特霍芬。"骆驼"装置一台九汽缸的星形气冷式发动机,输出功率为96千瓦,虽然难以控制,但运动性能极为灵巧,速度快,并配备两挺7.7毫米机枪。第一次世界大战时,该机型生产了5500架。

"骆驼"战斗机

1920 年，索普威斯公司破产被霍克公司收购，索普威斯留在公司继续参与飞机设计。公司虽然破产，但是对于长寿的索普威斯来说，事业才刚刚开始。

霍克·西德利公司 哈利·霍克是飞机试飞员，在索普威斯公司 1920 年破产拍卖时，他联合几个投资人收购了其资产，创立了霍克机械公司，以车辆及翻修旧飞机为主要业务。后来，依靠皇家空军少量的飞机订单，霍克机械公司才得以生存下来。在新的设计师席尼·肯的领导下，霍克推出新的单发轰炸机"牡鹿"（Hart），最大时速 296 千米，生产数量达 3000 架，是第二次世界大战前生产最多的飞机。第二次世界大战的主力"飓风"式战斗机由霍克公司制造。

在 20 世纪 30 年代经济大萧条期间，许多飞机公司面临财务压力，英国政府鼓励重组。1935 年，在索普威斯公司破产被霍克公司收购 15 年后，一直坚守的索普威斯担任了霍克公司总裁。在他的主导下，霍克公司收购整合了英国多家飞机公司，包括阿姆斯特朗·西德利发动机公司、阿弗罗公司等，组建了霍克·西德利（Hawker Siddeley）飞机公司。

阿弗罗公司于 1910 年 1 月在曼彻斯特创立。公司为英国皇家空军在第一次世界大战期间生产了传奇的标准教练机 504 系列，生产时间跨度长达 20 年，总共生产了 8340 架。阿弗罗公司后被霍克公司收购。兰开斯特公司的轰炸机是第二次世界大战期间盟军主力。兰开斯特轰炸机在 1942 年投入使用后，英国皇家空军投弹量的三分之二都是由它完成的。第二次世界大战期间，该机型共生产了 7366 架。1963 年，兰开斯特公司被霍克公司收购。

德·哈维兰飞机公司 德·哈维兰曾于 1910 年受聘于皇家飞机制造厂，担任设计师和试飞员。第一次世界大战结束，飞机订单大减，一些公司陷入困境。与哈利·霍克一样，德·哈维兰于 1920 年收购了一家飞机制造公司，并将其更名为德·哈维兰飞机公司。第二次世界大战期间，该公司推出了有着"木头奇迹"美誉的蚊式轰炸机，生产了 38 个型号共 7781 架。DH.100"吸血鬼"战斗机于 1943 年 9 月首飞成功，这是英国第二种实用的喷气式战斗机，它总共生产了 3500 多架。第二次世界大战期间，美国、苏联的飞机制造厂也生产过德·哈维兰飞机。1949 年，德·哈维兰公司研发出了世界上第一款喷气式客机——"彗星"飞机。但是由于设计发生了问题，"彗星"在载客量、航程、运营成本等方面不如波音公司于 1958 年投入运营的波音 707。最终，德·哈维兰公司于 1960 年并入霍克·西德利公司。如果英国政府像法国政府那样，坚决地支持一下"彗星"客机，德·哈维兰可能会是另外一种命运。

在完全奠定了霍克·西德利飞机公司在英国的主要地位后，75 岁的索普威斯于 1963 年离开公司总裁位置。索普威斯曾任英国飞机制造商协会会长（1925—1927），曾任霍克·西德利公司董事长长达 28 年（1935—1963），并于 1953 年受封为爵士。索普威斯于 1989 年去世，享年 101 岁，是最长寿的飞机设计师和企业家。

1977 年，霍克·西德利与英国飞机公司、苏格兰飞机公司等公司合并为英国航空航天公司；1999 年，英国航空航天公司又与英国马可尼电子系统公司合并为英国宇航系统公司。之后，英国宇航系统公司又在英国政府的支持下，对英国航空、航天、造船及陆军装备等军工方面进行了一系列整合。最终，英国宇航系统公司一统英国海空天装备制造力量。

成立于 1906 年的英国罗罗公司经过不断创新和专注于主营业务的并购策略，在 1966 年基本完成了英国国内航空发动机企业的整合，雄心勃勃的罗罗公司决定为洛克希德的 L-1011 宽体客机设计 RB211 发动机。今天看来，这是一型非常成功的发动机，经过多年的发展，RB211 及其后继发动机均无可争辩地成为当今大型民用航空发动机中较成功的发动机系列。但是，当年在研发该型发动机的过程中却遇到了巨大的资金难题，罗罗公司陷入绝境。1971年，英国政府为解决罗罗公司在RB211发动机开发中遇到的难题，将公司收归国有，投入10亿英镑支持公司继续研发RB211。1973年，政府要求罗罗公司将汽车业务分离并上市，之后又将其卖给德国大众，实现了汽车业务的退出。在帮助罗罗公司渡过难关之后，1987年，英国政府又重新将罗罗公司还给资本市场，发行股票上市，政府当初的投入也得到了很好的回报。如果不是英国政府及时出手，对公司实施国有化，提供资金支持，恐怕早就没有今天的罗罗公司了。

罗罗公司于1987年在伦敦证券交易所上市。上市时，英国政府制定了公司的"金股"制度：（1）单个外国股东（包括欧洲国家）或行动一致的多个外国股东不得持有超过15%的股份；（2）公司行政总裁及主要高管必须是英国人；（3）公司重大业务及涉及重大产权变更等整体事务的处理，必须得到"金股"持有者的同意。虽然"金股"条款没有使用过，但是由于它的存在，使一些可能的敌意收购望而却步，减少了许多不必要的麻烦。

罗罗公司上市后，其依托资本市场展开了一系列并购活动，巩固和扩大了核心业务，成为世界领先的能够为航空、航海和陆地提供动力设备的企业。这些并购活动包括：1989年，罗罗公司兼并了英国北方工业工程公司，以加强其在燃气涡轮技术上的核心竞争力。1994年年底，罗罗公司收购了美国艾利逊公司，以完善其航空发动机产品线。1999年，罗罗公司收购了库珀能源服务公司，以增强其燃气涡轮技术在能源动力领域中的应用能力；收购了美国国家空中动力公司，以加强其发动机维修和翻修业务；收购了英国维克斯公司，以拓展其燃气涡轮技术在船舶制造行业的应用，一举进入船舶动力业务领域，同时成就了其在该领域内世界级供应商的地位。2014年，该公司完成对德国发动机品牌MTU的收购，并成立罗罗动力系统部门，总部位于德国腓特烈港。

　　罗罗公司选择收购目标的战略意图非常明显，而且有明显的运作特点，并不是"碰运气"。在罗罗公司并购项目中，有许多曾是罗罗公司与其合作伙伴的合资公司，这些合资公司最初都有很好的合作设想，但是最终由于正面或负面的原因，罗罗公司收购了合资方的股份。例如，1990年，罗罗公司与德国的宝马公司共同建立合资公司，生产航空发动机；10年后的2000年，罗罗公司成为这家公司的唯一股东。1999年，罗罗公司与美国国际科学应用公司共同成立了数据系统和解决方案公司；7年后的2006年，罗罗公司又成为其唯一股东。完全控制了这些公司后，罗罗公司按照自己的战略进行改组，加大投入，使这些公司实现持续发展。小股渗透—增持—控股—完全控制，这个过程有时甚至要花费10年或更长时间，这种耐心来自立足长远的发展战略，这是罗罗公司资本运作的一大特点。罗罗公司的收购策略，已经很像英国当年的海外殖民地扩张策略了，目标和耐心依旧，技术和资本代替了坚船利炮。

　　2012年，英国宇航系统公司试图与欧洲宇航防务集团合并（现已更名空客集团），最终没有实现。虽然英国与德国等联合组建了欧洲战斗机公司，推出了"台风"战机，但是在英国脱欧后，英国宇航系统公司发展的不确定性增强。目前，英国航空航天航海主要军事装备制造由英国宇航系统公司承担。2021年，英国宇航系统公司位列世界军工百强第7位。

　　英国宇航系统公司承担了"伊丽莎白女王"号航母工作量的三分之二（按费用）。"伊丽莎白女王"号航母排水量6.5万吨，特点是双舰岛布局；45型驱逐舰排水量7350吨，由英国宇航系统公司制造。

第四章
从彼得游学造船到加加林遨游太空

▼

俄罗斯海空天力量源起彼得一世和沙俄晚期，莫斯科红场阅兵有两个固定军校方阵反映了这一历史。"莫扎伊斯基圣彼得堡军事航天学院"方阵，该校源自彼得大帝1712年建立的圣彼得堡工程学校。2012年，俄罗斯政府以"莫扎伊斯基"为其命名——俄罗斯一直认为是海军上校莫扎伊斯基首先发明了飞机。"库兹涅佐夫海军元帅圣彼得堡高等海军学院"方阵，该校源自1827年成立的尼古拉海事学校。目前，俄罗斯唯一的航空母舰以库兹涅佐夫命名。

莫扎伊斯基军事航天学院官网

库兹涅佐夫海军学院官网

从斯大林1941年红场阅兵讲话的第一句问候语："红军和红海军战士们！"到普京2022年5月9日红场阅兵讲话专门对"水手和海军军官"的问候，作为世界疆域最大的国家，俄罗斯不同时期的统治者都极其重视海洋和海军。

对于航空航天，苏俄高层一直重视，列宁批准成立了茹科夫斯基空气动力研究中心；斯大林亲自选拔年轻飞机设计师承担起第二次世界大战重建航空工业重任；赫鲁晓夫痴迷"导弹万能论"，其名言就是："苏联的导弹生产速度快得就像制作香肠一样！"因此，俄罗斯率先拥有高超武器也就不奇怪了。苏联解体后开始举办莫斯科国际航展，从叶利钦到普京，总统几乎每次必到。偶尔总统没能参加，代替总统参展的总理还要做专门解释。

2022年俄乌冲突，面对西方联合打压和"莫斯科"号巡洋舰沉没的双重压力，俄罗斯依然强硬，底气就是海空天力量。2022年4月20日，俄罗斯成功试射第五代重型洲际弹道导弹"萨尔马特"。普京曾在2018年国情咨文中专门介绍说，该弹的致命一招是飞跃极地攻击另一个半球的敌方目标，其他国家现有和研制中的反导系统无法对付这种攻击模式，它可以打到地球上任何一个角落。

2022年5月9日，在美欧多国的制裁下，俄罗斯举行了有些悲壮的纪念卫国战争胜利77周年活动。当天，在国际空间站，俄罗斯宇航员在自己的"星辰"号内举行了"微缩版"阅兵式，一架伊尔-2攻击机模型和一艘"联盟"号载人飞船模型在仓内"飞过"，背景是俄罗斯航天英雄们的黑白照片。在来自俄罗斯国家航天集团（Roscosmos）Telegram频道的视频截图中，读者可以看到其左上角俄罗斯国家航天集团的标志，在俄乌冲突期间已经更换为"红五星标志"。

俄罗斯Telegram频道视频截图

2022年俄乌冲突期间，俄罗斯航天集团总裁罗戈津表示，俄罗斯已不准备再与美国进行空间站合作。罗戈津在2021年曾讲道："依照我们的义务，我们将提前一年终止在国际空间站的工作。"俄罗斯塔斯社2022年5月15日报道，当地时间14日，国际空间站机组人员为美国宇航员杰西卡·沃特金斯庆祝生日，俄罗斯宇航员赠送其一束自制的"太空花"。目前，国际空间站有3名俄罗斯宇航员、3名美国宇航员和1名欧洲宇航员。

我写作本章时，正值"俄乌冲突"期间，经常看到这样一些讨论：俄罗斯为什么会率先研制出高超武器？为什么美国宇航员还在付费搭乘俄罗斯飞船往返国际空间站？为什么俄罗斯一定要在黑海和赫尔松这样一块小地死磕？这章我们先讲一点俄罗斯历史。

第一节　三段皇室婚姻决定的俄罗斯历史

1990—1994年，我在莫斯科航空学院学习，业余时间看了些历史书和影视作品，从理工男的角度看，是三段皇室婚姻决定了俄罗斯的历史：988年，弗拉基米尔大公迎娶拜占庭公主，在赫尔松接受东正教的洗礼，统一了罗斯人的宗教信仰；1472年，莫斯科大公迎娶拜占庭末代公主，让俄罗斯人有了"第三罗马"继承人的使命；1745年，彼得三世迎娶普鲁士索菲亚·奥古斯特公主，嫌丈夫软弱的公主干脆自己上位，成为叶卡捷琳娜二世，发起"希腊计划"创造了"克里米亚神话"。2014年，克里米亚"公投"加入俄罗斯，2022年俄乌冲突开始之际，普京的演讲词中都有这些历史的影子。

一、"罗斯受洗"迎娶拜占庭公主

988年，基辅罗斯时期[①]，弗拉基米尔大公迎娶了拜占庭帝国安娜公主，并在赫尔松[②]接受了东正教东派教义（后来的东正教）的洗礼，同时命令全

[①] 基辅罗斯时期，指882—1240年。
[②] 2022年，俄乌曾在赫尔松激战。

体罗斯人接受洗礼。当基辅市民在第聂伯河畔接受希腊神父洗礼时，罗斯人将原先崇拜的多神教偶像抛入了河中，这就是著名的"罗斯受洗"。"罗斯受洗"使古希腊罗马拜占庭文化进入了蛮荒的农奴制古罗斯，是俄罗斯文明进程的里程碑节点。2015 年，俄罗斯为此专门发行了一枚 21 卢布面值的邮票。

俄罗斯 2015 年发行的《弗拉基米尔大公罗斯受洗》邮票

基辅素有"罗斯诸城之母"称号，东正教助力罗斯构建了身份认同，为东斯拉夫三个民族奠定了共同的信仰和文化基础。然而，各种历史的、现实的因素导致俄乌冲突不断加剧，受此影响，东正教组织在俄罗斯和乌克兰也陷入矛盾之中。2018 年，莫斯科及全俄大牧首署官员表示，俄东正教会最高会议决定同君士坦丁堡普世牧首区断绝关系，以抗议君士坦丁堡普世大牧首在乌克兰设立独立教会的决定。2019 年 1 月，君士坦丁堡牧首签署赋予乌克兰东正教会自主地位的牧首教令。2022 年 5 月 27 日，乌克兰东正教会莫斯科分会宣布断绝与俄罗斯的关系。

二、"第三罗马"与拜占庭末代公主

1453 年，东罗马拜占庭帝国被奥斯曼帝国所灭。拜占庭帝国末代皇帝君士坦丁十一世战死而没有留下后嗣,侄女索菲娅被人送到罗马教廷。教皇保罗二世想借助莫斯科公国对抗奥斯曼帝国,欲将索菲亚公主嫁给原配妻子病逝不久的伊凡三世。1472 年,莫斯科公国大公伊凡三世迎娶了拜占庭末代公主索菲亚。

从此,莫斯科大公国以东正教为旗帜,以拜占庭帝国继承人"第三罗马"为号召不断征伐。1480 年,俄罗斯脱离了蒙古汗国长达 240 年的统治(1240—1480)。1989 年,苏联发行了一枚 3 卢布面值的纪念银币,银币上面的文字是"俄罗斯国家统一 500 年",银币下面的文字是"彼得大帝舰队"。

苏联纪念银币

也就是说,1489 年,在苏联时期被认为是俄罗斯国家统一年;在俄罗斯历史年表上,这一年,维亚特卡合并于莫斯科公国。1497 年,伊凡三世颁布全国统一的法典,第一次用法律明确限制农民的出走权。1547 年,莫斯科公国大公伊凡四世加冕为俄国第一个沙皇——沙皇俄国诞生。

三、"希腊计划"与普鲁士公主

1745 年,彼得三世迎娶了普鲁士索菲娅·奥古斯塔公主。很快,嫌丈夫软弱的公主干脆自己上位,成为叶卡捷琳娜二世(1729—1796),发起了"希腊计划",从奥斯曼帝国手中夺得了黑海沿岸的许多土地,创造了"克里米亚神话"。叶卡捷琳娜二世精通多门语言,爱好文学、艺术、戏剧,在与各国诗人、音乐家、哲学家写信交流的过程中,宣传俄罗斯占有克里米亚的合理性。法国启蒙哲学家伏尔泰[①]非常认同叶卡捷琳娜二世的观点，写信表示希望女皇发兵攻打奥斯曼帝国，并赋诗一首："哦，北方的君主，你是阿波罗的姐姐，你要为希腊复仇，赶走那些不配的人——艺术的敌人、女人的压迫者，我将前往马拉松的故土，在那儿等你！"

在俄罗斯，只有叶卡捷琳娜二世能与彼得一世并称大帝。1782年8月7日是彼得大帝登基100周年纪念日，叶卡捷琳娜二世在彼得堡为彼得一世立了纪念碑，纪念碑基石上刻着："献给彼得一世——叶卡捷琳娜二世于1782年夏。"普希金在一篇叙事诗中将这座纪念碑称为"青铜骑士"。"青铜骑士"就由此成为彼得大帝纪念碑的代名词。

"克里米亚神话"之后，围绕克里米亚发生了多次战争。1853—1856年的克里米亚战争影响最大。起因是俄罗斯与奥斯曼帝国进行了第九次俄土战争，后来英国、法国等欧洲国家也参与进来，向俄罗斯宣战，目的是争夺小亚细亚地区的控制权，因此也称"东方战争"，由于主要战役发生在克里米亚半岛，后来统称"克里米亚战争"。克里米亚战争以俄罗斯失败结束，但参战方均损失巨大：俄军损失约52.2万人，土军损失约9.6万人，法军损失约9.5万人，英军损失约10.2万人，各方都无力再战。

交战双方于1856年3月30日签订了《巴黎和约》。需要说明的是，当时交战各方中，英国想让战争继续进行，法国不希望俄国被削弱过多——否则会使英国在近东势力更大。谈判中，俄罗斯想让普鲁士参加，英国不同意，担心普鲁士会偏袒俄罗斯，原因之一可能是叶卡捷琳娜二世来自普鲁士吧（只是猜测）。最后，在讨论黑海问题时，由于普鲁士是1841年《海峡公约》的签字国，普鲁士才得以参加。谈判中，俄罗斯舍弃了许多利益，例如将高加索的部分领土割给土耳其，放弃对土耳其境内东正教的保护权等——

[①] 弗朗索瓦·马利·阿鲁埃（1694—1778），笔名伏尔泰，18世纪法国启蒙思想家、哲学家。

只为保住已经占有的克里米亚半岛领土。

1853 年的克里米亚战争影响深远。军事方面,蒸汽铁甲战舰初露锋芒,风帆战舰显示了颓势;兵器方面,火炮、枪械和水雷武器显示了技术进步的重要作用,一些新技术开始用于战争,例如电报、铁路等;国际关系方面,《巴黎和约》附录中的《海上国际法原则宣言》成为当代国际法的重要组成部分,其中重要的一条,私掠船政策被取消。

第二节 彼得游学造船——为了离海再近些

彼得一世·阿列克谢耶维奇·罗曼诺夫(1672—1725)是沙俄海军的缔造者,为了离海再近些,以争霸海洋,1712 年,彼得一世将首都从莫斯科迁至圣彼得堡。沙俄第一艘战船、第一架飞机都出自圣彼得堡,圣彼得堡不仅是俄罗斯海空力量的发源地,也是世界航空航天科学技术的发源地。

从 1676 年开始,号称"第三罗马"的俄罗斯与奥斯曼帝国断断续续进行了长达 241 年的战争,多数大战发生在黑海沿岸和克里米亚。第一次俄土战争发生在 1676—1681 年,起因是奥斯曼帝国入侵与俄罗斯合并的乌克兰。第二次俄土战争(1686—1700)期间,1695 年,23 岁的彼得一世亲率大军远征土耳其控制下的亚速城,因没有舰船配合惨遭失败。

1696 年,彼得一世在顿河河畔沃罗涅什建起了造船厂,4 月建造出了 3 艘大型风帆战舰,其中一艘被命名为"普瑞斯蒂娜卡娅"。1696 年 10 月 20 日,彼得一世签署了海军建设法案,这一天被定为"俄罗斯帝国海军诞生日"。彼得一世下令在沃罗涅什河建立顿河小舰队,这是沙俄海军建设的起点。1996 年,为纪念俄海军建立 300 周年,俄罗斯发行了古今战舰纪念邮票。其中,第一张邮票是 1696 年下水的风帆战舰,最后一张是 1985 年建造的"库兹涅佐夫元帅"号航空母舰（见下图）。

俄罗斯发行的古今战舰纪念邮票

1696年12月，彼得一世组建了一个250人的"大使团"访问欧洲。"大使团"于1697年3月出发，1698年8月回到莫斯科。彼得大帝因这次访问游学产生了建立科学院的想法。

1697年5月，彼得一世来到东普鲁士，在劝说普鲁士国王结盟对抗奥斯曼帝国无果的情况下，彼得一世化名彼得·米哈伊洛夫向普鲁士陆军中校学习火炮，一星期后就在结业式的考核中弹无虚发。

1697年8月，彼得一世在荷兰阿姆斯特丹造船厂成为一名木工，用了3个月的时间与其他俄国学徒一起建造了一艘护卫舰，得到了荷兰造船师的好

彼得一世在荷兰船厂做木工

彼得一世面对船模看图纸

BBC纪录片《俄罗斯历史》视频画面

评，彼得一世因此成为优秀毕业生。沙俄访团招募了几百名荷兰技师和工匠到彼得堡帮助造船，并购买了大批新式武器。回国后，彼得一世又派遣了几十名贵族到荷兰学习造船，并命令贵族们为沙皇海军捐建舰船。

这段时期，荷兰执政奥兰治亲王威廉同时也是英国国王，即查理三世。看到俄国人在荷兰大把花钱，查理三世邀请彼得一世访问英国。彼得一世访问了皇家学院、皇家铸币局、伦敦塔、大英博物馆、格林尼治天文台、牛津大学、伍尔维奇军械库的火炮铸造厂。之后，彼得一世一头扎进泰晤士河边的德特福德造船厂。双手干活的彼得一世很快与船工们打成一片，借着白兰地加胡椒的刺激，彼得一世与舰船设计师卡马森成了好友。

临别，查理三世赠送给彼得一世一艘"皇家交通"号快船，彼得一世回赠了大钻石。彼得一世在英国结识了许多学者、海军军官、造船师。回国后，彼得一世重金邀请了他们中的许多人到俄国帮助造船和建立海军，包括卡马森。彼得一世也派遣了许多俄国年轻的贵族到英国海军和造船厂学习。可以说，沙俄海军是在荷兰和英国的帮助下建立起来的。

从欧洲回国后，经过几年的准备，彼得一世开始与波罗的海强国瑞典争夺出海口。1700年，双方初战是争夺波罗的海重镇纳瓦尔城。瑞典8000名士兵对阵彼得一世亲率的4万俄国大军，结果瑞典大胜。惨败的彼得一世不再有耐心，加快了变革步伐，以野蛮对野蛮的方式完成了俄罗斯改革——包括剪掉胡须和改变着装这样的细节小事。

彼得一世亲自监督造船，在荷兰、英国技师的帮助下，俄罗斯建造出了"萨丹进击"号战船，该船在当时的欧洲十分先进，安装了少见的舵轮，作为彼得一世的旗舰，彼得一世曾在1703年驾驶过它。在1997年俄罗斯发行的纪念彼得一世邮票上的舰船与"萨丹进击"号相似。

1703年，为了"离海再近些"，彼得一世决定在波罗的海芬兰湾建造一

俄罗斯发行的纪念彼得一世的邮票

BBC纪录片《俄罗斯历史》中的俄罗斯"萨丹进击"号战船

座城市,这就是圣彼得堡。1712年,彼得一世将都城从莫斯科搬至圣彼得堡。同时,他还建立了常备海军——波罗的海舰队,以及多个造船厂和航海学校。1714年8月,彼得一世亲任海军中将,率军在汉科克海战中击败瑞典海军,取得了沙俄海军的第一场重要胜利。1721年,俄罗斯和瑞典签订了《纳斯塔德条约》,除将芬兰归还瑞典外,俄罗斯获得了包括爱沙尼亚在内的多个波罗的海周边领地,成为波罗的海霸主。

1721年,彼得一世被枢密院封为"大帝"称号。彼得大帝用了20多年时间,建立了新海军、新首都、新帝国——新的罗曼诺夫王朝,永远改变了俄罗斯。

2022年是彼得大帝诞辰350周年,俄罗斯银行发行了一套纪念币,其中一枚纪念币上的铭文"ПЕТРI•ПРЕОБРАЗОВАТЕЛЬ",即"彼得一世·改革者"。

俄罗斯发行的纪念彼得大帝诞辰350周年纪念币

第三节　彼得堡科学院与流体力学和拉格朗日点

BBC 拍摄的《俄罗斯历史》纪录片曾讲到彼得一世在伦敦期间给英国人留下的印象：彼得不喜欢与英国贵族绅士应酬，喜欢与船工们豪爽饮酒；他还是一个对科学感兴趣的疯子，聊起来没完没了。

1724 年 1 月，彼得一世决定建立俄罗斯科学研究机构。1725 年 2 月，彼得一世突然去世，他的规划搁浅。1726 年，叶卡捷琳娜一世即位后，按照彼得一世的规划，参考法国科学院章程，很快建起了一座科学研究中心，命名为彼得堡科学院。科学院由政府资助，受聘人员直接受皇帝保护和管理。

彼得一世在德国考察时曾向德国数学家威廉·莱布尼茨（1646—1716）咨询建立科研机构的问题，莱布尼茨是柏林科学院第一任院长，给了彼得一世不少建议，德国学者也感受到了俄国发展科学的迫切。创办初期，彼得堡科学院约 75% 的研究人员是外国学者，其中多数来自讲德语的国家，例如德国和瑞士等。

初创的彼得堡科学院不但开展教学和基础研究，更要帮沙皇解决急迫问题——海军建设。负责管理彼得堡科学院的大臣曾明确要求，应聘的外籍科学家都有义务帮助海军解决一些技术难题。也许是巧合，外籍科学家在帮助沙俄海军解决急迫问题的过程中，居然对世界航空航天科技做出了重要贡献，航海、航空、航天科学在这里融为了一体。对于本书读者，从通识角度有必要了解这段历史。

彼得堡科学院成立不久，一大批欧洲学者慕名而来。1725 年，年轻的瑞士数学家丹尼尔·伯努利（1700—1782）来到彼得堡；1727 年，伯努利的助手列昂纳德·欧拉（1707—1783）也跟随而来，欧拉就是继牛顿之后那个伟大的数学家[1]。1725 年来到彼得堡的还有德国数学家克里斯蒂安·哥德巴赫（1690—1764），他在 1742 年与欧拉的通信中提出了著名的"哥德巴赫猜想"。

丹尼尔·伯努利在彼得堡科学院发现了著名的"伯努利原理"，在欧拉的帮助下完善了"伯努利方程"。1733 年，伯努利因病离开彼得堡，但通过书信与欧拉进行学术交流，不久出版了经典著作《流体动力学》。该书的出版是航海、航空、航天科学和技术发展史上的里程碑事件。我们这里再复习一下伯努利原理，其实质是流体的机械能守恒：动能＋重力势能＋压力势能＝常数。其最为著名的推论为：等高流动时，流速大，压力就小。伯努利原理往往被表述为伯努利方程：

$$p + \frac{1}{2}\rho v^2 + \rho g h = C$$

公式中，p 为流体中某点的压强，v 为流体该点的流速，ρ 为流体密度，g 为重力加速度，h 为该点所在高度，C 是一个常量。它也可以被表述为：

$$p_1 + \frac{1}{2}\rho v_1^2 + \rho g h_1 = p_2 + \frac{1}{2}\rho v_2^2 + \rho g h_2$$

按照伯努利原理，后续航空航天科学家做了大量工作，不断完善形成了"空气动力学"，成为航空航天科学技术最基础的学科。伯努利还在天文学、潮汐、洋流、船舶航行稳定性等方面成果显著，获得巴黎科学院的多次奖励[2]。

伯努利离开彼得堡后，欧拉接替了他的职位，他们之间保持了 40 多年的

---

[1] 数学史上公认的最伟大数学家有四位，他们是：阿基米德、牛顿、欧拉、高斯。
[2] 巴黎科学院经常举办奖金丰厚的论文征集竞赛，各国科学家都以获得该奖为荣。

通信交流，成为学术界佳话。1741 年由于俄罗斯内部动荡，欧拉离开彼得堡到普鲁士柏林科学院任物理数学所所长。

当时，20 岁的欧拉初到彼得堡，被分到沙俄海军部任职，担任负责战船建造的海军大尉。他凭一篇关于"船舶桅杆布局优化"的论文获得了巴黎科学院的奖励。这段经历虽然不长，但后来海军部经常"打扰"欧拉，拉着欧拉参加海军的各种技术会议，涉及面非常广，如航海和造船计算、舰船装甲和火炮试验等，甚至连船用消防泵设计和锯条改进这样的小问题也要请欧拉帮忙。虽然欧拉的兴趣在数学理论研究，但他还是耐心地帮助海军部和造船厂解决这些杂乱无章的问题。在与海军和船厂打交道的过程中，年轻的欧拉结识了许多工匠和水兵，他逐渐掌握了用通俗语言给他们讲解高深数学问题的技巧，这也是后来欧拉写的数学教材能在欧洲被长期使用的原因。年轻的欧拉很快成了航海和造船专家，他写出了《航海学》《造船学》等著作。

1762 年，来自普鲁士的公主成为新沙皇——叶卡捷琳娜二世。她继承彼得大帝衣钵重整朝纲，重新招揽欧洲各国科学和文化巨匠。1766 年，在叶卡捷琳娜二世的邀请下，欧拉从柏林重回彼得堡科学院任职。1667 年，欧拉在彼得堡为今日航天科学做出了重要贡献——计算出了五个拉格朗日点中的三个。

这里简要介绍一下"拉格朗日点"。当两个大质量天体相互绕行时，这些天体周围有五个引力平衡的位置，在这些位置的较小物体可以保持平衡。这些引力平衡最佳点被称为拉格朗日点。例如，在地球和太阳系统中，航天器或自然物体可以绕太阳运行，同时保持相对于太阳和地球的位置，因为它们"悬停"在这些拉格朗日点上。经过研究，一共有五个这样的点，L1—L5。在五个拉格朗日点中，只有 L4 和 L5 是稳定的。也就是说，如果轻推 L4 或 L5 处的小物体，它们还会回到这个位置，好像有个恢复力。而对于在另外三个不稳定的拉格朗日点上的物体，如果轻轻一推，它们就会打破轨道平衡飘入星际空间。下图是太阳地球之间的拉格朗日点。

1667 年，欧拉发现了 L1、L2 和 L3 三个点。1772 年，法国数学家和天文学家约瑟夫·路易斯·拉格朗日发现了最有用的 L4 和 L5 两个点，并将其上升到理论范畴，所以这些点被称为拉格朗日点。这种发现对于欧拉来说都是小案例。欧拉于 1783 年在彼得堡去世，享年 76 岁。欧拉一生著述

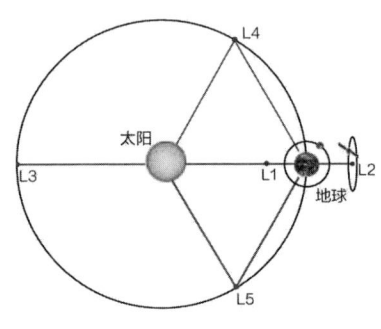

地日拉格朗日点示意图

颇丰，据说彼得堡科学院用了 40 多年的时间才整理完欧拉的手稿。

彼得一世为造船和海军建设催生了彼得堡科学院，科学院也大大促进了沙俄海军的发展，更为俄罗斯培养了大批高级人才，启蒙了俄罗斯国民思想和文化。1745 年，米哈伊尔·罗蒙诺索夫（1711—1765）成为彼得堡科学院第一个俄罗斯籍院士，他是一位"百科全书"式的科学家。1755 年，罗蒙诺索夫创办了莫斯科大学。

彼得一世的欧洲游学和大力发展海军在 18 世纪下半叶得到了回报。1783 年，叶卡捷琳娜二世通过外交和舰炮软硬兼施，采取投票表决方式将克里米亚纳入沙俄版图（普京于 2014 年也照此办理）。欧洲各国虽有抗议，但碍于强大的沙俄黑海舰队也无可奈何，奥斯曼帝国被迫签署了《克里米亚、塔曼和库班并入俄罗斯帝国协定》。俄罗斯终于打通了黑海和波罗的海出海口，实现了彼得一世"离海再近些"的愿望。1812 年，俄罗斯打退了拿破仑法国的入侵，赢得了俄法战争的胜利。从 1712 年迁都彼得堡算起，整整 100 年，俄罗斯从此进入欧洲强国序列。

彼得堡科学院建立 300 年间，虽然时局动荡、战争不断，但俄罗斯人在

数学、物理、天文、化学、生物学等方面为人类文明做出了重要贡献，并快速成为海空天大国。

直到今天，在船海领域（如潜艇）、航空领域（如空气动力学）、航天领域（如高超飞行器）等，俄罗斯仍然有其独领风骚之处。截至 2021 年，俄罗斯（包括苏联）获得诺贝尔奖人数达 32 名，列世界第 5 位。这一切，都与 1725 年彼得堡科学院的建立密不可分。

第四节　沙俄航空先驱

沙皇俄国航空起步不晚于欧美，甚至在某些领域还有超前，如在理论研究方面。沙俄末期的门捷列夫、茹科夫斯基、西科斯基（其出生地今属乌克兰）等学者关于浮空器方面的研究广泛而深入，在大学和海军学校还开了相关的课程，尤其在民间有很多航空爱好者，海军上校莫扎伊斯基、中学教师齐奥尔科夫斯基就是代表。

一、海军上校发明飞机

沙皇海军上校工程师亚历山大·莫扎伊斯基（1825—1890）从 19 世纪 70 年代就开始研制飞行器。莫扎伊斯基的飞机已具备了现代飞机的基本构造：单翼翼展 12.2 米，装配两台 30 马力英国制造的蒸汽机，重 943 千克。莫扎伊斯基蒸汽动力飞机于 1881 年获得了俄罗斯专利，1882 年进行了试飞，但只在滑行中跳跃了几次，未能持续离开地面，因此未被世界公认。1890 年莫扎伊斯基去世，该飞机也就没有了下文，但俄罗斯认为是莫扎伊斯基首先发明了飞机。苏联曾在 1963 年、1975 年分别发行过纪念莫扎伊斯基的邮票，邮票上的文字明确写明：莫扎伊斯基是世界上第一架飞机制造者。

苏联邮票上印有"莫扎伊斯基——世界上第一架飞机制造者"

彼得一世于1712年建立的"圣彼得堡工程学校"曾多次更名。2012年，俄罗斯政府将该校以莫扎伊斯基命名——莫扎伊斯基圣彼得堡军事航天学院，进一步强调了莫扎伊斯基航空航天先驱的地位。

二、门捷列夫与茹科夫斯基

化学家门捷列夫（1834—1907）发现了化学元素周期表。他还研究过飞行理论，并撰写了论文《流体阻力与浮空飞行论》。论文指出，"必须积累介质阻力经验数据，一旦获得浮空研究的彻底胜利，就会实现在空中飞行，为此必须清楚了解空气阻力"。1875年，门捷列夫绘制了气球控制的草图，并进行了必要的计算。他相信飞机会有"光明前景"，并深信飞行器的发明"将开启新文明史的时代"。俄罗斯航空之父茹科夫斯基这样评论道："这是一篇很有价值的专题学术论文，它可以作为从事浮空研究人士的指南。"

尼古拉·茹科夫斯基（1847—1921）是俄罗斯空气动力学和航空科学的开拓者、奠基者。茹科夫斯基1868年毕业于莫斯科大学物理数学系，1885年开始在莫斯科大学等大学教授流体动力学。1895年，茹科夫斯基访问德国，与德国航空先驱奥托·李林塔尔会面，购买了一架李林塔尔的滑翔机，从此转向飞行理论研究，着重研究飞机气流，创立了机翼升力理论。1898年，茹科夫斯基做了名为"浮空论"的报告，展望了重力空气飞行器的发展前景。

1902年，茹科夫斯基开始研究空气动力学，建造了沙俄时期的第一个风洞实验室。1904年，茹科夫斯基发现了机翼升力定律，发展了机翼剖面理论，发现了飞机获得升力的原理，不知道莱特兄弟这时是否了解这些原理。1906年，茹科夫斯基发表了著作《论汇合涡流》，对旋转涡流和机翼升力的大量研究进行了总结，并结合伯努利方程，总结出"流体等速流动并不产生任何自下而上的举力，当旋转涡流的速度与等速流体前进的速度汇合时，马上产生举力"，还得出了准确计算作用于机翼上的力的数学公式——"单位翼展上机翼的升力值是空气密度与速度环流和飞机飞行速度的乘积"。同时，他还根据这些理论第一个找到和计算出了最合理的机翼形状。

茹科夫斯基的这些发现是现代机翼升力理论和空气动力学的基础。1916年，茹科夫斯基开始管理空气动力实验室下的计算测试局，在此基础上，研究出了飞行器强度的计算方法。他的主要著作有《浅谈飞机动力学》《计算测试局之成果》《飞机构造稳定性研究》。

这一时期，俄罗斯比美国在航空理论方面研究得要深。美国在这一时期是莱特、寇蒂斯、波音等飞行家、工程师、企业家唱主角。当然，美国在麻省理工学院已经开设了航空系。

三、来自乌克兰基辅的沙皇首席飞机工程师

伊戈尔·西科斯基（1889—1972）出生在俄罗斯帝国基辅（今属乌克兰），是业界公认的直升机之父。1903—1906年，西科斯基就读于圣彼得堡海军学校和基辅工业学院，曾去法国向布莱里奥学习飞行技术，也曾参照达·芬奇"旋翼机"手稿和中国竹蜻蜓研究直升机，但没有成功。1912年，沙皇俄国决定发展飞机制造业，在彼得堡波罗的海铁路车辆厂设立了航空制造部。23岁的西科斯基受聘成为首席工程师——可以说，他是沙皇首位飞机

制造总工程师。这种待遇，比同期美国的莱特兄弟、洛克希德兄弟、马丁等航空先驱的创业条件要好得多，而波音当时还只是个航空发烧友。

1913 年，西科斯基驾驶自己设计的四引擎双翼飞机飞上蓝天，该机被命名为"俄罗斯勇士"号，沙皇为此授予他圣弗拉基米尔十字勋章。"俄罗斯勇士"号是第一架拥有封闭驾驶舱和客舱的飞机，有一个卧室、一个厕所和一个飞机前部的观察台。1914 年，西科斯基搭载 8 名乘客，在圣彼得堡上空进行了一次长达 2.5 小时的观光飞行。它是第一次世界大战前最大、最有效的客货两用运输机。后来，在此基础上，沙俄又制造了四发重型轰炸机，取名"伊利亚·穆罗梅茨"，第一次世界大战期间共生产 73 架，执行过 400 多次作战任务，投弹 2000 余枚。"伊利亚·穆罗梅茨"是世界上公认的第一型重型轰炸机。

十月革命爆发后，西科斯基由于受过沙皇嘉奖，担心会被苏维埃政府迫害，便于 1919 年移居美国继续他的航空梦。1923 年，他在美国创立了西科斯基航空工程公司。该公司于 1929 年成为波音旗下美国联合技术公司的子公司，改名为西科斯基飞机公司，主要设计生产水上飞机。在 20 世纪 30 年代，公司推出的 S-42 四引擎水陆两用飞机打入美国民用航空市场，成为泛美航空公司飞越大西洋的首选机种。西科斯基一直没有放弃研制直升机的梦想，在创造了多个固定翼飞机辉煌后，他开始继续研究直升机。西科斯基巧妙地解决了单旋翼直升机在空中打转的难题，他发明了尾桨，在机尾装一副垂直旋转的小型旋翼，以此实现扭力平衡。

1939 年，西科斯基亲自操纵 VS-300 直升机升空。在悬停 10 秒钟后，VS-300 平稳降落，并通过倾斜机身，使水平旋翼与水平面形成夹角，部分垂直升力转化为横向飞行的动力，使直升机具备了朝各个方向飞行的能力。这在航空史上是崭新的一章，世界上第一架真正的直升机试飞成功，它具备了现代直升机的基本特点，西科斯基终于实现了儿时的梦想。目前，世界上95%的直升机仍采用这种构型。2015年，洛马公司从联合技术公司（UTC）手中收购了西科斯基公司。

基于西科斯基为世界航空事业做出的巨大贡献，航空史学家们将他誉为"现代直升机之父"。因西科斯基在直升机领域的突出成就，1951年，杜鲁门总统在白宫向他颁发了科利尔奖。1968年，西科斯基又获得美国国家科学奖。1957年，68岁的西科斯基从西科斯基公司退休，在美国康涅狄格州小镇安享晚年，于1972年去世，享年83岁。

由于政治原因，西科斯基的事迹在苏联悄无声息，直到1999年，俄罗斯官方才正式对他进行宣传——在莫斯科举办了纪念西科斯基110周年诞辰航空成就展。

1917年十月革命后，虽然伊戈尔·西科斯基等一批精英离开了苏联，但还是有一大批天才留在了苏联。他们中虽然有不少人遭受了磨难，但最终都找到了用武之地，创造了苏联航空航天业的辉煌。

第五节 苏联航空先驱传承关系

1918年，经茹科夫斯基提议，列宁批准建立俄罗斯国家航空研究中心，命名为"中央空气流体力学研究院"（TsAGI）[①]，是苏联第一个航空研究院，茹科夫斯基担任第一任院长直到他1921年逝世。1920年，苏联政府按照列宁的意见颁布决定，将茹科夫斯基称为"俄罗斯航空之父"，以表彰他为建立苏联航空事业所做出的巨大贡献。

TsAGI一度是世界上规模最大的航空科研机构，其在先进飞机设计理论

---

① 俄文缩写 ЦАГИ，英文缩写 TsAGI。

1963年苏联发行的纪念"空气动力学奠基人"茹科夫斯基的邮票

的研究和应用方面都取得了突破性成果,帮助苏联航空工业迅速提高到与欧美抗衡的水平。1947年,苏联将莫斯科附近的斯达汉诺沃市更名为茹科夫斯基市,从1993年起,每两年一次的莫斯科国际航空航天展览固定在茹科夫斯基市举办。

列宁之后,斯大林更加重视航空工业发展。苏联主要的几个飞机设计局大多成立于斯大林时期。苏联是社会主义国家,但在集体主义和计划经济体制下,仍然鼓励"成名成家",创建了许多以著名学者和设计师名字命名的航空航天院校和研究机构,培养了大批人才,其中包括图波列夫、苏霍伊、米高扬等著名的苏联飞机设计师。俄罗斯对航空航天理论研究和人才培养非常重视,这种传统一直在延续传承。我尝试画了下面的图,方便读者了解俄罗斯航空先驱与其传承者之间的关系。

莫斯科航空学院成立于1930年,主要基础来自莫斯科国立鲍曼技术大学航空机械学院。第二次世界大战期间,时任苏联航空工业委员会副人民委员的雅科夫列夫兼任校长。莫斯科航空学院为苏联和俄罗斯培养了主要的航空航天人才。

第四章 从彼得游学造船到加加林遨游太空

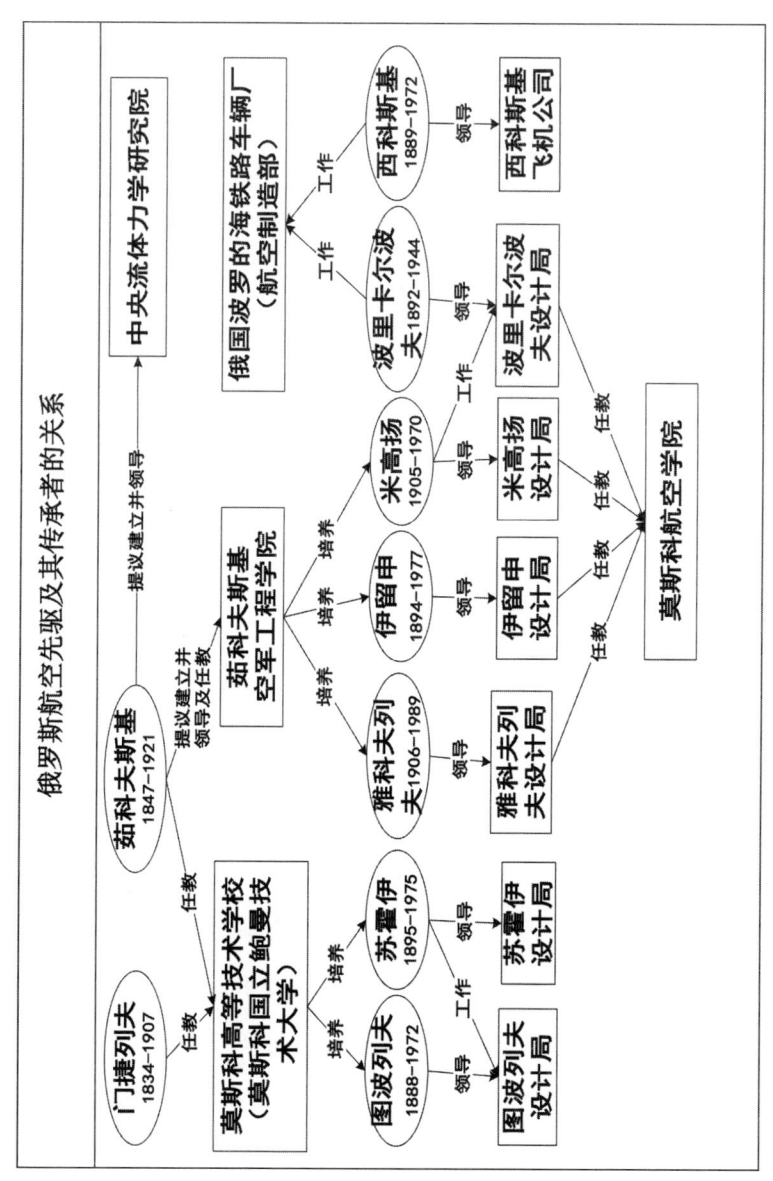

中国载人航天首任总设计师王永志毕业于莫斯科航空学院，深得钱学森信任。中国第一位宇航员杨利伟成功返回地球后，航天人去向病床上的钱老汇报。92岁的钱老问："王永志在吧？"这份挂念令人感动。1993年，莫斯科航空学院为中国航天系统开设了两年期的载人航天培训班。我当时在莫斯科航空学院读研究生，有幸为"人机工程"课做过翻译，还陪同一些国内的考察团到过许多俄罗斯航天研究机构，如研究弹射座椅和宇航员返回座舱的"星城"、生命保障系统"化学机械研究所"等。近几年，我经常能在电视上看到当年在莫斯科航空学院学习的中国航天专家。2020年11月24日，我在海南文昌"嫦娥五号"发射场还"偶遇"了其中的一位，现已经是某系统总指挥。

第六节　苏联著名飞机设计局的起源与传承

一、苏联第一个飞机设计局

安德烈·尼古拉耶维奇·图波列夫（1888—1972）是苏联著名飞机设计师。他擅长设计大型运输机和轰炸机，能将复杂的航空理论与实际的飞机设计相结合，为苏联培养了包括苏霍伊、科罗廖夫在内的大批航空航天人才。他和他领导的设计局对苏联和世界航空工业的发展产生了深远影响。图-95、图-22、图-160轰炸机是目前俄罗斯空军轰炸机的主要力量，它们都出自图波列夫父子之手。年轻时的图波列夫曾在茹科夫斯基任教的莫斯科高等技术学校学习，参加茹科夫斯基领导的浮空飞行小组，用自己制造的风洞做试验，制造滑翔机。1918年，俄罗斯建立中央空气流体力学研究院，他也是领导人之一，协助茹科夫斯基工作，是茹科夫斯基最亲密的同事。图波列夫是苏联金属飞机设计的先驱。1922年，中央流体力学研究院组建金属飞机制造专门委员会，图波列夫担任主席。当时他便预见到，用木材和亚麻布做飞机部件的时代就要过去了。他领导设计的第一种飞机是 AHT-1（AHT 是安德烈·尼古拉耶维奇·图波列夫全名首字母组合），采用木制金属混合机构，1923 年完成首飞。很快，图波列夫又研制出硬铝合金结构飞机 AHT-2，并于 1924 年成功首飞。这是苏联第一架全金属结构飞机。

1925 年，中央空气流体力学研究院建立了第一个设计局——陆上飞机、水上飞机和试验机设计局，即后来的图波列夫设计局，他领导该局长达 50 多年，直到他 1972 年离世。这期间，图波列夫凭借天才的设计能力和组织能力，领导研制了一系列苏联乃至世界著名的轰炸机、歼击机、运输机和客机。他一生研制的飞机型号数量惊人，多达 129 个，其中有 70 多种实现了量产服役！这些飞机型号至今对世界航空业仍有着深远的影响。

20 世纪 30 年代初，图波列夫设计出了著名的五引擎客机 AHT-14"真理"，起飞重量 17.5 吨，机舱内可以容纳 36 名乘客，改装的运输机可以运送 5 吨有效载荷。1931 年 8 月，试飞员米哈伊尔·格罗莫夫试飞成功。

苏联海报"加强航空工业和国防基础"

苏联发行的 AHT-14 纪念邮票

图波列夫还有个传奇故事：他在 1937 年"大清洗"运动中被捕，却说服政府在监狱里设立飞机设计局，聚集了一大批入狱的航空专家，于 1940 年设计出了性能优异的双引擎轰炸机图-2。为此，斯大林指示："这个人不能杀，他将会拯救苏联。"不久后爆发的第二次世界大战验证了斯大林的话——正是图-2 拯救了第二次世界大战期间几乎被德国摧毁的苏联空军。

图波列夫的儿子阿列克谢·尼古拉耶维奇·图波列夫出生于图波列夫设计局成立的 1925 年。1949 年从莫斯科航空学院毕业,他进入图波列夫设计局工作。在父亲去世后,小图波列夫于 1973 年接任设计局总设计师职务,领导设计局直至 2001 年辞世。小图波列夫和父亲一样,都是优秀的飞机设计师,前者先后研发出多种型号飞行器,包括著名的图-154 三发中远程客机、图-22M 超音速战略轰炸机。而超音速大型客机图-144 是他的得意之作——这种两倍音速的客机不论是外形还是性能上都与英法联合研制的"协和"号惊人相似。图-144 于 1968 年 12 月首飞,比"协和"号早三个月飞上蓝天。他还继续完成了父亲生前仍处于研发阶段的图-160 超音速变后掠翼战略轰炸机项目,苏联人骄傲地把图-160 称为世界上最有力量的打击系统。2001 年,小图波列夫去世,享年 76 岁。

图波列夫设计局经历父子两任领导,在近 80 年的发展历程中,研制了 300 多个型号,主要覆盖大型轰炸机、重型运输机及客机等,代表产品包括苏联第一架全金属结构飞机 AHT-2,第二次世界大战苏联功勋轰炸机图-2,苏联第一架喷气式轰炸机图-73,俄罗斯至今还在使用的"大杀器"——超音速

苏联发行的印有图-154 的邮票

图-160 轰炸机"海盗旗"

变后掠翼远程战略轰炸机图-160（绰号"海盗旗"）、苏联第一架喷气式客机图-104、世界第一架超音速客机图-144，以及广泛被华约国家使用的民航客机图-154（中国民航也曾使用）等。

苏联解体后，图波列夫设计局私有化成为股份有限公司，后来与喀山、基辅、塔干诺格、萨玛拉和乌里扬诺夫斯克五家生产厂组成了图波列夫航空科学生产联合体，集飞机设计、试制、生产、销售和售后服务于一体。2006年，俄罗斯大规模整合改造航空企业，成立俄罗斯联合航空制造集团公司（UAC），图波列夫与米格、苏霍伊、伊尔库特、伊留申、雅克夫列夫等均成为俄罗斯联合航空制造集团公司的子公司，继续由国家控制。

我在莫斯科航空学院学习期间，导师曾是乌里扬诺夫斯克飞机厂的总工程师，当时听说图波列夫的孙子也在莫斯科航空学院学习。

二、俄罗斯双头鹰——苏霍伊与米格

在苏联和俄罗斯，米格和苏霍伊是两款一直竞争不相上下的战机。目前，苏霍伊优势明显，而在冷战时期，米格战机则是美国空军飞行员的噩梦。在好莱坞大片《壮志凌云》中，导演杜撰的米格-28，把一位美国精英飞行员吓得退役，而另一位与米格照过面的飞行员成了英雄——由此可见那时米格的实力和声誉。

苏霍伊设计局 帕维尔·奥西波维奇·苏霍伊（1895—1975）出生于白俄罗斯，19 岁中学毕业后考入莫斯科大学物理数学系，是茹科夫斯基和图波列夫的学生。他热爱航空，向往学习航空知识，后转学到茹科夫斯基任教的莫斯科高等技术学校，聆听茹科夫斯基的航空基础理论课，这在很大程度上决定了苏霍伊未来的事业方向。1924 年，苏霍伊在中央流体力学研究院实习当制图员，并在图波列夫的指导下做毕业设计。1925 年，苏霍伊一毕业就到中央空气流体力学研究院担任设计师，留在图波列夫身边工作，并参加了多项重要工作。苏霍伊以其勤奋和善于抓住工程技术实质问题而在同辈人中胜出。

1938年，苏联政府批准组建由苏霍伊名字命名的苏霍伊飞机设计局，苏霍伊的突出特点是敢于采用新技术，设计最新型飞机。但这也成为他的致命伤，导致苏霍伊设计局早年的业绩并不突出，设计的很多机型都未能投产，在与米格设计局和拉沃契金设计局的竞争中处于下风，曾一度被解散。多亏苏霍伊的"师父"图波列夫收留了他们，并帮助他们在1953年重新组建了苏霍伊设计局。

苏霍伊极具想象力，不断探索新事物，创造性地设计出了50种结构独特的飞机。其中，有34种型号完成制造并进行了试飞，为苏联飞机实现超音速、变后掠翼、全天候、载导弹等方面的突破做出了巨大贡献。在与众多飞机设计局的长期竞争中，尤其是在与米格设计局的竞争中，苏霍伊逐渐占据上风，苏-27、苏-35及最新的五代机苏-57，成为当代俄罗斯航空业的代表。

苏霍伊在完成了苏-27总体设计后，于1975年去世，享年80岁。苏霍伊生于白俄罗斯，白俄罗斯于1995年发行邮票，纪念苏霍伊100周年诞辰；2000年，白俄罗斯又发行Су-27纪念邮票。

白俄罗斯发行的纪念苏霍伊100周年诞辰邮票

白俄罗斯发行的Су-27纪念邮票

米高扬-格列维奇与米格设计局 阿尔乔姆·伊万诺维奇·米高扬（1905—1970）出生于亚美尼亚，就读于茹科夫斯基空军工程学院，毕业后被派到波里卡尔波夫设计局当军代表。米高扬在验收飞机、处理技术问题的同时，也在努力设计自己构想的飞机。米哈伊尔·格列维奇（1892—1976）是出生在乌克兰的犹太人，先在法国巴黎航空学院学习数学，曾与达索同学，后到乌克兰哈尔科夫工学院飞机制造系（现名哈尔科夫国立理工大学，建于1885年）学习，进入波里卡尔波夫设计局工作后与米高扬结识。对飞机设计充满奇思妙想是两人的共同特点。很快，他们成了工作上的最佳拍档。

第二次世界大战前夕，1939年12月，苏联政府组建了新的飞机设计局，米高扬任总设计师，格列维奇任副总设计师。苏联的飞机设计局一般以总设计师的名字命名，而米高扬对格列维奇十分敬重，坚持在设计局名称上加上格列维奇的名字，于是有了苏联唯一的以两人名字命名的设计局——米高扬-格列维奇设计局（简称米格设计局），该局所设计的飞机型号也以"米格"开头（俄文简写 МиГ，英文简写 MiG）。

第二次世界大战末期，米高扬意识到喷气式飞机将成为主流；第二次世界大战刚一结束，米格设计局就开始研究从德国缴获的 BMW003 涡轮喷气发动机（苏联仿制编号 RD-20），很快利用该型发动机研制出了苏联第一种喷气式歼击机米格-9，最高速度达到了每小时910千米，开启了苏联飞机的喷气时代，也奠定了米格设计局在苏联战斗机设计机构中的主导地位。

受纳粹德国的福克-沃尔夫公司尚未完成的 Ta-183 喷气战斗机（代号"乌鸦"）的启发，米格设计局于1946年开始设计高亚音速喷气战斗机——米格-15。米格-15 采用了35°后掠翼和高后掠尾翼设计，同时它具有全金属机身，应用了气密式座舱、弹射座椅等诸多最新科技成果，于1947年12月首飞成功。米格-15 及其衍生系列共生产了18 000多架，被包括中国在内的十多个社会主义国家引进或采购，作为主力战机装备部队，成为那个时代亚音速喷气式歼击机的代表。朝鲜战争时，米格-15 首次大规模投入空战，在与美国著名战斗机 F-86 "佩刀"的较量中显示出了优异的飞行和作战性能。苏联飞机制造由此走向世界第一阵列。

亚美尼亚发行的米高扬纪念邮票

俄罗斯发行的米格-29 纪念邮票

之后，米格设计局陆续推出米格-17、米格-19、米格-21、米格-25、米格-29 和米格-31 等诸多著名战机，米格系列与美国 F 系列、法国幻影系列并称当时世界三大明星战斗机。

1970 年米高扬去世后，美苏两大阵营虽值冷战时期，但各国媒体都给予他很高的评价：米高扬是走在时间前面的人，他极具预见性；米高扬是世界上最杰出的飞机设计师；等等。米高扬去世后，格列维奇继续主持米格-25 战斗机的设计工作，于 1976 年病逝。这对最佳拍档领导米格设计局 30 多年，米格飞机多次创造歼击机战技世界纪录，是冷战时期苏联对抗西方的标志性战机。

三、"最抗打"的飞机设计局——伊留申

谢尔盖·弗拉基米罗维奇·伊留申（1894—1977）未受过高等教育，是从维修飞机起步成长起来的苏联飞机设计师，于 1933 年创立伊留申飞机设计局，任总设计师。伊尔-2 攻击机是第二次世界大战时期苏联最著名的攻击机，1938 年设计，1939 年首飞，1941 年服役，起飞重量 6.6 吨，最快飞行速度可

达每小时 414 千米,装备有一门 23 毫米机炮和两挺机枪,能够携带各型弹药,被称为"飞行坦克"。从 1941 年到 1945 年,伊尔-2 及其改型机一共生产了 4 万多架,是第二次世界大战期间生产数量最多的军用飞机。维修飞机出身的伊留申将伊尔-2 打磨得与苏联 T-34 坦克一样,工艺简单、制造工时短、造价低、维护方便,该机在第二次世界大战期间虽不是最先进的飞机,却是最实用、取得战绩最多的飞机,被德军称为"黑死神"。第二次世界大战期间,曾有一架满身弹孔的伊尔-2 飞机成功返回。

第二次世界大战结束后,伊尔设计局于 1963 年成功研制了伊尔-62 四发远程喷气式客机,该机安全可靠,出口了包括中国在内的多个国家,但不经济、不舒适。本人于 1990 年 5 月去苏联留学所乘坐的就是该机,这也是我第一次乘坐飞机。1978 年,伊尔设计局交付使用伊尔-76 运输机,1988 年首飞成功四发远程双通道宽体客机伊尔-96,并于 1993 年投入商业运营,该机曾作为俄罗斯总统普京专机。1977 年,伊留申在莫斯科去世,享年 83 岁。他的儿子是试飞员。

四、"最大"飞机设计局——安东诺夫

奥列格·安东诺夫(1906—1984)是苏联杰出的飞机设计师,主要成就是运输机。安东诺夫的航空生涯从滑翔机开始。1930 年,安东诺夫从列宁格勒(圣彼得堡)工学院毕业后,成了一家滑翔机制造厂的设计师。他设计的轻型滑翔机成为当时的标准滑翔机,创造了很多世界纪录。1946 年,安东诺夫飞机设计局创建,安东诺夫任总设计师。他领导设计了安-8、安-12、安-22、安-26、安-32、安-72、安-124 军用运输机,安-2、安-14、安-28 多用途运输机,安-24 客机等著名飞机。1984 年安东诺夫逝世,享年 78 岁。

安东诺夫设计局最著名飞机当属人类最大飞机安-225,最大起飞重量

640 吨①，机身长 84 米，翼展 88.4 米，货舱长度 43.35 米。2001 年，它曾承载 5 辆主战坦克起飞，创下 253.82 吨的最大有效载荷纪录——该机创造的世界纪录达 120 多项。

搭载"暴风雪"号的安-225

安-225 适合运送超长、超重、超大物体，如 40 多米的风电叶片等。

安-225 产生于美苏太空竞赛时期。为应对美国航天飞机，苏联启动了"暴风雪"航天飞机计划，需要建造可以用来运载重达 105 吨"暴风雪"号航天飞机的大型运输机安-225。苏联政府将任务交给了乌克兰安东诺夫设计局，安东洛夫设计局很快在安-124 的基础上研制出了安-225。安-225 于 1988 年 12 月 21 日试飞成功，1989 年在巴黎国际航展公开亮相。1991 年苏联解体，安-225 与安东诺夫设计局划归乌克兰所有。

2022 年 3 月，安-225 毁于俄乌冲突。20 世纪是人类空天探索大爆炸时期，安-225 与推力 3000 多吨的"土星"5 号和超音速协和客机，是那个时代人类挑战极限的标志，以这种方式谢场实在是悲哀。

五、实力雄厚的航空发动机设计局

苏联在航空工业创建初期，建立了体系完备的航空航天发动机研发制造体系。以中央航空发动机研究院—设计局—专业化工厂为体系，组建了多家以总设计师命名的发动机设计局，分别是：

克里莫夫（1892—1962）和伊索托夫设计局，代表作 RD-33 中推力涡扇喷气式发动机，主要装备米格战机；TV3-117 涡轴发动机，主要装备"米"系列直升机。

---

① 中国目前最大的运输机运-20 的最大起飞重量为 220 吨，最大有效载荷为 66 吨。

留里卡设计局，代表作 AL-31、AL-41 涡扇发动机，主要装备苏霍伊战机。

索维洛耶夫设计局，代表作 D-30 大推力涡轮风扇发动机，主要装备伊尔-76 运输机。

库兹涅佐夫设计局，代表作 NK-321 涡扇发动机，主要装备图-160 战略轰炸机，是世界最大的军用涡扇加力发动机。该局还设计运载火箭发动机。

伊夫琴科"进步"设计局，现在归属乌克兰，代表作为 AL-222 发动机和 D-27 桨扇发动机。

科列索夫设计局，图曼斯基设计局，代表作为 P-29 涡喷发动机。

苏联时期还创建了许多以飞机设计师命名的飞机设计局，如拉沃契金设计局、别里耶夫设计局、米亚西耶夫设计局、米里设计局、卡莫夫设计局、波利卡尔波夫设计局和年轻的雅克夫列夫设计局等。

重视航空航天工业是苏联和俄罗斯领导人的传统，下面让我们看一看斯大林是如何发展航空的。

第七节　斯大林无奈起用新人的"极端创新"

1936—1938 年西班牙内战期间，苏联支援共和派对抗由德国支持的法西斯独裁派。战争初期，苏联飞机取得优势。然而到 1938 年年底，德国研制出了新式飞机"梅塞施米特"和"容克斯"，苏联的波里卡尔波夫歼击机伊-15 和伊-16 及前线轰炸机"斯勃"被德国"梅塞施米特"Bf-109 等歼击机碾压，斯大林非常震惊。斯大林生气地说："这些老设计师没有自我批评精神，他们看不到自己产品上的缺点，就像母亲看自己的独眼孩子也是最漂亮的一样。"

斯大林逮捕了一些航空英雄和专家，比如中央空气流体动力学研究院院长尼古拉·米哈伊洛维奇·哈尔拉莫夫为首的一大批人,其中还包括图波列夫、科罗廖夫等。

迫不得已,斯大林开始大力培养年轻的飞机设计师,直接关心和推动重点项目,甚至逐个听设计师汇报,采用"赛马机制"发现了一批年轻的飞机设计师,专门为他们组建飞机实验设计局。其中,雅科夫列夫表现最为出色。

亚历山大·谢尔盖耶维奇·雅科夫列夫(1906—1989)是苏联著名飞机设计师、苏联科学院院士。1924—1926年,雅科夫列夫在茹科夫斯基空军工程学院飞行支队当机械兵;1927—1931年在茹科夫斯基空军工程学院学习;1932年起历任莫斯科缅任斯基工厂工程师、轻型飞机设计局总设计师;1939年正式创建雅克夫列夫实验设计局。1940—1946年,第二次世界大战期间,33岁的雅科夫列夫被斯大林任命为航空工业人民委员会副人民委员,相当于航空工业部副部长,主管飞机研制和生产。

在雅科夫列夫的自传中,有多处介绍斯大林亲自抓航空工业的情节。1939年年初,斯大林召开了一次大型会议,地点在克里姆林宫椭圆形大厅,到会的都是"大人物"和著名飞机设计师,雅科夫列夫参加了会议。出席会议的人还有:米·莫洛托夫[①]和叶·伏罗希洛夫[②],航空工业人民委员米·卡冈诺维奇,设计师弗·克利莫夫、亚·米库林、阿·什维佐夫、谢·伊留申、尼·波里卡尔波夫、亚·阿尔汉格尔斯基,中央空气流体动力学研究院院长米·舒利任科等。会议由莫洛托夫主持。他按照事先开列的名单点了设计师的名,要每个人都谈谈自己在干什么和今后的打算。设计师们一个接一个地发言汇报,斯大林则在大厅里走来走去,吸着烟斗,不时插话问个问题。不料,莫洛托夫叫到了雅科夫列夫,当时的他还是"小字辈儿"设计

---

① 莫洛托夫,1930—1941年任苏联人民委员会主席,1926—1957年任苏共中央政治局委员。
② 伏罗希洛夫,1934—1940年任苏联国防人民委员。

师，没准备发言。不得已，雅科夫列夫谈了自己在教练机方面的工作情况，同时也对苏联航空工业的问题发表了意见。就这样，雅科夫列夫通过这次会上的意外发言给斯大林留下了深刻印象。之后，斯大林多次召见雅科夫列夫，并与他单独谈话，征询他对航空工业的意见。1940年1月11日，年轻的雅科夫列夫被任命为苏联航空工业分管飞机试制和科研的副人民委员。

另外，第二次世界大战期间，雅科夫列夫还兼任了莫斯科航空学院院长。在莫航的阿拉木图机械厂，不到30岁的卡拉什尼科夫开始了著名的AK-47冲锋枪研制。

1941年6月22日，德国发动了侵略苏联的战争。这时，苏联空军虽然设计出了一些新机，例如伊尔飞机，但现有装备新机少、旧机多，还未来得及全面更新。在新机生产初期，1940年总共生产了64架雅克-1和20架米格-3歼击机；俯冲轰炸机彼-2只生产了两架。经过年轻"雅克"们的努力，1941年上半年，苏联就生产了1946架米格-3、雅克-1和拉格-3歼击机，458架彼-2轰炸机，249架伊-2强击机。

在斯大林格勒（现名伏尔加格勒）保卫战中，苏军强击机航空兵不断歼灭被围的德军，歼击航空兵则夜以继日地破坏德军的空中运输线。不断生产出来的"雅克""伊尔""米格""拉格"和彼-2、波-2等新型飞机将斯大林格勒的天空变成了德国法西斯空军的墓地。这些飞机正是斯大林倚重的年轻飞机设计师的作品，他们真正成了斯大林的青年近卫军。1943年2月2日，被围困的德国保卢斯第六集团军宣布投降。在斯大林格勒战役期间，德军共损失飞机3000多架。

1992年、1993年我曾两次到伏尔加格勒，一次是乘船从伏尔加格勒到阿斯特拉罕暑假旅游，一次是到伏尔加汽车厂请总工程师审阅论文。在伏尔加河边的沙石中，我还可以找到那场战争的炮弹碎片。

1943年7月5日，德军开始进攻库尔斯克弧形地带。德国把全部飞机都调集到此，包括福克·沃尔伏-190歼击机、梅塞施米特-109的最新改型、容克斯-88轰炸机、福克·沃尔伏-189等2000架飞机。但在德军发起进攻的6天中，他们的飞机就被苏联空军击落了1037架。德空军主力被大大削弱，这2000架飞机是希特勒的最后血本。此后，德国不得不将陈旧的意大利马基-200飞机、亨克尔-113歼击机及从西欧战场调来的最早生产的几批老式"梅塞施米特"飞机投入战斗。这时，德军统帅部已经意识到苏联空军今非昔比，命令德国空军不许与苏联歼击机交战，尤其要避免与苏联改进型歼击机交战。

2011年俄罗斯发行的"胜利武器"战斗机系列邮票（见下图），排在左上角的就是第二次世界大战中德国Bf-109战斗机的克星雅克-3，后面依次是拉-5、伊尔-2、别-2。

俄罗斯发行的"胜利武器"战斗机系列邮票

毫无疑问，33岁的雅科夫列夫，作为战时负责科研和试制的副人民委员（副部长），为苏联卫国战争做出了重大贡献，因此被授予上将军衔，而其他设计师如前辈图波列夫等则是中将军衔。

战后，雅科夫列夫回归设计局，继雅克-40之后，于1967年又研制出雅克-36 苏联空军第一种垂直起落飞机，雅克-18T 多用途飞机。1975 年，他又研制出雅克-42 短程喷气式客机。

雅科夫列夫不仅是一个成功的飞机设计师，也是一个成功的作家，他根据自己的亲身经历和生活体会写出了《一个飞机设计师的故事》和《生活的目的》（自传）。这两本书曾影响了苏联几代青年，为营造苏联和俄罗斯深入人心的航空航天文化做出了重要贡献。

俄罗斯雅克-42 纪念邮票

斯大林在无奈之下起用新人"极端创新"，不但取得了战争的胜利，更为苏联航空航天的快速崛起培养了大批年轻人才。据说，1945 年 5 月，希特勒在最后时刻向老将军们咆哮："我应该像斯大林那样，把你们都杀掉！"

所以，无路可退时，放手让年轻人搏一把，真的会出现奇迹。

第八节　苏联航天奠基人——来自乌克兰的科罗廖夫

谢尔盖·帕夫洛维奇·科罗廖夫 1907 年出生于乌克兰日托米尔，领导了苏联与美国进行的太空竞赛，是苏联航天事业的总设计师与组织者、第一枚射程超过 8000 千米的洲际火箭（弹道导弹）的设计者、第一颗人造地球卫星运载火箭的设计者、第一艘载人飞船的总设计师。

1924 年，从小热爱滑翔机的科罗廖夫进入基辅工学院航空动力系学习。1926 年，科罗廖夫转入莫斯科鲍曼高等技术学院（相当于中国的清华大学）空气动力系，成为图波列夫的学生。

1929年，科罗廖夫大学毕业，获得了飞机设计师文凭，进入图波列夫飞机设计局工作。1929年对于科罗廖夫是重要的一年，他在卡卢加市见到了时年72岁的齐奥尔科夫斯基。这位大师讲了关于宇宙飞行的畅想和人生感悟，并送给科罗廖夫许多书籍。科罗廖夫非常激动地说："从现在起，我的目标是飞向星球！"这次会面，使科罗廖夫由研究飞机转向研究火箭。

1930年12月，科罗廖夫在《莫斯科晚报》上读到苏联科学家尼古拉·基里洛维奇·费多连科夫刊登的一则不寻常的广告——邀请所有对航天问题感兴趣的人组织火箭爱好者小组。科罗廖夫立即回信请求参加（德国航天先驱赫尔曼·奥伯特也曾组织过这样的组织，并吸纳冯·布劳恩参加）。1931年7月18日，火箭爱好者成立了反作用运动研究小组，开始了火箭发动机的研究。从时间上看，苏联与德国和美国开展火箭研究的时间差不多。

1933年3月，反作用研究小组成功研制出第一台使用液氧和汽油做燃料的喷气发动机。于是，对飞机一直念念不忘的科罗廖夫产生了用新式液体火箭发动机代替螺旋桨发动机的想法，研究小组便将火箭发动机安装在滑翔机上进行了试验。1933年8月，反作用研究小组发射了一枚重18千克的液体燃料火箭，这是苏联的第一枚液体火箭。1933年10月，苏联国防与劳动委员会成立了世界上第一个火箭科学研究所，任命克列伊梅诺夫为所长，科罗廖夫为副所长，主管科研工作。这一年，科罗廖夫获得了国防委员会颁发的"积极从事国防工作"奖章。1934年，科罗廖夫的第一部著作《大气层中的火箭飞行》出版，他在书中阐述了有关大气层飞行作用的几种设想。

科罗廖夫在研制火箭的同时，也在继续研究火箭飞机。1934年年初，科罗廖夫参加设计了双座张臂式单翼火箭飞机PP-318-1的项目。

1937年12月，火箭飞机进行了第一次地面点火试验，之后又在滑翔机上安装了PDA-1-150型发动机。这一火箭飞机被定名为PP-318-1型，它具备了火箭飞机的全部性能，但并没能试飞成功。天才注定要遭受磨难，拥有传奇人生。1938年，苏联不断扩大的肃反落到科罗廖夫头上，他被判重罪押赴西伯利亚被囚禁在古拉格，从事重体力劳动。在那里，科罗廖夫一直煎熬到1944年。

同时入狱的还有他的老师图波列夫。后来，图波列夫多次向苏共中央提出请求，惊动了斯大林，科罗廖夫才脱离死牢，转到与图波列夫一样的可以开展科学研究的"特种监狱"重新开始研制火箭，身份依然是罪犯，每天工作12小时，警卫森严，不得随意聊天，无行动自由。即使在这种恶劣的条件下，科罗廖夫先后成功地设计出了苏联第一代导弹和中程导弹。1940年，科罗廖夫完善了他在1937年设计的PP-318-1型火箭飞机。火箭飞机在试飞中上升到2900米的高空，并完成了自由飞行。科罗廖夫在狱中完成了儿时梦想，但时间晚于德国He-176火箭飞机一年。

1945年第二次世界大战结束后，38岁的科罗廖夫终于离开了监狱并被恢复了名誉，出任苏联弹道式导弹的总设计师。1947年10月18日，在科罗廖夫的主持下，苏联成功发射了第一枚弹道火箭样机。为此，斯大林专门接见了科罗廖夫——而10年前，科罗廖夫还是斯大林的死刑犯。

从1947年开始，苏联航天事业在科罗廖夫的领导下，接连取得了一系列人类首创的航天成果。1955年6月25日，科罗廖夫提出了发射人造地球卫星的想法。1957年10月4日，科罗廖夫大胆采用捆绑式运载火箭成功发射了人类第一颗人造地球卫星，成为人类进入航天时代的重要标志。

该事件被美国称为"斯普特尼克时刻"（斯普特尼克是俄语卫星的发音），导致道琼斯工业平均指数三周跌幅近10%。美国媒体大加渲染这一事件，令美国民众恐慌。

白宫很快认识到问题的严重性，美国国防部放下架子请出被"冷藏"的德国"战俘"冯·布劳恩主持运载火箭研制。84 天后，1958 年 1 月 31 日，冯·布劳恩用他设计的丘比特-C 型火箭将美国第一颗人造卫星"探险者"1 号送入太空。之后，道琼斯指数节节攀升。到 1958 年 5 月，道指恢复到 1957 年 10 月 4 日之前的水平。

美国媒体对"斯普特尼克时刻"的报道

1961 年 4 月 12 日，尤里·加加林乘坐科罗廖夫设计的"东方"1 号飞船首先进入太空，成为第一位进入太空的人类，科罗廖夫的航天生涯达到顶峰。之后，科罗廖夫又筹划启动了载人空间站、载人长期太空飞行、载多人飞行、多艘飞船轨道会合和编队飞行、太空行走和航天器的轨道对接技术等多项航天计划。

天妒英才，1966 年 1 月 14 日，科罗廖夫不幸病逝，年仅 59 岁。他耗尽毕生精力兑现了对航天先驱齐奥尔科夫斯基的承诺。科罗廖夫去世时，苏联在太空竞赛中领先于美国。1982 年，苏联邮政发行了纪念科罗廖夫的邮票。1991 年，苏联在解体前发行了人类进入太空 30 年纪念邮票，邮票上的宇航

苏联纪念科罗廖夫的邮票

苏联纪念加加林的邮票

员是加加林。

科罗廖夫去世后的第三年，美国终于在太空竞赛中超过苏联，标志性事件是：1969 年 7 月 20 日，由美国宇航局（NASA）牵头组织，冯·布劳恩设计，波音等公司制造的"阿波罗"11 号载着阿姆斯特朗实现了人类登月。

苏联解体后，白俄罗斯为苏霍伊发行过纪念邮票，亚美尼亚为米高扬发行过纪念邮票。但遗憾的是，俄罗斯与乌克兰都没有为科罗廖夫发行过纪念邮票。

第九节　从设计局到股份公司的改革

苏联解体后，俄罗斯强大的航空航天工业一度四分五裂，许多机构被私有化。2000 年，普京掌权后开始收拾"烂摊子"：抓住 2008 年金融危机时机，重新将几个私有化的重要航空发动机公司变成国家控股；在航天发射连续几次失利的情况下，派副总理级官员组建俄罗斯航天国家集团；在法国毁约"西北风"战舰合同之际，重整国家联合造船集团；清理装备部门腐败，调整装备部门人事，改革军品价格体系；等等。

普京在 2000—2008 年总统任期，成立了俄罗斯技术国家公司。该国家公司所属 15 家控股公司，70 家直接管理机构。

经过十多年一系列复杂的调整准备，俄罗斯总统普京于 2018 年 10 月签署法令，将政府持有的俄罗斯联合飞机制造公司（UAC）92.31% 的股份转让给俄罗斯技术国家公司。

从 2003 年开始，俄罗斯就一直在研究调整航空工业结构，并为此成立了航空工业企业整合委员会，决定对航空工业进行专业化重组，组建大型企业集团，并计划在以俄罗斯占主导的基础上与独联体各国企业实现一体化，也曾经考虑过乌克兰的企业。2005 年以来，俄罗斯政府相继出台了《2015 年前俄罗斯航空工业发展战略》和《2002—2010 年及 2015 年前民用航空技术装备发展联邦专项规划》。《2015 年前俄罗斯航空工业发展战略》明确提出要吸引国家和私人资本投资俄罗斯航空工业，组建适应市场的高效率企业，主要有以下几家公司[①]：

联合飞机制造集团公司，包括图波列夫股份公司、苏霍伊航空控股公司、伊尔库特科学生产集团、米格飞机制造公司、伊留申航空综合体、喀山航空生产联合公司、共青城阿穆尔航空生产联合企业、下诺夫哥罗德"雄鹰"航空制造厂、新西伯利亚契卡洛夫航空生产联合企业、俄航技、伊留申航空租赁集团等。同时，为了吸引外资和私人资本投资航空工业，俄罗斯政府将联合飞机制造集团国有股比降低到75%，剩余25%的股份可由私人和境外投资者持有，并将苏霍伊航空生产联合企业、米格飞机制造公司等企业从"俄罗斯禁止私有化的战略企业清单"中取消。在当时工业能源部的有关文件中，还提及联合飞机制造集团公司未来可能会到境内外资本市场进行首次公开募股（IPO）的设想。目前，联合飞机制造集团公司已经IPO上市。

国防工业股份公司组建于2002年，股东是俄罗斯政府（51.01%）、俄罗斯国防出口公司（31.13%）、鞑靼斯坦共和国（15.07%）和罗斯托夫直升机公司（2.79%）。该公司现已并入俄罗斯技术国家公司。国防工业股份公司是跨行业的工业投资公司，包括俄罗斯直升机公司（含卡莫夫设计局、米里设计局等直升机设计和制造企业）、联合航空发动机制造集团（ODK）、防御系统控股公司、国防工业租赁公司等。

四家航空发动机集团，其中第一家集团是以土星公司为基础组建的联合航空发动机制造集团，含雷宾斯克、彼尔姆和乌法发动机制造中心；第二家集团以莫斯科礼炮燃气轮机生产公司（萨留特）为中心组建，含鄂姆斯克发

---

① 由于俄航空工业体制不断在调整，公司结构还可能有新变化。

动机制造厂和四家股份公司；第三家集团以圣彼得堡的克里莫夫公司为核心组建，含莫斯科切尔尼雪夫发动机制造厂和米格公司的资产；第四家集团以萨马拉库斯涅佐夫科学技术集团为基础组建。

航空电子和机载设备的设计和生产企业也按专业整合成2—3家企业集团，以满足本国和国际市场上的飞机、直升机的配套和机载设备需求。

航空武器方面组建战术导弹武器集团，将航空武器系统的设计和制造能力整合在该集团旗下。

此外，俄政府还启动了一系列重大项目支持航空工业发展。一是增加军品订货以支持第五代战斗机的研发，发展新一代轰炸机等。二是支持苏霍伊民用飞机公司实施"俄罗斯超级支线飞机"（S-100）项目（2012年上半年，这个项目遭遇了飞机失事的打击）；支持雅克公司开发MS-21型近中程干线飞机，和空客公司A320型飞机及波音公司波音737NG竞争，但MS-21进展缓慢。

俄罗斯战略技术分析中心研究员皮亚图什金认为，对俄罗斯来说，在航空航天及其他一些国防科技领域，欧盟是仅次于印度最为理想的合作伙伴。因此，俄罗斯希望能同欧盟更进一步密切在航空航天以及国防科技等领域中的合作。他说："如果将潜在的合作伙伴印度和欧盟进行比较的话，我认为，同欧盟合作还能给俄罗斯增添一个很大的好处。同印度合作，俄罗斯的军工行业仅仅是一个高科技的提供者；但是同欧盟合作，俄罗斯却可以成为高科技的获得者——首先是获得管理技术及生产组织技术等。"他还表示，俄罗斯同欧盟可以共同合作开发一些民用航空项目，俄罗斯也可以参与欧盟的一些国防和航天项目。

欧洲空客公司、波音公司与俄罗斯有不少合作。波音公司在莫斯科的设计中心聘用了1350名俄罗斯工程师，他们在波音新型飞机波音787客机的设计中承担了三分之一以上的工作量。波音还同俄罗斯钛业集团成立了钛加工合资企业。

空客集团早就在俄罗斯布了局，也参股了俄罗斯联合飞机制造集团公司等。早在2001年7月，空客集团的前身欧洲宇航防务集团就和俄罗斯航空航天局签署了合作协议，时任俄罗斯航空航天局董事长尤里·科普托夫说："这项长期的合作将在俄罗斯航空工业企业中创造数以千计高质量的工作岗位，头10年内的收入将达到21亿欧元。"欧洲宇航防务集团和俄罗斯潜在合作伙伴直接谈判的道路从此打开，投资过程也相应展开。合作领域包括军民用运输机、直升机、战斗机和空间技术等，增长的空间是非常广阔的。俄罗斯航空工业将不仅能从已参与的成功项目（如A320系列飞机等）中获益，还将加入陆续开始的项目（客机如A380、伽利略卫星导航系统和军用运输机A400M等）中。

空客集团当时还计划在俄罗斯成立工程中心，雇用了150名俄罗斯工程师。俄罗斯工厂会批准作为空客的供应商，工程师会参与共同设计和制造一系列派生构件，俄罗斯的研究院会进行空气动力、计算、风洞试验、金属评估、专用工具和机械、声学和新的仿真模型的研究；欧洲宇航防务集团还会提供专业培训；战斗机方面，米格-29升级的合作工作会继续进行；欧洲宇航防务集团子公司欧洲直升机公司会开始重型直升机米-38的市场调查，并会合作开发新的原型机。这些项目会在欧洲宇航防务集团同俄罗斯的工业伙伴签订合同后立即实施。当时，欧洲宇航防务集团的首席执行官菲利普·加缪解释说："俄罗斯工程师的工作强度将是很大的。例如，民用航空方面预计的生产流程是，每周生产一个A320机翼，每月制造一架A330或A340的机身和每年出产150架A320机身。如果计划进行顺利，这些数字还可能增加。"

2004年12月，欧洲宇航防务集团购得伊尔库特公司10%的股权，该公司是俄罗斯航空制造业中的佼佼者，其研制的Be-200水陆两栖飞机在国际市场极具竞争力。对俄罗斯而言，让欧洲航空业霸主参股新成立的公司，不仅能为俄罗斯带来西方的先进科技，还能打开西方市场的大门。另外，欧洲宇航防务集团也可以获得更多廉价而优秀的俄罗斯工程师。

俄罗斯在超级喷气 SSJ-100 支线飞机的研制过程中，引入了国际通行的风险合作机制，航电系统和发动机均来自欧洲的设备厂商，其 SAM146 发动机是俄罗斯"留里卡-土星"科研生产联合体和法国赛峰集团合作研制的产品。苏霍伊公司还与阿莱尼亚公司成立了 50%：50% 的合资企业，专门负责 SSJ-100 飞机的销售和售后服务。在 MS-21 飞机项目上，雅克公司也在积极吸引外国航空企业参与。

为了给俄罗斯航空工业吸引外资创造条件，2006 年年底，俄罗斯国家杜马修改了《国家调控航空法》，允许外国资本可拥有俄罗斯航空企业高于 25% 的股份。此前，俄罗斯限制外国公司最多只能拥有本国航空企业 25% 的股份，由于这一限制，曾导致欧洲直升机公司和米里设计局合资研制米-38 重型运输直升机的计划流产。

为了获得国际市场份额，俄罗斯允许主机制造单位将独联体国家生产的航空发动机换装成欧美生产的发动机，提供给国外客户，如将外销型的图-204 飞机选装英国罗罗公司的发动机、直升机选装法国透博梅卡公司的发动机等。

关于资本化改革。普京初衷是想在整顿后，将这些航空航天军工机构继续市场化，进而实施资本化改革。因此，在俄罗斯技术国家公司和俄罗斯航天国家公司的体制下，俄罗斯将之前的许多总设计师实验设计局（ОКБ）多数变为了开放式股份公司（ОАО），有的还实现了 IPO 公开上市，变成了公开的股份公司（ПАО）。但是真正能够 IPO 的军工企业不多。同俄罗斯的其他企业热衷在伦敦证交所上市一样，俄罗斯许多航空航天企业也做过尝试。俄罗斯直升机公司在 2011 年曾计划在伦敦和莫斯科证券交易所上市募资 5 亿美元，最终没有成功。虽然公开上市 IPO 公司不多，但是经过 20 世纪

90 年代大规模私有化洗礼的俄罗斯军工专业化企业大多数是开放式或封闭式股份公司,可以在俄罗斯交易系统 RTS[①] Board 进行柜台交易。

按 2016 年财务数据,在美国《防务新闻》排行榜中,有 6 家俄罗斯企业(见下表),主要集中在航空航天电子防务武器领域。这 6 家军工巨头中只有联合飞机制造公司在莫斯科证券交易所上市,股票代码 UNAC,是苏霍伊公司、伊尔库特公司等航空防务公司的母公司,其子公司伊尔库特公司也是上市公司。

美国《防务新闻》军工百强俄罗斯入榜企业情况表

排名	公司	主营业务	总收入(百万美元)	防务占比(%)
11	金刚石-安泰公司	航天:防空导弹	7412.9	100
14	联合飞机制造公司	航空:军机	7046.05	80
32	战术导弹公司	航天:导弹	2920.32	98
45	乌拉尔车辆厂	坦克、装甲车	2235.87	71
50	无线电电子技术公司	军用电子	2090.53	65
86	雷达技术联合公司	雷达	753.55	75

这 6 家入榜企业不能代表俄罗斯军工,因为著名的联合造船公司、俄罗斯直升机公司、联合发动机公司都不在其中。而在瑞典 SIPRI 排行榜中,入榜的俄罗斯军工企业则比美国《防务新闻》排行榜多出 8 家俄罗斯军工企业。两个排行榜之所以有着不小的差别,主要缘于俄罗斯军工企业公开的上市公司少,这些研究机构获取信息难。例如,联合造船公司在瑞典 SIPRI 排名 19 位,防务收入 40 亿美元;俄罗斯直升机公司排名 29 位,防务收入 29 亿美元。此外,俄罗斯技术集团所属的几家仪器仪表公司也被列入瑞典 SIPRI 排名。

---

① 1995 年 9 月 1 日,RTS(Russian Trading System)正式成立,并分为多个交易板块:RTS 主板市场(Classic Market);RTS T+0 市场;衍生金融产品交易市场(FORTS);柜台交易市场(RTS Board)。RTS 有股票、债券和基金,这些证券都不在主板市场和 T+0 市场交易。

2015年8月，我在参加莫斯科航展期间同俄罗斯联合发动机公司总经理会谈时了解到，他们也有发行股票上市计划。俄罗斯直升机公司多年前就想上市，甚至考虑过在伦敦或香港上市，还邀请中国航空工业集团公司做战略投资者，中方还为此去俄直做过尽职调查。此外，俄罗斯无线电电子技术公司也曾有发行股票公开上市的打算。

俄罗斯一些精英一直渴求与西方开放合作，但是西方一直保持警觉而不迈出实质步伐。例如，俄罗斯曾在公开市场买过空客公司的大笔股票，希望进入董事会，但被拒绝。2022年以后，俄罗斯海空天军工企业的发展环境将更加困难。

第十节 "副总理"级的国家航天集团公司

在2012年8月31日的俄罗斯联邦安全会议扩大会议上，普京表示，俄罗斯军工行业需要"跃进"式发展，并为此提出了一系列整顿本国军工业的要求，包括更新技术、调整经济机制和推动国有与私营合作等。普京再次强调，军工行业应该成为拉动其他行业发展的"火车头"，该行业的现代化是发展整个国民经济的重要储备。普京认为，军工行业改革的首要任务是更新生产基础和实现技术现代化。他承认，俄军工业在最近30年中因为拨款不足等各种原因错过了几个现代化周期，这些失去的东西必须弥补回来。他还说，必须打破军工由国家垄断的传统思维，简化私人资本建立新军工企业和参与军工生产的程序，吸引民企完成该领域的国家订货。为此，俄罗斯政府还专门在克里姆林宫向几家研制出新型雷达站的民营企业颁发了国家奖。[①]

这次会议上，普京要求负责军工的副总理德米特里·罗戈津和航天局局

---

① 贺颖骏：《普京着手整顿俄罗斯军工业》，新华网莫斯科2012年8月31日电。

长拟定一份重构国家航天工业的建议。因为在从2011年3月起的18个月里，俄罗斯7次航天发射遭到失败，损失7颗卫星。普京认为问题出在航天工业的结构上。由于航天领域事故频发，普京加快了航天领域的重组，决定组建俄罗斯航天国家集团公司，任命副总理罗戈津担任集团公司总裁，总经理是原俄罗斯联合火箭航天公司总经理伊戈尔·科马罗夫，科马罗夫曾是俄罗斯最大汽车制造商伏尔加汽车公司的总经理。

2018年5月24日，罗戈津在转岗与普京会面时表示，"将会竭尽所能，不负厚望"。从副总理转岗航天集团总裁，罗戈津干得非常卖力。罗戈津可不是个普通的副总理，他是被西方称为"恶言在口，大棒在手"，像西奥多·罗斯福式的"狠角色"。在2019年俄罗斯媒体搞的"谁会成为普京接班人？"的民调中，排第一位的居然是罗戈津，其后是国防部部长和外交部部长。新的航天集团组建以来，俄罗斯的航天防务领域出现了积极变化，高超音速导弹很快被研制出来。

俄罗斯航天国家集团公司由俄罗斯联邦航天局与联合火箭航天公司合并组建。公司拥有原联邦航天局职权，同时拥有联合火箭航天公司及其下属企业，联合火箭航天公司几乎囊括了俄罗斯航天领域内的所有企业、设计局与科研单位。其中，科罗廖夫能源火箭航天集团公司是俄罗斯航天国家集团公司下属公司之一，负责载人航天任务，前身是科罗廖夫第一实验设计局ОКБ，现在是开放式公司。所谓开放式公司，在俄罗斯就是吸纳投资人不受限制；还有一种是封闭式公司，即股份转让或者增资只能在原有股东内部进行。

联合火箭航天公司的主要成员有：赫鲁尼切夫国家研究生产太空中心、科罗廖夫能源火箭航天集团、马克耶夫国家火箭中心、俄罗斯进步国家太空研究与生产中心、拉沃契金设计局、伏龙芝兵工设计局、"火炬"试验设计局、

NPK SPP 精密仪器公司、俄罗斯航天系统公司、列舍特涅夫信息卫星系统公司、俄罗斯动力机械科研生产联合体、皮留金科研生产联合体、全俄航天材料研究院、俄罗斯机电科学研究所、"兵工"机械制造工厂。

俄罗斯航天国家集团公司实际上借鉴的是 20 世纪 90 年代的中国航天工业总公司"政企合一"模式，所属公司虽然称开放式合资公司或者是股份公司，而且俄罗斯政府也希望引入私人资本；但是绝大多数还是国家绝对控股，真正的股份制公司并不多，不如航空领域股份制改革进展快。

2019 年 8 月，俄罗斯航天国家集团公司宣布了载人登月计划，也将采取招标方式，与美国 NASA 的招标竞争方式相似——因为在俄罗斯，多家机构都有登月能力，但关键是经费。

第十一节 犹豫不决的改革

普京在 2012 年 2 月竞选总统期间，再次声明赞同私有化，强调市场化，并表示应加速推进私有化进程。

一、俄罗斯私有化现状

2012 年 6 月 7 日，俄罗斯总理梅德韦杰夫主持召开政府会议，对大型国有企业私有化计划做出新的调整。按计划，在其后 4 年内，俄罗斯大型国有企业的私有化规模将有所扩大，步伐也将进一步加快。根据当时政府最新的私有化方案，俄罗斯继续减持在部分国有军工企业中的股份，将在俄联合造船集团、联合飞机制造集团公司和乌拉尔机车制造厂的持股比例，由原计划的 75% 加 1 股降至 50% 加 1 股。在此方案中，俄罗斯石油公司也被列入完全私有化的行列。时任俄罗斯经济发展部部长别洛乌索夫表示，某些企业被列入国家战略性企业之列,并不意味着这些企业不可以私有化,从原则上讲,不可以私有化的企业是不存在的。据俄罗斯经济发展部统计,2011年的国有资产私有化进程为国库增收1210亿卢布;2012年的私有化预计可达3000亿卢布的财政预算收入。

由于有上一轮私有化造成国有资产大量流失的惨痛教训,再加上2010年以来国际资本市场不景气,俄罗斯国内围绕大型国有企业私有化问题的争论依然存在。总体来看,2012年的国有企业私有化计划仍坚持稳步推进的原则。梅德韦杰夫表示,在做出各项私有化决议之前应深思熟虑,这是基于对资本市场具体情况和可能的风险进行充分评估的战略考虑。

2012年10月,俄罗斯经济发展部部长别洛乌索夫在俄罗斯政府工作会议上说,政府计划2013年至少将8家大型国企实施私有化,进一步加快私有化步伐。在2013年将完成出售现代商船股份公司等至少8家大型国企和银行的部分股权,其中包括出售俄罗斯石油公司6%以下股权。俄罗斯政府因此将从中获得2600亿—2700亿卢布的收入(约合84亿—87亿美元)。总理梅德韦杰夫在会议上说,国企私有化是政府工作的重要方向,相关国企股权出售应该按照制订的计划执行。他说,俄罗斯政府2012年将从国企私有化中获得超过2000亿卢布(约合65亿美元)收入,比2011年增加近一倍,2013年的私有化进程不应放缓。①

俄罗斯一直以来对私有化产权改革抱有幻想,以为只要私有化了就能进入市场经济。苏联解体后,俄罗斯、乌克兰及东欧国家迷信西方绝对的民主制度和自由市场经济,认为私有化就是把国有企业完全卖给私人,这样就可以建立起西方式的资本主义制度。于是在私有化之初,俄罗斯匆匆忙忙卖了一部分军工企业。俄罗斯国有企业私有化和英法等国国有企业私有化的区别

---

① 刘恺:《俄罗斯计划加快大型国企私有化步伐》,新华网莫斯科2012年10月25日电。

在于，英法企业"规范"引进战略投资者私有化后，很快借助其发达的资本市场上市成为公众公司（例如英国的奎奈蒂克公司）；而俄罗斯企业由于私有化过程"灰色"问题多，若要上市进入公开资本市场首先必须解决或说明这些问题，而这又不是短期能解决得了的。即使这些问题得到解决，由于俄罗斯资本市场不发达，大型企业只能求助于国际资本市场，虽然最终能达到目的，但是耗时很长，丧失了许多发展机遇。这也是目前俄罗斯航空航天军工企业公开上市公司少的原因。

二、普京到底赞成国有化还是私有化

普京并没有因把航空发动机收归国家控股而排斥民间企业参与军工，不能把普京对航空航天业的改革简单地理解为：把叶利钦时期私有化的军工企业重新收归国有，走回头路。

第一，普京的本意不是全部国有化，他还保留了一些民营军工企业，而收归国有的军工企业只是国家持大部分股权。不但这样，普京还要求这些军工企业今后要公开上市，只要国家股份占50%加1股即可，有的还设置了"金股"。

第二，形势所迫，想走回苏联军工纯计划、纯国有的老路也不行，简单的行政命令已经不起作用。在控股航空发动机土星科研生产联合公司这个事件上，普京已经领教了资本和民主的"麻烦"，最后还是要靠金钱摆平，而且是巨额的资金，花了大代价。

第三，目前，在俄罗斯，在国有化还是私有化这个问题上还有不同认识，具体操作起来很难，这也是俄罗斯军工企业走向国际资本市场缓慢的原因。

普京虽然按照自己的意图实现了对俄罗斯军工主要企业的控制，发动机、直升机等几大军工联合体巨型公司已经划归俄罗斯技术国家公司,但重组整合能否发生化学反应还需时日。

三、俄罗斯海空天军工新体制

现在的俄罗斯军工体制与苏联时期相比虽然有了很大的灵活性,但仍然是一层套一层的"俄罗斯套娃"体系:总统—国家技术公司/国家航天公司—联合飞机公司/科罗廖夫能源火箭公司—控股公司……

俄罗斯的问题经常要靠"一把手"出面才能解决。而大小"套娃"们又不省心,经常闹矛盾,总统普京只有"上天入海"一站一站地跑去发号施令、协调解决。纵观从俄罗斯私有化开始时的一个个经济政策,听起来都不错,最终的结果却不如意。没办法,普京只能先顾最重要的国家航天集团,派曾分管军工的副总理全职担任航天集团总裁。

俄罗斯套娃

这种体制也不利于进行国际合作,只要一个环节有疑义,项目就进展不下去。因此,无论是与欧洲的合作,还是与美国马斯克的合作,甚至与中国的一些合作,这些项目进展效率都不太高。有的项目甚至不了了之,例如,美国的马斯克曾想与俄罗斯合作发射卫星,但由于价格问题而没有谈拢;如果俄罗斯人换个思路,美国未必会有现在的马斯克。

如今的俄罗斯依然是海空天大国,是国际空间站的主要技术和设备的提供者。但是,2022年俄乌冲突,俄罗斯空军表现不佳,海军表现更糟糕——"莫斯科"号导弹巡洋舰沉没黑海。随后一则假新闻出现:俄罗斯安全委员会副主席梅德韦杰夫称，由于美国 SpaceX 公司的"星链"卫星可能参与了袭击"莫斯科"号，俄空天军计划摧毁这些卫星。对于这则新闻，梅德韦杰夫对出主意者表示感谢，并说："现在这么做还为时过早，但既然有这样的请求，我们会研究它。"

海空天文明与力量到底该如何展现，俄乌冲突给每个海空天大国提出了新课题。

1990—1994 年，我在莫斯科航空学院学习，公派留学的生活丰富多彩。在莫斯科开往布达佩斯的列车上，在基辅上车的乌克兰大叔与我分享了他的农产品，我们聊了一路。在塔什干开往莫斯科的三天列车上，一位立陶宛人教会了我下国际象棋，下车时还给我留了家庭地址，现在我还保留着。第一个暑假我就幸运地参加了苏联共青团中央组织的国际留学生白俄罗斯夏令营，白天参观博物馆和工厂农庄，晚上参加舞会音乐会。一个月的时间很快过去，最后在与波兰接壤的布列斯特第二次世界大战现场实景博物馆里，十几个国家的留学生一起合照留影，祈祷世界和平。

2022 年，俄罗斯和白俄罗斯与乌克兰、立陶宛陷入了激烈冲突之中，我真为曾一起喝伏特加的朋友们担心，祝愿他们平安。

第五章

从『五月花』号登陆到『阿波罗』号登月

▼

"比畜生高，比天使低。"① 英国社会曾将"殖民地居民"视为"介于英国人和纯粹外国人之间"的"低级血统人种"。美国历史学家詹姆斯·特拉斯洛·亚当斯在其《重铸大英帝国》一书中为此列举了不少事例。

然而，就是这些"低级血统的反叛者"，从一艘三桅盖伦帆船移民美洲大陆开始，冒着英国人的炮火，最终取代了大英帝国。2022年7月4日，美国独立日当天，英国驻美国使馆官方推特账号分享了一张纪念美国独立日的歌单图片，歌曲名为《宝贝回来吧》（Baby Come Back），其中一句歌词是"宝贝回来吧，我错了，我就是不能没有你"。美国《国会山报》称，英国大使馆此举是在"厚颜无耻地向与美国的前殖民关系致敬"。

从18世纪70年代脱离英国统治，到20世纪70年代赢得对苏联的太空竞赛，200年间，美国随着其海空天力量的不断增强而崛起。有四件里程碑事件可以代表美国海空天发展的历史："五月花"号帆船登陆美洲、富尔顿发明蒸汽明轮船、莱特兄弟发明飞机、阿姆斯特朗在月球迈出人类第一步。

第一节 "五月花"号登陆

16世纪，英国天主教会在国王亨利八世的带领下脱离罗马教廷，最终由

---

① [美]詹姆斯·特拉斯洛·亚当斯：《重铸大英帝国》，覃辉银译，广西师范大学出版社，2018年，第44页。詹姆斯·特拉斯洛·亚当斯（1878—1949），美国历史学家，普利策奖获得者。

伊丽莎白一世完成改革，确定了英国国教的主导地位。英国国教中又分有不同的教派，其中信奉激进加尔文教的教徒被称为清教徒，他们只承认《圣经》是唯一权威，强调所有信徒在上帝面前一律平等，既不服从教廷，也不听命于王权，提倡勤俭清洁的生活。由于持有激进的主张，清教徒在英国受到王室和教会的双重迫害，逮捕、酷刑、宗教审判，极其残酷，一批人被迫躲到荷兰避难。从1607年开始，一些英国商人在北美新大陆弗吉尼亚建立了殖民地，一些清教徒与弗吉尼亚殖民公司签订了殖民地开发协议，决定自己建立新家园。

1620年11月21日，一艘名为"五月花"号（Mayflower）的帆船，在大西洋一个盛产鳕鱼的海角，也就是今天的马萨诸塞州科德角靠岸。"五月花"号是三桅盖伦帆船，排水量180吨，来自英国普利茅斯港，船上有102人，其中35人是清教徒。按照与弗吉尼亚殖民公司签订的协议，"五月花"号原本要去哈德逊河以南的弗吉尼亚地区，但因在大西洋上航行了两个月，多次遭遇风暴导致船只受损，加之饮食短缺和船员乘客生病，船长决定结束航行就近登陆。

由于登陆地点不在与殖民公司协议范围之内，为了能在这片荒芜之地生存下去，以清教徒为主导，船上41名成年男子签署了一份名为《"五月花"号公约》的契约。上岸后的新移民将落脚点命名为"普利茅斯"，因为"五月花"号是从英国普利茅斯港起程。他们选了一名清教徒担任新殖民地的总督。

《"五月花"号公约》主要内容："为了上帝的荣耀，为了增加基督教的信仰，为了提高我们国王和国家的荣耀，我们漂洋过海，在弗吉尼亚北部开发第一个殖民地。我们这些签署人在上帝面前共同庄严立誓签约，自愿结为民众自治团体。为了使上述目的能得到更好的实施、维护和发展，将来不时依此而制定颁布，被认为是对这殖民地全体人民都最合适、最方便的法律、法规、条令、宪章和公职，我们都保证遵守和服从。"公约为后来的北美大陆多个自治团体提供了公约蓝本，其民众自治、契约精神、依法管理等核心理念对美国《独立宣言》和宪法都产生了重要影响。

"英国人对独立后的美国人极其仇视。在较早时期，英美两国人民只是通过偏见和仇恨的记忆了解对方。"美国历史学家詹姆斯·特拉斯洛·亚当斯在其《重铸大英帝国》一书中如此描述。脱离英国统治后，美国想远离欧洲的纷争，但在贸易和经济方面又离不开欧洲，在与欧洲人打交道中备受歧视。美国不断受到英国等海上强国的欺凌，英国军舰随意搜查美国商船，强征美国公民当英国船员，还截断美国与英属西印度群岛之间的贸易等。1796年，华盛顿总统在任期届满的"告别词"中说："我们处理外国事务和其发展商务关系时，要尽量避免涉及政治……我们为什么要把命运同欧洲的某一部分交织在一起，以致把我们的和平与繁荣陷入欧洲的野心、竞争、利益关系、古怪念头，或反复无常的罗网之中呢？"这些话在今天听来，别有另一番感觉。

"五月花"号帆船

"烈火熊熊，炮声隆隆，黑暗过后，要塞之上，星条旗依然飘扬。"美国国歌歌词产生于英军舰炮之下。1814年9月，英军在火烧华盛顿总统府后向巴尔的摩进军，美国民兵依靠麦克亨利堡要塞进行抵抗。身处英军军舰负责谈判释放俘虏一事的美国律师弗朗西斯·斯科特目睹了激战场面。第二天清晨，当他看到星条旗依然飘扬在要塞之上时，动情地写下了《保卫麦克亨利堡》，后来更名为《星条旗》，并成为美国国歌。1817年，美国重修总统府，为掩盖英军焚烧痕迹，特别将灰墙刷成白漆，美国"白宫"由此而来。1812—1815年的这场英美战争，被美国称为第二次独立战争并不准确，因为这次战争美国有侵略加拿大之意图。战争的结果是，英军意识到很难再统治美国，美国也打消了向加拿大扩展的意图。最后，美国和加拿大的边界稳定在了五大湖区。

随着美国扩张的加快，从前支持过美国独立的法国、西班牙也取消了一些优惠合作政策；还因墨西哥、加拿大领土等问题纠纷不断，美国与法国和西班牙之间也都发生了海战。在依靠民间商船和私掠船与英、法、西等国打打停停的100多年中，美国秉持"孤立主义"外交策略，通过鼓励创新和市场自由政策埋头发展自身实力，经济总量在19世纪末超过英国。

美国人富尔顿在19世纪初发明了蒸汽船，但直到19世纪末，美国的海上力量依然不如英国和法国。美国莱特兄弟在1903年率先发明了飞机，但直到第二次世界大战开始的1939年，航空科学技术的中心依然在欧洲，航天探索的多个"第一"则是由苏联人在20世纪五六十年代创造的。然而到了20世纪70年代，美国海空天力量全面超越对手，成为世界第一。美国是如何做到的呢？

首先，作为欧洲的反叛者，美国从平民到政治家始终有极强的危机感，每一时期都有一个假想敌：18—19世纪是英国，20世纪上半叶是日本和德国，20世纪下半叶是苏联。读一读肯尼迪《我们选择登月》的演讲词，就能感受到美国人与生俱来的危机感，不比俄罗斯人差。其次，美国在每一时期总有一些有远见的科学家和企业家"偶然"出现，他们或是能写出像《科学：无尽的前沿》之类的警醒对策之作，或是能利用已有技术创造出从无到有的新行业，如"莱特兄弟们的公司""乔布斯们的公司"。

现在，来自硅谷的"马斯克、贝佐斯们"不再满足于挖掘"蓝色起源"，而是要将地球用卫星包裹起来，去月球、火星、深空探索更多的未知。SpaceX这些新公司组织或许会取代洛克希德·马丁公司等老牌军工复合体，成为美国新的海空天力量。

第二节　蒸汽明轮船与商业解放

1800年前后，英法两国大打出手，富尔顿瞅准时机，发明了潜艇、水雷和蒸汽动力船等武器。他设法向法国拿破仑、英国首相威廉·皮特、美国总统杰弗逊推介这些新式装备，但由于新发明不实用，都没有成功。直到1815年，富尔顿在去世前终于在美国制造出了世界上第一艘蒸汽军舰"德莫洛戈斯"号（富尔顿去世后该舰被命名为"富尔顿"号），但这艘蒸汽军舰对美国海军帮助不大。然而，富尔顿的蒸汽商船却发挥了比战船更大的作用——打通了美国技术创新和市场经济之间的堵点，做出了意想不到的贡献。

1787年，22岁的富尔顿到伦敦学习绘画，靠给名人绘制画像谋生。一次在给瓦特50寿辰作画时，富尔顿从瓦特处加深了对蒸汽机的了解。在与英国诸多发明家的接触中，富有商业头脑的富尔顿意识到，新技术、新机器、新武器将改变战争。兴奋的富尔顿决定丢掉画笔研究新技术和新机器。说明一下，那时的一些新技术、新机器并不复杂，有些属于常识性东西。

1793年，富尔顿来到拿破仑时代的巴黎，为拿破仑研究各种武器军械。在荷兰出资人和法国政府的资助下，富尔顿研制出潜艇和水雷，帮助法国袭击英国海军，但没有成功。1803年，富尔顿研制出蒸汽明轮船，但在试航时失败了。当时，美国公使罗伯特·利文斯顿正在法国洽谈购买路易斯安那，富尔顿与利文斯顿相识，并计划在塞纳河上建造蒸汽船。由于英国禁止蒸汽机向敌对的法国出口，因此计划搁浅，但二人约定有机会回美国再合作。

1804年，富尔顿又来到英国，通过中间人向英国首相威廉·皮特推销他的潜艇和水雷。皮特首相特许瓦特·博尔顿公司按富尔顿的要求设计建造一台蒸汽机，研制蒸汽船。但是，1805年，随着英国海军在特拉法尔加海战中击败法国和西班牙联合舰队，英国海军不再与富尔顿合作。由于担心富尔顿将新式武器卖给法国，英国政府给了富尔顿 1.2 万英镑的补偿，其中包括富尔顿购买瓦特蒸汽机的出口补贴。余下的钱在当时也足以让富尔顿衣食无忧了。

1806 年，在欧洲游荡了 19 年，已经 41 岁的富尔顿怀揣拿破仑的奖金和英国政府的补偿金，回到了美国纽约。富尔顿与等待已久的利文斯顿合伙创办了蒸汽船制造和运营公司。1807 年，富尔顿建造的"克莱蒙特"号在哈德逊河上试航成功，发动机是来自英国的瓦特蒸汽机。

富尔顿从一个画家，转行发明蒸汽明轮船，这是一个爱好者推进造船业突破的奇迹。

发现和发明之间，往往隔着一层窗户纸。蒸汽明轮船制造不是难事，很快，蒸汽船客运和货运开始在纽约州、新泽西州、宾夕法尼亚州、康涅狄格州的河道上活跃起来。随着竞争

美国邮票中的富尔顿与蒸汽明轮船

加剧，纽约州、新泽西州、宾夕法尼亚州等互相禁止持非本州经营许可证的蒸汽动力船进入自己的港口，甚至动用了武装。蒸汽明轮船运营冲突在纽约州和新泽西州的河道上愈演愈烈。参加过 1812 年战争被授予"海军准将"的新泽西州船主范德比尔特宣称："如果穿越英军封锁线都让他无所畏惧的话，那么纽约法庭的一纸庭谕更不过是小事一桩。"

1824 年 2 月，美国首席法官宣布了一项判决，大概意思是："没有一个州被授予权利，负责对任何商业行为征税，并且不得以任何方式限制州与州之间的贸易往来。"判决生效后，来往于纽约水域的蒸汽明轮船从 3 月的 8 艘增至 46 艘。

"蒸汽明轮船之战揭开了美国商业解放的序幕,它将美国融合成单一民族和单一市场。"历史学家哈罗德·埃文斯在《他们创造了美国》①一书中进行了如此评述。

富尔顿发明蒸汽明轮船100年后,美国航空界许多先驱与莱特兄弟因飞机发明专利也产生了类似纠纷,甚至有人将当时美国航空业落后于欧洲归罪于莱特兄弟过于执着的专利情结。莱特兄弟也被搞得筋疲力尽,哥哥英年早逝,弟弟也在莱特公司创办5年后退出了航空业。

第三节 《海权论》与美海军崛起

"法国强大的海军在美国独立战争期间发挥了决定性作用。"② 华盛顿对海军重要性有着深刻体会,但囿于财力,他在独立战争期间只组建了一支规模不大的海军来骚扰英军,其中还有不少民间商船和私掠船。独立战争胜利后,美国第三任总统托马斯·杰斐逊在分析未来美国与欧洲发生战争的形势时说:"以欧洲大国海军为目标建设美国海军,将是对我国国民力量愚蠢和可怕的浪费。"到1785年年底,美国独立战争期间拼凑起来的临时海军被解散,所有舰船被出售或者赠送。

前面提到,英国军舰随意搜查美国商船,强征美国公民当英国船员,截断美国与英属西印度群岛之间的贸易等。即便受到如此屈辱,美国政府内对是否建立常备海军一直争论不休。"海派"占上风时,就多建几艘舰船;"陆派"主导政府时,就削减海军投资。19世纪末,当美国国内生产总值GDP超过英国成为世界第一时,美国海军力量与英、法相比差距依然很大,甚至

---

① [美]哈罗德·埃文斯等:《他们创造了美国》,倪波等译,中信出版社,2013年。
② [美]哈罗德·斯普雷特等:《美国海军的崛起》,王忠奎等译,上海交通大学出版社,2015年。

不如新崛起的德国和日本海军。随着两个关键人物的出场，美国终于要在海上大干一场了。

阿尔弗雷德·塞耶·马汉（1840—1914）曾两度担任美国海军学院院长，是杰出的军事理论家，他在1890—1905年完成了"海权论"三部曲：《海权对历史的影响（1660—1783）》《海权对法国大革命和帝国的影响（1793—1812）》和《海权与1812年战争的关系》。马汉"海权论"的问世使美国建设世界一流常备海军的观点占了上风。马汉"海权论"主要观点如下：

第一，海权与国家兴衰密切相关。"海权即凭借海洋或者通过海洋能够使一个民族成为伟大民族的一切东西"，包括海上军事力量、经济力量、地缘政治等一切可以增强海上力量或者是海洋控制权的东西，物质的、非物质的。具体例如，舰队及其港口、基地等设施，商船队及海外贸易机构等，海岸线、岛屿及海洋专属经济区等。

第二，影响海权有四个至关重要的因素。一是地理位置和自然条件。例如岛国英国，比大陆国家法国有更加明确的向海洋发展的战略目标。法国在与英国的竞争中，对于海权时而重视，时而忽视，因此吃了大亏。再如有的国家海岸线比较长，自然条件好，或者有得天独厚的深水港口、海运交通要道，例如希腊、丹麦、荷兰的港口，还有苏伊士运河、巴拿马运河等，他们在控制海权方面更有优势。二是领土和人口规模。没有领土和人口规模做支撑，如葡萄牙、荷兰、丹麦等，即使抓住时代机遇拥有了强大的海上力量，也难以保持长久。三是民族特性。这是马汉根据大航海时代国家竞争得出的结论，能成为海上强国的民族，首先，要对物质利益极其渴求，就像哥伦布们对东方财富的向往；其次，要对海外贸易商业往来极其迫切，就像荷兰"海上马车夫"；再次，要有对拓展海外殖民地、追逐海外利益的狂热，甚至是不择手段，例如葡萄牙侵占非洲贩卖黑奴等。四是执政者的海洋意识。海权或海上力量建设,从古至今都是国家行为。国家重视,即使小国葡萄牙也能开启大航海时代;国家不重视,即使有郑和下西洋的强大基础,封建时期的中国也会把老本吃光,被列强舰炮欺辱。

第三,要重视海权与陆权的关系。海权与陆权相互制约又相互依存,海上力量要有陆上力量做依托,陆上力量也要有海上力量做依托。荷兰海上力量强盛时吃过陆上力量弱的亏:第二次英荷战争,荷兰几乎被法国陆军占领大半个领土;而法国拿破仑则吃过海上力量弱的亏:特拉法尔加海战,法国被英军打败,使拿破仑称霸欧洲的计划破灭,法国从此被英国压制。

第四,海权或海上力量的运用要坚持战争原则。马汉引用大量战例,详细解释了一些重要原则,如集中优势兵力原则、摧毁敌人交通线原则、舰队决战原则等。这些在第二次世界大战中的美日太平洋战争中都有体现,交战双方都用了马汉的理论。按照马汉"舰队不能分散"原则,在美国海军力量弱于英、法等国的19世纪末,美国不多的海军舰船主要集中在濒临大西洋的东海岸。1893年美国夺取太平洋上的夏威夷后,一直担心日本会发难,就产生了开凿运河的念头,为了缩短大西洋舰队驰援太平洋的航程。

1897年4月,荷兰后裔,具有大海军情节的西奥多·罗斯福(1858—1919)就任美国海军部副部长。罗斯福自幼对海战历史着迷,1880年结识了海军上校马汉,他非常认可马汉的观点,认为只有建设一支强大的海军,美国才能与英国、法国平起平坐。1881年,罗斯福写出了《1812年战争中的海战》,这本书后来成为美国海军学院必修课材料。有了这样一些准备,虽然职位是海军部副部长,但由于时任海军部长身体欠佳基本不理政事,罗斯福得以施展拳脚大力发展海军,造了不少新船,尤其针对西班牙制订了作战计划。为什么针对西班牙?

美国建国后,虽然奉行"孤立政策",但一直在设法扩张,从墨西哥手里夺得得克萨斯州等领土，从法国拿破仑手中买了路易斯安那州，从沙皇俄国手中买了阿拉斯加州等。美国还几次想侵占加拿大领土，但由于有英国、法国的干涉而没有得逞。最后，美国瞄上了西班牙的海外殖民地——古巴、波多黎各、菲律宾等。这时的西班牙已是强弩之末，远不如英、法。于是，美国开始等待时机，手法如同现在美国在一些国家搞"颜色政变"，先让其自乱，再出手支持一方。西班牙对待被殖民地人非常残酷，多次激起古巴和菲律宾当地人的起义。但是，这些起义都被西班牙残酷镇压了下去。美国媒体对此添油加醋地进行了报道，为与西班牙开战造舆论。

西奥多·罗斯福就任海军部副部长后，很快制订了一份从西班牙手中夺取古巴和菲律宾的方案。美国对家门口的古巴觊觎已久，早在1805年，美国总统杰弗逊就表示，一旦同西班牙作战，美国将占领古巴。罗斯福以海军部副部长的身份发电报给亚洲舰队海军准将乔治·杜威："上足了煤，在向西班牙宣战时，你的任务就是要监视西班牙舰队不离开亚洲海岸，然后在菲律宾群岛展开攻击。"

1898年1月，古巴哈瓦那发生了一场骚乱。骚乱期间，美国驻古巴领事向国内发电报建议海军做好准备，以便保护在古巴的美国人。但是，罗斯福当家的海军部反应积极，直接派了一艘海岸主力舰"缅因"号前往哈瓦那。"缅因"号于1月25日到达哈瓦那港，2月15日在哈瓦那港爆炸沉没，266人死亡。

由于这一时期美国与西班牙同时还发生了外交纠纷，美国媒体大肆渲染悲情气氛，将"缅因"号爆炸归罪于西班牙，激起了美国民众对西班牙的强烈愤慨。1898年2月16日，华盛顿特区《晚间时报》对此进行了报道，标题为《被西班牙炸毁》。

西奥多·罗斯福称这次沉船为"西班牙人最恶劣的背信弃义的行为"，

"美国需要一场战争"。1898年4月，美国和西班牙两国宣战。4月27日，美国亚洲舰队驶离香港向菲律宾进发。5月1日凌晨，美国舰队发起攻击。美国舰队在总吨位、航速和火炮等方面，特别是训练水平上占有优势。战斗进行到中午，由7艘旧舰组成的西班牙舰队全军覆没。美

1989年美国媒体对"缅因"号炸毁事件的报道

舰队指挥杜威说："马尼拉战役是在香港码头打赢的。"也就是说，对于这场战争，美国准备得很充分。8月，美军占领了马尼拉，西班牙彻底退出了自大航海时代以来占领了300多年的菲律宾殖民地，西班牙大帆船、马尼拉大帆船这些西班牙帝国当年的标志彻底消失。之后，美国海军又击溃西班牙加勒比海舰队，夺得古巴、波多黎各、关岛、威克岛等。后来有美国技术人员分析，"缅因"号系技术原因自己爆炸，这有些像伊拉克战争的导火索——"一管洗衣粉"了。

美国对西班牙战争的胜利，是美国由大陆扩张向海上扩张的转折点，是外交孤立主义向对外扩张主义的转变。美西战争的结果验证了马汉的"海权论"。

美国领土扩张的历史，是西班牙一步步失去大国地位的痛苦过程。美国很大一部分领土来自曾经的新西班牙——墨西哥。美国加利福尼亚州、得克萨斯州、新墨西哥州、科罗拉多州、亚利桑那州等都来自新西班牙（墨西哥），美国或强取，或强买。现在的美国路易斯安那州曾是西班牙北美殖民地路易斯安那的一部分。当时的路易斯安那总面积200多万平方千米，1800年被法国拿破仑夺取，1803年拿破仑将其以1500万美元的低价卖给了美国，经手人是与罗伯特·富尔顿合办蒸汽船公司的罗伯特·利文斯顿。

西奥多·罗斯福在美西战争中的主动作为，为他进入政界奠定了基础。1900年大选，共和党推举罗斯福做威廉·麦金莱的副总统候选人，罗斯福的口号是"温言在口，大棒在手"。1901年9月，麦金莱总统遇刺身亡，西奥多·罗斯福接任美国第26任总统。

罗斯福任总统期间，美海军舰队迅速扩大，将夏威夷、菲律宾、关岛打造成海军基地，开凿并控制了巴拿马运河，马汉的"海权论"要义几乎被罗斯福验证了一遍，美国海上力量强势崛起。

1903年，罗斯福政府策划巴拿马脱离哥伦比亚独立，美国获得巴拿马运河的开发和使用权。巴拿马运河于1904年开工，1914年竣工通航。从此，美国东西海岸之间航程比绕行南美智利的合恩角少了一万多千米，东西海岸舰队可以互相支援，海上贸易货运也因此大大方便。

1905年，日本海军在对马海峡以较少代价几乎全歼沙俄太平洋舰队。对马海战期间，罗斯福异常兴奋，仿佛自己变成了日本人，整天和来访者谈论对马海战。但他也担心地说："如果日本取得胜利，这意味着日本和美国将来一定会进行一场战争。"他还认为，日本"是一支被惹恼后能从美国手上立刻夺取菲律宾和夏威夷的力量"。太平洋战争的确是按此脚本进行的，日本突袭夏威夷珍珠港令美国损失惨重。于是，罗斯福让海军部制订了一个对日作战预演计划：从美国东海岸的大西洋舰队调动16艘战列舰远程奔袭美国西海岸的太平洋海军基地。对外宣称是美国海军进行的首次环球航行，开展友好外交活动。

1907年12月16日，16艘白色战列舰组成"大白舰队"（Great White Fleet）在美国东海岸汉普顿锚地集结，罗斯福乘坐"五月花"号总统游艇亲自欢送。

"大白舰队"绕智利蓬塔阿雷纳斯合恩角，经秘鲁、墨西哥湾进入美国西海岸，于1908年5月6日抵达旧金山；之后途经夏威夷、关岛、菲律宾、新加坡、锡兰等地到达阿拉伯半岛；然后穿过苏伊士运河进入地中海，访问了欧洲各大港口及大西洋上的亚速尔群岛等，于1909年12月22日返回汉普顿锚地。

"大白舰队"环球航行期间，一支分舰队访问了日本横滨港。舰队受到明治天皇接见，击败沙俄海军的日本海军东乡平八郎大将也与美国海军进行了交流，缓解了美日对抗情绪。另一支分舰队访问了中国厦门，清朝政府也很重视，广东水师提督萨镇冰亲自欢迎，代替慈禧太后向"大白舰队"赠送了景泰蓝杯盏。

"大白舰队"在绕地球一圈航行了大约8万千米后，于1909年2月22日返回母港汉普顿锚地，罗斯福最后一次作为陆海军总司令登上"五月花"号的舰桥迎接舰队。两星期后，罗斯福任期届满离开总统职位，但他留给了美国一支强大的海军。

"大白舰队"8万千米成功的远洋航行也暴露了美国主力战舰存在的一些问题，与英国1906年建造的新型"无畏"号战列舰相比，"大白舰队"主力舰已显过时。例如，在适航性方面，稍有风浪，舰队主力舰的舰艏都会被海浪冲洗一次。根据这一问题，美国在建造新战列舰时，将舰艏外扩并增高了干舷，同时拆除了锚部的公告牌和舷侧炮台等防止溅起水花的措施。但提高干舷必然要求增加船宽和总尺寸，这样会增加战列舰建造成本。不过，对于这时的美国，资金已经不是问题了。适航性缺陷还被证明会影响舰队战斗力，为此，美国海军改进了战列舰的火炮布局，加大了侧舷装甲，等等。这次远航，美国海军还测试了一些新技术和新设备。例如，当时刚刚兴起的无线电通信，美国海军为各舰规定了各自的无线电呼号。还在舰队与舰队间、舰队与本土间都进行了测试。

罗斯福在1901年开始担任总统时，美国海军拥有883名军官和25 050名士兵；当他1909年离任时，海军军官上升为1096名，士兵上升为44 500名。同比，海军年度拨款从8500万美元增至1.4亿美元。技术上，美国舰队已经达到当时的先进水平。此外，美国海军还有27艘潜艇正在建造。

1907年，美国终于同意了西方列强早在1856签订的《巴黎条约》，废止了"私掠许可"，因为这时的美国海军已足够强大。到1918年第一次世界大战结束，美国已经崛起为海上强国。第二次世界大战，踏着太平洋上日本航母和飞机的残骸，美国海军实现了蜕变，成为世界最强的海上力量。

第四节　"莱特兄弟们的公司"都到哪里去了？

虽然莱特兄弟最早发明了飞机，但在欧洲有许多航空爱好者早于莱特兄弟成立了公司。甚至在美国，格伦·寇蒂斯、中国冯如成立的飞机公司都不晚于莱特飞机公司。本书把与莱特兄弟同时期创立的飞机公司称为"莱特兄弟们的公司"。

威尔伯·莱特（1867—1912）和奥维尔·莱特（1871—1948）兄弟于1903年发明飞机后，曾向美国军方推介过飞机，但美国军方对其没有信心，也不感兴趣。没有用户，莱特兄弟也就没有急于成立公司。

美国军方对飞机没有信心，是因为在莱特兄弟发明飞机的同年，美国航空先驱塞缪尔·皮尔庞特·兰利研制的飞机也进行了试飞，但没有成功——飞机掉进了河里。虽然兰利的飞机研制得到了美国政府的资助，曾被美国海军关注，海军部还曾派人专门考察兰利的试验机，论证飞机是否具有军事作战潜力；但是面对终究简陋的试验飞机，对比当时威武霸气的战列舰，美国海军对飞机不感兴趣也可以理解。

法国人乐于接受新事物,尤其在海空科技方面。于是,就像当年富尔顿向拿破仑推销蒸汽明轮船一样,威尔伯·莱特决定去法国碰运气。"1906年4月,莱特兄弟将第一架飞机卖给了具有政府代理性质的法国财团,售价为100万瑞士法郎(约合20万美元)。"[1]据说这个交易最后并没有完成,因为有记载说:"莱特兄弟的第一桶金不是来自卖飞机,而是来自没有卖成飞机对方赔付的5000美元违约金。"[2]此外,莱特兄弟还向法国的瓦赞兄弟、英国的肖特兄弟及德国的企业出售了专利;他们在法国、德国成立了销售推广类的公司。

1908年8月8日,哥哥威尔伯·莱特在法国巴黎郊外的勒芒进行公开飞行表演,取得空前成功。同年,莱特兄弟向法国出售了飞机专利。哥哥威尔伯在法国取得成功后,弟弟奥维尔在美国也进行了多次成功飞行表演。这时的莱特飞机性能已经大大提高,可以持续飞行一小时以上,飞行距离可以超过100千米。1908年,美国陆军终于向莱特兄弟订购了一架莱特B型飞机。下图是美国军方关于飞机最早的文件,以及美军第一架飞机。

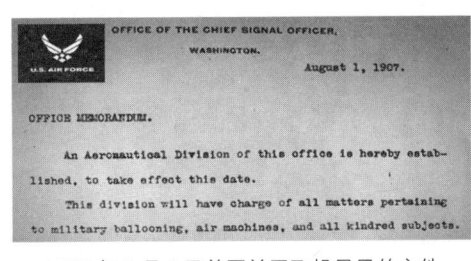

1907年8月1日美军关于飞机最早的文件

美军第一架飞机

经过6年的煎熬,莱特飞机终于见到了商业成功的曙光。1909年11月22日,莱特兄弟联合投资者在代顿镇创立了莱特飞机公司,主要为美国陆军

---

[1] Jenifer Van Vleck. Empire of the Air: Aviation and the American ascendancy. Harvard University Press, 2013, p.23.
[2] [美]哈罗德·埃文斯等:《他们创造了美国》,倪波等译,中信出版社,2013年。

部制造飞机。

莱特兄弟凭其专利权和专家身份,"得到了10万美元现金,在公司里拥有三分之一股份,同时约定每销售一架飞机抽取10%的专利使用费"[①]。这是一种典型的科技成果转化商业模式,这种商业模式已经被中国的发明家和投资者常用。

但是,合资合作协议同时又约定,莱特兄弟要负责专利侵权纠纷事宜。由于这个条款使兄弟俩在一段时间内陷入了最不情愿,也不擅长处理的商业纠纷中,并因此与美国和欧洲许多航空业界人士产生了矛盾,这个"隐患"甚至影响了莱特兄弟后半生的生活。如果合资时将专利完全授予公司,而不是由莱特兄弟来处理以后的纠纷,虽然收入会少些,但是从长远看就不会有那么多麻烦,以至于兄弟俩过早地退出航空业。

在公司创办后的第三年,哥哥威尔伯·莱特积劳成疾,染病于1912年早逝。在公司创办的第六年,即1915年,伤心的弟弟奥维尔·莱特以150万美元卖掉了所持公司的股份回到家乡享受清闲。但是,围绕到底是谁率先发明了飞机,以及与其相关的专利诉讼一直袭扰着奥维尔使他不得安宁,直到他1948年去世。

莱特兄弟最大的贡献是发明了飞机,激发了世界各地航空爱好者的飞行热情,世界各地许多航空先驱正是在他们的感召下进入航空业。但是,由于莱特兄弟过于执着保护专利,官司虽然胜诉,但是"专利流氓"的骂名也被扣到头上,专利诉讼和商业利益羁绊住了莱特兄弟持续创新改进飞机的脚步,公司再也没有制造出值得夸耀的新飞机,与同时代的飞机公司渐渐拉大差距,莱特兄弟退出创办仅仅6年的公司实属无奈之举。

1915年以后,没有了创始人的莱特公司在华尔街财务投资人的管理下走

---

① [美]哈罗德·埃文斯等:《他们创造了美国》,倪波等译,中信出版社,2013年。

上了坎坷的发展之路。而在1916年，莱特公司的最终"接盘者"波音公司才成立。没有了莱特兄弟的莱特公司在美国当时也还是一家比较有实力的飞机制造企业，有多次成为行业老大的机会。

1916年8月第一次世界大战期间，为应对竞争，由财团掌控的莱特公司和格伦·L.马丁公司合并为莱特-马丁飞行器公司。马丁公司是由航空爱好者技术精英格伦·卢瑟·马丁于1912年8月在加州设立的飞机制造公司，生产军用教练机。

莱特-马丁飞行器公司总资本1000万美元，这在当时是比较大的公司了。但合并后的公司并不成功，双方于一年后终止合作。1917年9月，莱特-马丁飞行器公司更名为莱特航空。

马丁离开莱特-马丁公司后继续创业，于1917年9月10日在俄亥俄州的克利夫兰再次创办了格伦·L.马丁公司。早期的格伦·L.马丁公司是一家典型的"工程师梦工场"：马丁既是高水平的飞机设计师，又是知名的飞行表演家；公司的工程师队伍中更是藏龙卧虎，未来的麦克唐纳公司的创始人詹姆斯·史密斯·麦克唐纳，道格拉斯公司的创始人唐纳德·维尔斯·道格拉斯，贝尔飞机公司的创始人劳伦斯·戴尔·贝尔，掌管北美航空公司多年的金德伯格等人都曾作为工程师在马丁公司工作过，这为他们日后自己创业奠定了坚实基础。马丁公司最终成为洛克希德·马丁公司前身之一。

设想一下，如果格伦·马丁不离开莱特-马丁公司，由马丁引领该公司发展会怎样？

技术精英创始人很难与财团合作到底，在航空工业初创时期不止这一例。接下来的普惠公司创始人携团队离开莱特公司[①]也是同样原因。1924年，莱特公司再受打击。当时，莱特公司也制造飞机发动机，作为总经理的弗雷

---

①1917年，马丁离开莱特-马丁公司，公司便更名为莱特公司。

德里克·伦奇勒认为飞机发动机的发展应该由液冷向风冷发展，但是董事会不支持他的意见，伦奇勒于是带着莱特公司最好的一批工程师转投当时造机床的普拉特·惠特尼集团公司（简称普惠公司），因为普惠公司允许伦奇勒使用"普惠"品牌制造飞机发动机，同时提供25万美元的初始投资，并且保留后续100万美元股权投资的优先认购权，董事会不干涉产品的发展规划和计划，保持新公司独立性。1925年7月，普惠飞机公司成立，追随伦奇勒一起来的有十几名莱特公司的顶级工程师，公司规模22人。很快，1925年12月24日，普惠公司第一台风冷活塞星型发动机R-1340"黄蜂"问世，这是一款被称为改变美国航空业的发动机，美国海军首先采购了200台，最终共生产了34 966台。

1929年，伦奇勒与威廉·波音合作成立联合飞机与运输公司，成员企业包括波音、普惠、西科斯基、诺斯罗普、斯提尔曼、汉密尔顿标准等，波音担任董事长，伦奇勒任总裁，业务发展迅速，当时被称为"天上的通用汽车"。这给莱特公司以极大压力。

普惠发动机公司目前是世界四大航空发动机公司（GE航空、罗罗、普惠、斯奈克玛）之一。再设想一下，如果董事会接受伦奇勒的意见，由伦奇勒引领莱特公司的发展，那会怎样？

讲莱特兄弟就绕不开格伦·哈温德·柯蒂斯（1878—1930）。莱特兄弟虽然发明了飞机，但同时期真正对飞机商业化、产业化贡献最大的则是柯蒂斯。在20世纪10年代的美国航空界，柯蒂斯与莱特兄弟齐名，甚至更受欢迎。

柯蒂斯的经历与莱特兄弟的类似，他年轻时从事自行车和摩托车制造，同时也是一位飞机发烧友。1906年，在"电话大王"贝尔的帮助下，依靠制造摩托车发动机的经验，柯蒂斯研制出了美国第一台飞机发动机。他还发明了飞机副翼及其操纵机构，并舍弃了莱特兄弟发明的翘曲机翼，在机翼上装配铰接挡板，通过上下摆动来控制飞机的稳定，这一发明至今仍在应用。

1909年3月，格伦·柯蒂斯和飞行爱好者奥古斯都·穆尔·赫林创立了美国第一家飞机制造公司——"赫林·柯蒂斯公司"，早于莱特公司8个月。1910年，奥古斯都·穆尔·赫林离开公司，柯蒂斯将公司更名为柯蒂斯飞机公司，同时还成立了柯蒂斯发动机公司。公司成立后不久，柯蒂斯就与莱特兄弟在专利方面产生了纠纷。也许是当时美国史密森学会的原因，也许是商业利益导致，当时有一些美国人不愿承认莱特兄弟发明飞机的事实。在史密森学会的支持下，柯蒂斯曾将兰利的飞机复原，并亲自驾机飞行成功，想证明兰利的飞机早于莱特。后来证明，柯蒂斯对兰利的飞机并不是简单的复原。柯蒂斯与莱特兄弟之间发生了长时间的专利纠纷，并诉诸法律。1914年，美国法院宣布莱特兄弟胜诉，两家美国当时的著名飞机制造公司由此势不两立。

在两家公司的专利纠纷期间，与莱特飞机的发展停滞不前相反，柯蒂斯飞机的研制取得了重大进展。尤其在配合美国海军研制航空母舰方面，柯蒂斯做出了开创性贡献。

1910年，美国海军装备部部长助理华盛顿·欧文·钱伯斯上校在得知英国、德国正在研究可从军舰上起飞的飞机后，说服海军高层领导，让他用停泊在弗吉尼亚汉普顿锚地的"伯明翰"号军舰进行飞机起飞试验。钱伯斯被海军部任命为试飞总指挥，但没有得到经费。钱伯斯从民间筹集到一笔钱款，还说服了柯蒂斯为试验提供飞机，并让民间飞行家尤金·伊利当试飞员。

1910年11月14日，是美国航空母舰发展史上重要的一天。在美国弗吉尼亚州汉普顿切萨皮克湾，"伯明翰"号巡洋舰改变了模样：舰艏安装了一个长约 25 米、宽约 7 米的木质平台，平台上停放着一架"柯蒂斯"式双翼飞机。下午 3 时，"伯明翰"号巡洋舰起锚逆风航行，伊利驾驶双翼机逆风摇摇晃晃地飞离木质平台，随后擦着水面飞行了 4000 米，降落在威洛比岬斯皮特海滩上。美国海军部立即着手进行飞机着舰试验，将"宾夕法尼亚"号重巡洋舰进行了改装——一个长 36 米、宽 9.6 米的木质倾斜平台被安装在舰艉上。

柯蒂斯飞机从"伯明翰"号船起飞

美国发行的航空先驱柯蒂斯纪念邮票

1911 年 1 月 18 日上午，伊利驾机从旧金山湾南部的坦福兰机场升空，成功降落在旧金山湾的"宾夕法尼亚"号巡洋舰上。美国国会终于同意拨出 2.5 万美元作为海军航母试验经费，飞机从柯蒂斯公司和莱特公司购买，同时开始了飞行员培训工作。1911 年 5 月，钱伯斯上校向柯蒂斯购买了两架改进后的飞机，这成为美国海军的第一批飞机。

1912 年，柯蒂斯又将水上飞机浮筒改成船形，使"水上飞机"的起降更加安全，操纵更加方便，该机通过副翼进行横侧操纵。同年 11 月 12 日，尤金·伊利驾驶柯蒂斯的这架双翼水上飞机，从经改装的"伯明翰"号轻巡洋舰上弹射起飞成功，开创了舰载飞机弹射起飞的历史。美国航空母舰就这样诞生了。

应该承认，柯蒂斯比莱特兄弟更会处理与政府和客户关系。1913—1920

年，富兰克林·罗斯福①（后来成为美国总统）担任美国助理海军部长，他给予柯蒂斯很大的帮助。柯蒂斯还在电话大王贝尔的帮助下成立了飞机联合会，帮助了许多航空爱好者。在与莱特兄弟的专利诉讼中，不少工业界的人士站在柯蒂斯一边，同情柯蒂斯，包括"汽车大王"亨利·福特——福特给的策略就是"不断持续改进"。

1917年，柯蒂斯公司步入规模化大批量生产阶段，喜欢不断技术改进创新产品的柯蒂斯不太适应这种变化，逐渐萌生了退意。1920年9月，他以3200万美元卖掉了公司股份，只留了个技术顾问头衔，不再主导公司事务。柯蒂斯在佛罗里达州购买了大量土地搞开发，项目包括迈阿密温泉、迈阿密国际机场等。

著名的飞机设计师雷克斯·贝塞尔②，曾被柯蒂斯从费城海军飞机厂挖来并被委以首席工程师的重任。一直到柯蒂斯去世前，他还在关心着贝塞尔。在1929年柯蒂斯-莱特公司合并上市调整中，柯蒂斯将没有用武之地的贝塞尔推荐到了握有大量军方订单的沃特飞机公司，贝塞尔在沃特公司设计出了对第二次世界大战海战有重要影响的F4U"海盗"舰载战斗机。美国媒体曾将柯蒂斯描述为具有摇滚精神和西部硬汉形象的航空先驱。柯蒂斯是美国《时代》杂志1924年10月封面人物，于1930年7月23日逝世，年仅52岁——但是他看到了柯蒂斯-莱特公司于1929年的合并。

第一次世界大战期间，在莱特公司经营不顺的时候，其宿敌柯蒂斯飞机与发动机公司（Curtiss Aeroplane and Motor Company）却发展得比较好：受益于第一次世界大战订货，于战争期间共生产了一万多架飞机，成为当时世

---

① 1913—1920年，富兰克林·罗斯福任美国助理海军部长，主张建设"大海军"。他的夫人是西奥多·罗斯福的侄女。
② 贝塞尔曾在柯蒂斯-莱特公司、沃特飞机公司、联合飞机运输公司工作过，是第二次世界大战F4U"海盗"舰载战斗机设计师。

界最大的飞机制造商。但随着第一次世界大战的结束，订单减少，柯蒂斯飞机与发动机公司也陷入困境而被迫财务重组。

1929 年，迫于全球经济大萧条，尤其之前已有波音托拉斯的成功组建，在财务投资人的主导下，莱特航空与柯蒂斯公司合并为柯蒂斯-莱特公司（Curtiss - Wright），并在纽约证券交易所上市，股票代码 CW，资产达到 7500 万美元，成为当时全美最大的航空制造企业。这是一次成功的合并，而这时两个公司的创始人都已离开了公司。

第二次世界大战期间，柯蒂斯-莱特公司共生产了 29 269 架飞机，其中最成功的机型是柯蒂斯的 P-40 "战鹰" 战斗机，生产了 14 000 架；还生产了 3000 多架 C-46 "突击队员" 运输机、7000 多架 SB2C "地狱俯冲者" 俯冲轰炸机和 142 840 台飞机发动机。在此阶段，公司员工总数达到 18 万人，公司收入连续两年超过 10 亿美元，一度成为仅次于通用汽车的美国第二大公司。在中国参战的飞虎队装备的飞机就有 P-40 和 C-46。

如果故事到此为止，柯蒂斯-莱特公司应该是非常成功的公司了，但是"更高、更快、更远"是航空工业发展的目标，企业家、发明家可以退休，企业却不能，只能一直走下去。

随着第二次世界大战的结束，作为第二次世界大战期间最大的航空制造企业，柯蒂斯-莱特公司订单急剧减少，第二次世界大战期间投入形成的巨大资产成为公司的拖累。由于缺少资金研发新技术和产品，两位航空先驱创建的公司没能跟上喷气时代。1948 年，柯蒂斯-莱特公司关闭了飞机整机制造部门，将该部分资产卖给了金德伯格掌管的北美航空公司。此后，公司以生产活塞式民用飞机发动机和螺旋桨为主。当民用飞机也进入使用喷气时代后，公司又退出了发动机业务，曾经的航空巨头沦为飞机零部件企业，彻底退出了飞机整机制造业。

第五章 从"五月花"号登陆到"阿波罗"号登月

奥维尔·莱特于 1948 年 1 月 30 日去世,享年 77 岁。他看到了柯蒂斯-莱特公司在第二次世界大战时期的辉煌,没有看到公司主业被北美航空公司收购,这也算是对先驱的一个安慰。

那么,收购柯蒂斯-莱特公司主机业务的北美航空公司又是一家怎样的公司呢?

北美航空公司由《华尔街杂志》编辑克莱门特·凯斯于 1928 年 12 月创立。克莱门特·凯斯原本想经营航空运输业务和与飞机制造相关公司的股票,当个控股公司老板,但由于政府出台反垄断法案不允许这类公司存在,凯斯便于 1933 年将公司卖给了通用汽车公司,公司随之更名为通用航空公司,并聘请著名的金德伯格出任总经理。由于有通用汽车的鼎力相助,公司成为第二次世界大战时期飞机产能最大的企业,为第二次世界大战胜利做出了巨大贡献。第二次世界大战期间,通用航空公司共生产了 41 000 架各类飞机。包括 B-25"米切尔"轰炸机,以及活塞式战斗机顶峰之作 P-51"野马"战斗机。第二次世界大战结束后,通用汽车卖掉了所持股份,公司名称由"通用航空"更名为"北美航空"。1948 年,金德伯格出任北美航空公司董事长兼首席执行官。

同威廉·波音一样,詹姆斯·霍华德·金德伯格(1895—1962)也是德裔美国人,在美国航空业界也是一位重要人物。1917 年,金德伯格任美国陆军航空队飞行教官,之后到洛克希德公司工作;1920 年在马丁公司任首席制图员和副总工程师;1925 年在道格拉斯飞机公司任首席工程师,是公认的航空先驱。在 1948—1960 年金德伯格担任董事长期间,北美航空公司在喷气式战斗机、轰炸机、火箭发动机和火箭动力飞机方面取得重要进展,成为美国太空计划的主承包商。

对北美航空公司进入航天领域,金德伯格开始并不看好。后来,在冯·卡门的建议下，金德伯格在圣苏珊娜设立了从事火箭发动机的洛克达因公司（Rocketdyne）。1960年，北美航空的新CEO将航天业务作为公司主要发展方向，成功获得了"阿波罗计划"的控制舱和服务舱及"土星"5号火箭第二级的制造合同。但是，1967年1月"阿波罗"1号发生火灾事故，三名宇航员被烧死，北美航空承担了主要责任，公司由此陷入困境。

先驱变先烈，1967年3月，北美航空公司带着B-1战略轰炸机、航天飞机、全球定位系统的大部分卫星等知名产品与罗克韦尔标准公司[①]合并，更名为北美罗克韦尔公司。

合并后的北美罗克韦尔公司继续在航空航天领域发力。1970年，公司获得B-1B轰炸机合同，在20世纪80年代制造了100架B-1B轰炸机；1972年获得航天飞机轨道飞行器合同；1991年制造出"奋进"号航天飞机。1973年，北美罗克韦尔公司收购陷入财务困境的柯林斯无线电公司，公司更名为罗克韦尔-柯林斯公司。航空航天先驱公司——北美航空公司就此消失在公众视野。

1996年，罗克韦尔-柯林斯公司又将包括原北美航空公司部分的航空航天与防务业务出售给波音公司。至此，莱特兄弟、柯蒂斯、金德伯格等航空先驱早期创建和领导过的公司终于融入波音公司。波音公司航天业务的很大一部分源自北美航空公司，这在波音公司的官方网站上有详细介绍，波音公司通过官方网站充分表达了对金德伯格和北美航空公司的敬重。1997年，波音公司又大手笔收购了麦道公司，彻底奠定了其在今日航空航天领域的领先地位。

实际上，波音官网还应该再强调三个重要人物：威尔伯·莱特、奥维

[①] 1919年，威拉德·罗克韦尔开发了全新的卡车轴承系统，之后创建了罗克韦尔弹簧和车轴公司，后在此基础上通过一系列并购重组整合组建了罗克韦尔标准公司。

尔·莱特和格伦·柯蒂斯。从莱特到波音，这是美国航空航天业百年不断融合发展的缩影，是一个从私人作坊到世界领先航空航天工业巨头曲折发展历程的写照。

柯蒂斯-莱特公司今天仍是华尔街一家不错的上市公司，股票代码仍然是CW，公司分类在航空航天国防军工板块。

洛克希德·马丁公司、诺斯罗普·格鲁曼公司等美国航空航天军工巨头几乎都经历了类似的发展历程。美国早期的飞机制造企业，政府给予的支持不多，这点不同于德国、法国、英国和俄罗斯等欧洲各国。可能也正是这个原因，美国"草根"创业者营造了自己的"小江湖"，他们之间很讲"义气"，有着千丝万缕的关系，他们在市场竞争中"野蛮生长"。

初创企业都很"江湖"，因为没有激情和义气是很难创业的。柯蒂斯虽然输了与莱特兄弟的专利官司，但是口碑很好，电话大王贝尔、汽车大王福特、史密森学会都力挺他。从麻省理工学院（MIT）毕业不久的道格拉斯两次去马丁公司申请工作，虽然道格拉斯年轻张狂，认为马丁公司"老土"、不正规，但爱才的马丁对其欣然接受。诺斯罗普从道格拉斯公司出走创业失败，道格拉斯则出手资助诺斯罗普再创业；当再次创业的诺斯罗普遇到"麻烦"不得不解散公司时，道格拉斯依然帮诺斯罗普收拾"烂摊子"。

马丁、洛克希德、波音、道格拉斯、诺斯罗普、金德伯格等美国航空先驱，他们互相成就了彼此的事业——公司遇到危机时，他们就通过市场机制和资本纽带"抱团取暖"融合发展，最终使美国的航空航天工业后来居上。他们创办的公司也成为美国航空航天军工三甲：洛克希德·马丁公司、波音公司和诺斯罗普公司。下面选取一些有代表性的企业，勾勒一下这些企业创始人之间的"关系网"，看一看美国航空先驱的"江湖小社会"。

从0到1的崭新事业往往不是现有组织或者当时的精英筹划出来的，而是由"完全新人"创造出来的。纵观近代科技发展史，影响人类社会的许多重大科学发现、技术进步和发明，在起步阶段，个人和他们创建的商业机构起的作用很大，这一点在美国尤其明显，如爱迪生的通用电气公司、比尔·盖茨的微软公司、乔布斯的苹果公司、马斯克的多个公司等。在崭新行业开拓上，人是第一位的，而创业者们之间的沟通更为重要。这种创业者们之间自然形成的"关系网"和"小江湖"很值得研究。

下表是美国航空先驱们创业、退休或退出公司的时间表，从这个侧面也可以了解美国空天力量的形成历史。

航空先驱创业、退休或退出公司时间表

航空先驱	生卒年	公司创建年	创业年龄（岁）	退休或退出年	执掌公司时长（年）	享年（岁）	备注
奥维尔·莱特	1871—1948	1909	38	1915	16	77	退出
格伦·柯蒂斯	1878—1930	1909	31	1920	11	52	退出
艾伦·路赫德	1889—1969	1912	23	1932	8+3	80	顾问
格伦·马丁	1886—1955	1912	26	1953	41	69	退休
威廉·波音	1881—1956	1916	37	1934	18	75	退出
唐纳德·道格拉斯	1892—1981	1920	28	1967	47	89	顾问
詹姆斯·麦克唐纳	1899—1980	1928	29	1972	44	81	退休
约翰·诺斯罗普	1895—1981	1929	34	1952	23	86	退休
洛易·格鲁曼	1895—1982	1929	34	1966	37	87	退休①

第五节 从私人作坊到华尔街军工巨头

在莱特—柯蒂斯—马丁—伦奇勒（普惠）—金德伯格（北美航空）—罗克韦尔—波音这一系列公司演变进程中，始终有一只推手，那就是华尔街。

---

① 任董事到1972年。

美国波音公司、洛克希德·马丁公司、诺斯罗普·格鲁曼公司、雷神公司、通用动力公司五大航空航天和船海装备制造军工巨头（以下简称"五大"）的发展壮大都离不开华尔街资本的支持。

一、洛克希德·马丁公司的创始与上市

洛克希德·马丁公司创始人有六位：洛克希德兄弟、诺斯罗普、格罗斯兄弟和马丁。

洛克希德公司曾两次破产、三更其名。1912年，23岁的艾伦·洛克希德（1889—1969）和哥哥马尔科姆·洛克希德筹集了1200美元，在加利福尼亚州创建Alco水上飞机公司（马丁也在这一年创建飞机公司），Alco出租车公司资助了他们。创办公司前，艾伦·洛克希德是一名飞行教练，他当时的希望是："能看到飞机成为最安全的运输工具，飞行速度能达到（每小时）65千米—80千米，毫无障碍地飞跃水面和陆地。"想一想现在的飞机技术，这100多年实现了多大的跨越啊！所以，现如今，马斯克登陆火星的设想和贝索斯移民月球的计划，放在100年后看也不应该离谱。

在1915年举办的首届巴拿马太平洋国际博览会上，Alco水上飞机公司靠载客观光飞行体验小赚了一笔钱。1916年，兄弟俩顺势将公司更名为洛克希德（Loughead）飞行器制造公司，并邀请约翰·诺斯罗普[①]一起设计飞机。公司很快设计了一型名为F-1的10座木制水上飞机，并用于观光。但由于第一次世界大战结束，许多军用飞机低价倾销，洛克希德不得已于1920年将公司关闭。

艾伦·洛克希德在洛杉矶当了几年房地产销售员，积攒了些资金决定再次创业。1926年，31岁的艾伦·洛克希德再次邀请约翰·诺斯罗普及另外

---

① 约翰·诺斯罗普还担任过道格拉斯公司的总工程师，后来自己创立了公司。

两个投资人合作,第二次创办了洛克希德飞机公司。有诺斯罗普的加盟,公司很快于1927年7月4日美国国庆日推出了著名的六座单翼客机"织女星",这是洛克希德公司的"第一星"。

依靠"织女星"的畅销,到1928年,公司取得了非常好的收益,但是大股东这时要将公司卖给底特律飞机公司,艾伦·洛克希德和诺斯罗普心有不甘,先后离开了洛克希德飞机公司。艾伦·洛克希德继续从事房地产业务。随之而至的经济大萧条使底特律飞机公司于1932年破产。1932年,航空爱好者罗伯特·格罗斯和科特·格罗斯兄弟在底特律飞行器破产后以4.2万美元收购了原来洛克希德公司的资产。艾伦·洛克希德当时筹集了5万美元准备参加拍卖,但认为这些钱不够,于是放弃了竞拍。这一年,艾伦·洛克希德已经43岁,20年的创业之路遗憾地止步于此。幸运的是,洛克希德兄弟公司遇上了好的投资人——格罗斯兄弟。

年轻的洛克希德与诺斯罗普合作的"织女星"

1934年,罗伯特·格罗斯将公司名称更名为洛克希德公司,自任董事长。这是一个令人尊敬的投资人,他保留了"洛克希德"名号。格罗斯兄弟聘请到了最优秀的飞机设计师——凯利·约翰逊(1910—1990),他是洛克希德公司最重要发展阶段的"灵魂"设计师。约翰逊于1933年加入洛克希德公司,1975年退休。P-38、美国第一架喷气式战斗机F-80、U-2高空侦察机、高空高速战略侦察机 SR-71 "黑鸟"都是他的作品。

凯利·约翰逊的著作《我怎样设计飞机》值得每个航空航天人一读。他把航空当作科学与艺术终生追求,被赞为"他的目光形成概念,他的勇敢铸造着现实"。

英国人比较喜欢洛克希德公司的"伊莱克特拉",第二次世界大战爆发前,英国首相去德国同希特勒签署和平条约,乘坐的就是"伊莱克特拉"。

1938 年,洛克希德公司获得了英国 200 架"哈德逊"反潜巡逻机订单,这也是当时美国飞机制造企业最大的一笔国外订单。"哈德逊"反潜巡逻机在"伊莱克特拉"的基础上改进而来,其派生机型制造了 3000 多架。为了扩大规模快速发展,1939 年,洛克希德公司在纽约证券交易所公开发行股票上市。可以说,洛克希德公司的上市时机拿捏得相当好,为即将到来的第二次世界大战做了资本的准备。

1937 年新西兰发行的"伊莱克特拉"纪念邮票

第二次世界大战时期,洛克希德公司共制造了 19 278 架飞机(包括 9000 架 P-38 "闪电"战斗机,2900 架"哈德逊"巡逻轰炸机,2600 架"文图拉"巡逻轰炸机,并为波音公司代工了 2750 架 B-17 "飞行堡垒"轰炸机),人员规模从 1938 年的 2500 名工人扩张到 1945 年年初的 60 000 名工人。1943 年,公司创建了后来鼎鼎大名的"臭鼬工厂",作为航空关键技术的预研小组。洛克希德公司的资本和技术彻底夯实了其军工巨头的基础。

格罗斯兄弟俩使公司起死回生。从 1932 年到 1977 年,兄弟俩齐心协力,先后领导公司 45 年。兄弟俩分别在 1946 年和 1966 年登上《时代》周刊封面。

1946年封面上哥哥罗伯特的背景是螺旋桨客机（下图左）；1966年封面上的弟弟科特则手持运载火箭模型（下图右），标志着公司已经进军航天领域。

《时代》周刊封面上的格罗斯兄弟

20世纪50年代中期，艾伦·洛克希德被格罗斯兄弟邀请回公司当顾问，直到他1969年去世，享年80岁。当有人问艾伦在航空业初创期做了什么，他说："我幸存下来了。"

格伦·卢瑟·马丁（1886—1955）在大学没毕业就开始创业，1905年开了家汽车修理铺，业余时间研究飞机；1909年终于研制成功了自己的第一架飞机，并成为美国著名的飞行表演飞行员。由此，马丁走上了航空路，最终成为飞机设计师。1912年8月，26岁的马丁在加利福尼亚州设立了格伦·L.马丁飞机制造公司，生产军用教练机。1916年，马丁的公司与莱特公司合并为莱特-马丁飞行器公司。但是，合并后的公司并不成功，于一年后合作终止。1917年9月，莱特-马丁飞行器公司更名为

马丁和他的各型飞机

莱特航空。

马丁离开莱特航空，很快于 1917 年 9 月在俄亥俄州的克利夫兰继续创办公司，公司名仍为格伦·L. 马丁公司。这一年，马丁 31 岁。

马丁公司在第一次世界大战期间成功推出了第一个拳头产品——MB-1 大型双翼轰炸机，得到美国空军的订货。但随着第一次世界大战结束，该订单只交付了 10 架，其余都被取消。1942 年，公司研制出了 B-26 "掠夺者" 中型轰炸机，在第二次世界大战期间发挥了重要作用。1943 年 4 月 26 日，美国总统罗斯福、内布拉斯加州州长格里斯沃尔德和格伦·马丁视察马丁公司在奥马哈的轰炸机厂。

马丁于 1953 年退休，1955 年 12 月 5 日去世，享年 69 岁。

1961 年，马丁公司与玛丽埃塔公司合并为马丁·玛丽埃塔公司，向航天领域发展，并在纽交所上市。

1995 年，洛克希德公司与马丁·玛丽埃塔公司合并为洛克希德·马丁公司，公司将 1912 年作为公司元年，后于 2012 年举行了百年庆典。2015 年，另一位航空先驱伊戈尔·西科斯基创办的公司——西科斯基直升机公司也加入其中。

1912 年的洛克希德兄弟

1912 年的马丁

二、波音公司及其成员的创始与上市

在波音公司的网站上，创始人有五位：波音、道格拉斯、麦克唐纳、金德伯格、休斯。实际上还有莱特兄弟和柯蒂斯，这在前面做过介绍。

波音公司 威廉·爱德华·波音（1881—1956）出生于一个富裕的德裔家庭。1909 年，波音在洛杉矶的一个展览会上第一次见到飞机，由此成为航空发烧友。1915 年 7 月 4 日，波音搭乘柯蒂斯公司制造的水上飞机进行了第一次飞行。当时的飞机相当原始、粗糙，驾驶员和乘客座位设置在机翼上。很有商业敏感性的波音感到航空技术门槛并非高不可攀，而且有很大的提升空间，于是决定涉足飞机制造。1916 年，35 岁的波音创立飞机制造公司。波音决定从水上飞机起步，先是买下了格伦·L.马丁公司的一架"飞行鸟笼"（Flying Birdcage）水上飞机，在格伦·卢瑟·马丁的亲自指导下开始学习驾驶飞机。之后，他和他的朋友——海军工程师乔治·康纳德·威斯特维尔特在一个小船坞里造出了一架双翼水上飞机，命名为 B&W。这架水上飞机于 1916 年 6 月 15 日由波音亲自冒险首飞成功。一个月后，1916 年 7 月 15 日，波音迫不及待地与合作伙伴创办了太平洋航空器材公司（B&W）。这一点与莱特兄弟大不同。

1917 年 5 月 9 日，合作伙伴离开公司，公司更名为波音飞机公司，首任工程师是毕业于麻省理工学院航空工程专业的华人王助。成立之初的波音公司经营业绩不佳，1916 年，公司工资单上仅有 21 人。随着 1917 年美国正式加入第一次世界大战，波音公司抓住了美国海军需要大批教练机的商机，推出了 C 型（Model C）水上飞机，争得了海军的 50 架订单，合同总金额为 57.5 万美元。凭借这笔订单，波音公司得以告别造船小工棚，在西雅图建立起了波音 1 号工厂。到 1918 年年底，波音公司的工资单上有 337 人，波音 1 号工厂也扩展成了包括一个大型组装车间的建筑群。

1918年第一次世界大战结束，订单减少，为了维持公司运营，公司只能不断借债、增发股票。实际上，威廉·波音自己收购了公司的大部分增发股票，用个人财产不断为公司输血。1919年3月3日，威廉·波音和飞行员艾迪·胡伯德驾驶波音C-700飞机参加加拿大航展并将60封信件从温哥华带回西雅图。这是送达美国的第一批国际航空邮件，对于波音公司来说是一件大事，为波音公司走出困境布下了"先手棋"。

1925年2月，美国国会通过了《航空邮政法案》（又称《凯利法案》）。该法案规定，几乎所有的航空邮政业都由私人经营，邮递航线也由私人投标竞得。波音公司研制的40型（Model 40）邮政飞机有了广阔的市场空间。1927年，凭借飞机的性能优势，波音公司赢得了旧金山至芝加哥航线的营运权，由此成立了专门的波音航空公司，波音航空公司又从母公司采购了25架飞机来开展业务。同年，波音公司还收购了太平洋航空公司，获得了旧金山至西雅图航线的营运权。航空邮政使波音公司走出了困境。因此，在1997年波音公司与麦克唐纳·道格拉斯公司合并发行的股票上，其图案就是波音和飞行员运送邮件的照片——饮水思源，不忘来处！

1928年，波音飞机公司与波音航空公司、太平洋航空公司完成整合。1929年，48岁的威廉·波音将公司更名为联合飞机与运输公司，准备大干一场。两年内，公司陆续收购了普拉特·惠特尼公司、汉密尔顿标准螺旋桨公司、沃特飞机公司、国民航空公司等业内领先企业。到1934年，波音公司已经成为一家集飞机制造、航空邮运、航空客运等于一体的大托拉斯。

然而，1934年政府出台的《空邮法案》明确禁止航空制造商和运营商由同一家公司控制。1934年9月，联合飞机与运输公司被正式分拆成波音飞机公司、联合航空公司、联合飞机公司。威廉·波音对此次分拆极为不满，抛售了自己持有的全部公司股票，并辞去了公司的所有职务。告别了创始人的波音飞机公司没有迷失方向，反而借机实现了从私人公司向公众公司的转型。

波音飞机公司股票于 1934 年 9 月 5 日在纽约证券交易所上市。与波音飞机公司分家后的联合飞机公司（包括普惠公司、沃特飞机公司、西科斯基公司等知名航空制造企业）也于 1934 年在纽约证券交易所上市，后来更名为美国联合技术公司（UTC），2020 年 4 月与雷神公司合并。

公司上市后，1936—1946 年，波音公司合计向美国军方提供了 12731 架 B-17"飞行堡垒"轰炸机和 3970 架 B-29"超级空中堡垒"轰炸机。在此期间，1936 年建立的波音 2 号工厂屡经扩展。1944 年 3 月开始，波音公司的飞机生产达到了每月超过 350 架的惊人数量。这些都得益于波音公司有了华尔街的支持，而不用落得像第一次世界大战结束后靠威廉·波音自己"输血"的窘境，从而奠定了百年基业。

1956 年，威廉·波音在西雅图去世，享年 75 岁。

乐于助人的道格拉斯和他的飞机公司 1920 年 7 月 22 日，于麻省理工学院毕业、曾在马丁公司工作过的唐纳德·道格拉斯（1892—1981）与出资 4 万美元的大卫·戴维斯在加利福尼亚州圣莫尼卡附近成立戴维斯·道格拉斯公司。这一年，道格拉斯 28 岁。由于道格拉斯公司制造的第一架飞机首次试飞失败，戴维斯以 2500 美元向道格拉斯出售了其持有的公司股份。1921 年 6 月，道格拉斯重整旗鼓，成立了道格拉斯公司。

1928 年 11 月在大萧条来临之前，道格拉斯将公司改组为道格拉斯飞机股份公司，并在华尔街上市。至 1930 年，道格拉斯公司的股票在公开上市的同行中市值最高。这一年，道格拉斯 38 岁。

道格拉斯身边聚集了航空界的一些关键人物，其中包括霍华德·金德伯格，后来领导北美航空公司多年；约翰·诺斯罗普，后来在道格拉斯的帮助下创建了自己的公司。

1942—1945年，道格拉斯公司共生产了约30 000架飞机（包括C-47"达科塔"运输机、SBD"无畏"式俯冲轰炸机、A-26"入侵者"攻击机等著名机型），员工扩张到16万人。

道格拉斯执掌公司至1967年，长达47年，于1981年去世，享年89岁。道格拉斯的成功之道：宅心仁厚乐于助人，聚能人而用之。

两次创业大器晚成的麦克唐纳 看到昔日的同学和同事道格拉斯创业成功，29岁的詹姆斯·史密斯·麦克唐纳（1899—1980）也不甘落后。他在1928年创建了一家制造私人飞机的公司，但生不逢时，1929年的经济大萧条很快使这家公司破产。随后，麦克唐纳到马丁公司工作。10年后，40岁的麦克唐纳于1939年再次踏上创业路，在洛克菲勒财团的帮助下创办了麦克唐纳飞机公司。这一次，他成功了，因为第二次世界大战开始了。初建时，公司仅有15名员工，以向大公司提供飞机零部件为主业。到第二次世界大战结束时，麦克唐纳公司已有了5000名员工，不仅在飞机零部件生产方面有了良好口碑，自己开发的FH-1"鬼怪"舰载喷气战斗机也已被提上了军方采购日程。之后，公司发展顺风顺水，并在1967年与道格拉斯公司合并为麦克唐纳·道格拉斯公司（麦道公司）后，继续执掌公司。顺便再说一下，道格拉斯和麦克唐纳都毕业于麻省理工学院。

麦克唐纳于1980年去世，享年81岁。麦克唐纳的创业启示：创业时机很重要，创业要顺应大势。

休斯公司：飞行家的实验室 霍华德·休斯（1905—1976）在美国航空界是个另类，与莱特和波音等航空先驱创建公司的坎坷不同，霍华德·休斯是有钱又任性地"玩进"航空航天领域的。但他的出发点还是对飞行的狂热，被人称为"疯子"——一是不怕死，二是赌上身家干航空，电影《飞行家》对他介绍得很详细。1932年，27岁的娱乐大亨霍华德·休斯向洛克希德公司租赁了在加州伯班克的一间飞机修理棚,创立了休斯飞机公司（Hughes Aircraft）,雇用了美国最优秀的工程师制造更快更有效的飞机。第二次世界大战爆发前,休斯飞机公司只有4名全职员工,而到战争结束时已经多达8万名。第二次世界大战结束后,1947年,休斯公司设立了宇航分部,在通信卫星和电子方面为美国的太空竞赛做出重要贡献。

休斯公司于1985年被通用汽车以50亿美元收购,和其名下的Delco电气及休斯网络系统整合为休斯电子公司。在随后的约20年间,通用汽车将原休斯名下的产业逐步出售。1997年,休斯电子公司的宇航和防务业务并入了雷神公司,雷神还获得了休斯实验室一半的控制权。2000年,波音公司收购了休斯宇航和通信公司。最终,是波音、通用汽车和雷神一起瓜分了休斯实验室。

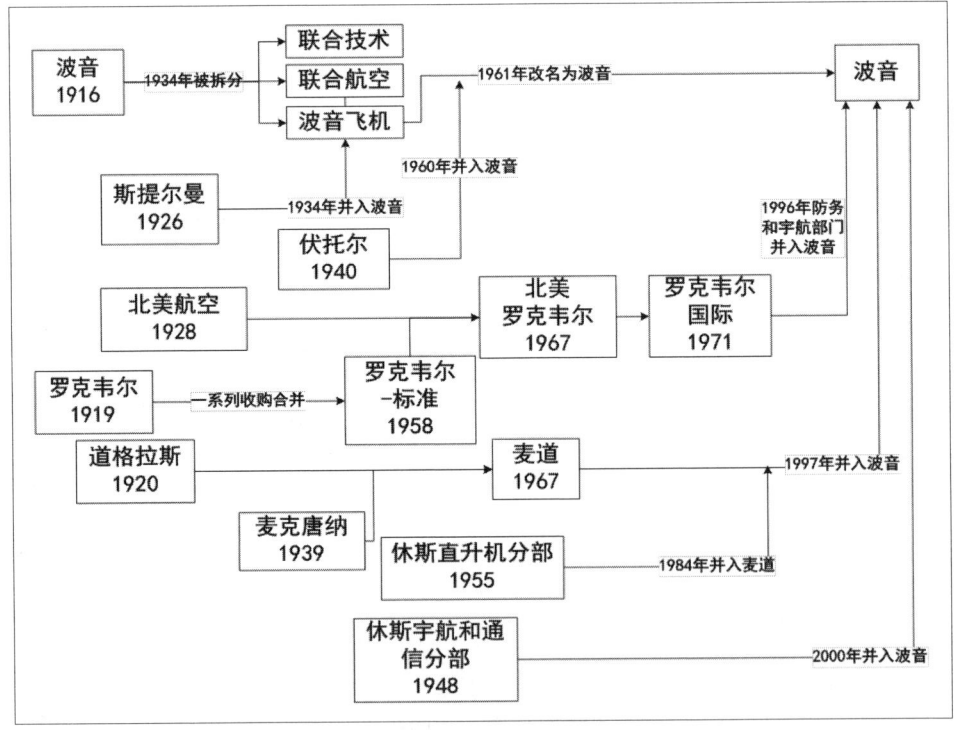

波音公司的主要并购活动

在波音公司的发展历程中，成功的收购、重组、整合起了重要作用。1929 年的大收购、大重组，掀起了美国飞机制造业的重组整合，柯蒂斯-莱特公司也在这一年合并，无意中起了应对大萧条的作用。1934 年波音被迫分拆，虽然威廉·波音生气离开，但是一分为三，分拆得合理，奠定了美国今日两大航空航天企业——波音公司、联合技术公司的基础。

冷战结束后，波音公司再次抓住机会，进行了大规模的并购活动。20 世纪 90 年代，波音公司更是大手笔收购了北美航空、罗克韦尔、麦道、休斯。

1996 年，波音公司收购了罗克韦尔公司的航天和防务业务。1997 年，波音公司与麦道公司进行了高达 133 亿美元的换股，合并成了新的波音公司，奠定了航空航天军用民用第一的位置。新公司的 LOGO 吸纳了麦道的环绕地球的图标。下图左是两家公司合并时发行的股票图案，图上有波音 1919 年驾驶工程师王助设计的 Model C 飞西雅图—温哥华的首次国际邮件航班照片，高个子的是威廉·波音。

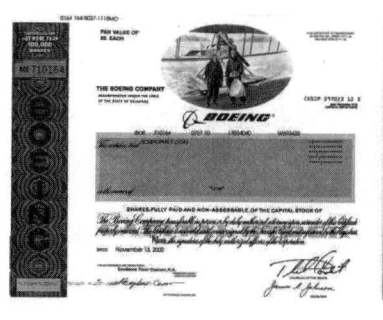 

波音与麦道合并后发行的股票图案　　　　　波音（右）与哈巴德

三、诺斯罗普·格鲁曼公司创始与上市

屡败屡战，三次创业的诺斯罗普公司　　约翰·纳德森·诺斯罗普（1895—1981）先后在洛克希德公司、道格拉斯公司担任绘图员和工程师，是个自学

成才的技术精英，是洛克希德公司著名的"织女星"单翼机的主要设计者，亦是飞翼布局的提出者。1928年离开洛克希德飞机公司后，诺斯罗普于1928年第一次创建了自己的公司——艾维恩公司，推出了著名的"阿尔法"飞机。但很快，公司就被波音的联合飞机与运输公司在1930年吞并，并更名为诺斯罗普航空技术公司。波音公司利用诺斯罗普的"织女星"设计和"全铝多室机翼结构"的发明，参考"阿尔法"飞机，于1933年2月推出了开创民用客机新时代的波音B-247。

1932年，诺斯罗普在昔日老板唐纳德·道格拉斯的帮助下第二次创办了诺斯罗普公司，推出了几款很成功的单翼飞机。由于劳工问题，公司于1937年解散，成为道格拉斯公司的一部分。这期间，道格拉斯采用诺斯罗普的技术，推出与波音B-247竞争的DC-3系列飞机。

1939年，诺斯罗普与美国飞行家莫伊·斯蒂芬合作，第三次创办了诺斯罗普公司，不久后爆发的第二次世界大战使这家公司活了下来。第二次世界大战期间，诺斯罗普公司的名机是P-61"黑寡妇"夜战战斗机。

1947年开始的冷战引发了新一轮军备竞赛，使美国军工产业迎来了新的重大发展机遇。与第二次世界大战时集体盛宴式的大规模扩张生产不同，冷战时期军备竞赛对军工产品技术含量和军工企业创新能力的要求越来越高，而单一产品的采购需求则越来越少，这使得武器研发取代规模生产成为军工企业的核心竞争力。这一时期，"高技术、高投资、高风险、长周期"正式成为军工产业的标签和门槛，个体军工企业往往因达不到准入门槛或承受不了项目风险而纷纷出局，大型公众公司成为适者生存法则下的军工企业主流形态。为了跟上产业升级步伐，迅速提升自身实力，诺斯罗普公司于1951年12月10日在纽约证券交易所上市，为即将到来的喷气和火箭时代做了准备。

但遗憾的是，1952年，57岁的创始人诺斯罗普在公司上市后突然离开了公司，卖掉了所有股票。原因是他和美国空军在项目上有分歧，也有说法是空军让他与康维尔公司合并而存在分歧所致。

格鲁曼飞行器公司 在诺斯罗普公司成立的同一年，1929年，在一家飞机公司工作的里洛易·兰德利·格鲁曼（1895—1982）和几个伙伴创建了格鲁曼飞行器工程公司，公司注册资本6.4万美元。这一年，格鲁曼34岁。公司的第一架飞机是可伸缩起落架的F1F双翼战斗机，为美国海军生产。第二次世界大战期间，公司是美国海军舰载机的主要供应商，名机F4F"野猫"，以高可靠性著称，号称"格鲁曼铁器"，是当时美国海军唯一能与日本零式战机打成平手的舰载机。第二次世界大战结束后，在喷气战斗机发展初期，格鲁曼公司进展不顺利，它在海军的领先地位被麦道和沃特取代了。直到1970年，格鲁曼公司靠F-14"熊猫"才回到舰载机市场。格鲁曼公司是阿波罗登月计划的主要参与者，但在之后的航天飞机竞标中输给了罗克韦尔公司，公司越来越困难。1969年，格鲁曼公司更名为格鲁曼航空航天公司。20世纪80年代后期，在隐形技术方面，格鲁曼公司也没有跟上，而洛克希德和诺斯罗普已经准备多年。

20世纪60年代以来，诺斯罗普公司一直是美国国防部的主要军火承包商，长期被列入十大军火订货承包商名单。70年代后半期曾退出十大承包商行列，把它的经营方向转向国际市场，成为美国最大的军火出口商之一。诺斯罗普公司从20世纪40年代就提出了飞翼概念飞机，终于在80年代研制成功B-2远程战略轰炸机，在美国空军树立了稳固地位。

诺斯罗普于1981年去世，享年86岁。他还是洛克希德公司创始人之一。诺斯罗普的成功在于：打工不忘创业，找个好公司，找个好老板，找个好伙伴。格鲁曼执掌公司37年，在1966年退休并继续担任公司名誉主席，于1982年去世，享年87岁。

1994年,诺斯罗普收购格鲁曼公司,成为诺斯罗普·格鲁曼公司。这之后,借助资本市场,新合并的诺格公司于1996年收购了西屋电气公司的防务和电子业务部门。

2001年,诺格进入造船领域,收购了利顿工业公司。利顿是当时美国领先的综合服务造船企业,曾在1961年收购了英格尔斯造船厂。2001年,诺格收购了纽波特新船造船公司。该公司是核动力航空母舰和潜艇的领先设计和建造者,曾经设计过第二次世界大战期间著名的"企业"号航母和"尼米兹"级核动力航母。2011年,诺格退出造船业务,将亨廷顿英戈尔斯公司(HII)分拆上市。

后冷战时期诺斯罗普·格鲁曼公司在军工领域的并购情况表

序号	年份	并购企业	主营业务
1	1994	沃特飞机公司	军民用航空器
2	1996	西屋公司的防务和电子业务	防务和电子系统
3	1997	逻辑控制公司	防务信息科技
4	1999	加利福尼亚微波公司	空中侦察和监视系统
5	2001	阿尔维斯后勤公司	爆炸物设备
6	2002	纽波特纽斯造船公司	核动力航母制造
7	2002	利顿工业公司	军事造船
8	2002	TRW公司	航天及防务产品
9	2005	康福鲁特公司	空中预警系统和电子系统

2015年10月,诺斯罗普·格鲁曼公司击败波音公司和洛克希德·马丁公司联合团队中标美国空军新一代远程战略轰炸机合同,为美军打造100架远程战略轰炸机队,合同金额550亿美元,新机被命名为B-21。其战略意图非常明确:俄罗斯和中国。

B-2　　　　　　　　　　　　　　　　　　　　　B-21

四、海空一体通用动力公司的起源与上市

通用动力公司的前身是美国潜艇之父约翰·菲利普·霍兰于19世纪末建立的霍兰鱼雷艇公司。尽管霍兰鱼雷艇公司推出的"霍兰"系列潜艇在潜艇发展史上占据重要地位，但技术上的成功并未带来与之相称的商业利益，研发潜艇的长期、巨额费用将霍兰鱼雷艇公司拖入了财政危机。霍兰不得不将公司卖给德裔犹太美国银行家伊萨克·赖斯，公司也于1899年2月更名为电艇公司。同许多技术创始人一样，约翰·菲利普·霍兰在失去了公司股权之后，仍未放弃对潜艇梦的执着，他继续选择留在电艇公司担任总工程师，变成了每周工资90美元的高级打工者——在当时绝对是高薪。

伊萨克·赖斯虽然是个律师和银行家，却非常善于营销。他把潜艇卖到世界各地，日俄战争期间，日俄双方都与电艇公司有交易。赖斯还促成了英国维克斯公司与电艇公司的合作，大大改进了霍兰的设计。1904年，约翰·菲利普·霍兰从电艇公司正式退休。发明家霍兰挣了名，律师兼银行家伊萨克·赖斯得了利。当然，也有人称赖斯为发明家。

第一次世界大战期间，电艇公司的产品终于获得美国军方认可，共为美国海军生产85艘潜艇、722艘猎潜艇和118艘自由轮，公司实现了规模化、产业化。投资人顺势让电艇公司于1926年在纽约证券交易所上市。

第二次世界大战期间，电艇公司得到进一步发展，共生产了 74 艘潜艇和 398 艘巡逻艇，员工队伍达到 13 000 人。

有了资本市场的支撑，电艇公司在第二次世界大战后开始了大规模扩张：1946 年以 1000 万美元成功抄底收购了加拿大飞机公司；1953 年从阿特拉斯集团买下了航空制造企业康维尔公司，实现了由海到空业务的拓展。

电艇公司于 1952 年 4 月 25 日在纽交所正式更名为通用动力公司，通用动力名号正式亮相华尔街。彭博和万得数据库将这一天作为通用动力公司上市时间。而实际上，其前身在 1926 年就上市了，只是那时公司业务仅限于潜艇，而 1952 年以后的通用动力公司则是集航空、航天、舰船、战车于一体的军工综合体。

冷战结束后，通用动力公司进行了一系列重要的并购重组：1995 年收购巴斯钢铁公司；1997 年收购朗讯先进技术系统公司；2002 年收购通用汽车公司防务分部，从而奠定了军工巨头的地位；2008 年收购 Jet Aviation 航空服务与维修公司，进入民用航空服务领域。其间，通用动力还出售了一些业务，例如飞机和航天，这些业务最终都归集到了波音和洛马公司。其战略意图是巩固武器和军舰，提高防务占比，搞航空航天也是避开波音和洛马，另开新路，例如 2008 年收购 Jet Aviation 航空服务与维修公司，进入民用航空服务领域。

通用动力现在经营四大业务：航空航天业务，包括民用航空（湾流系列公务机）、宇宙神系列运载火箭等；武器战斗系统，包括履带式战车、轮式战车、后勤架桥系统及各种弹药；情报系统与技术，包括移动式保密通信系统、单兵便携式计算机、ISR（情报、监视及侦查）、防火墙、网络安全系统等；海上系统，包括水面舰艇、核潜艇和补给舰等辅助舰船。

通用动力公司百年历史和重要并购活动表

年份	事件
1899	霍兰创立电力船舶（Electric Boat）公司
1952	公司更名为通用动力
1953	收购康维尔飞机公司（Convair）。该公司是 B-36 轰炸机、F-16 战斗机制造商
1982	收购克莱斯勒战斗系统，组建为通用动力战斗系统
1992	将战术导弹部门出售给休斯电气
1992	将赛斯纳出售给德事隆
1993	将固定翼军用飞行器部门（含 F-16 生产线）出售给洛克希德
1993	将空间系统部门出售给马丁·玛丽埃塔
1994	出售康维尔飞机结构部门给麦道
1995	收购创建于 1890 年的巴斯钢铁厂（Bath Iron Works）
1996	收购泰莱达因（Teledyne）车辆系统，加强野战火炮系统力量
1996	收购洛克希德·马丁公司的防务系统部和武器系统部
1996	关闭康维尔
1997	收购 Lucent 先进技术系统公司
1998	收购国家钢铁与造船公司
1999	收购湾流航空航天公司
2001	收购摩托罗拉集成信息系统后组建通用动力决策系统
2002	收购 Advanced Technical Products
2003	收购通用汽车名下的通用汽车防务
2003	收购 Steyr Daimler Puch Spezialfahrzeug
2003	收购 Veridan
2005	收购威尔第公司
2008	收购 Jet Aviation
2016	成为美国海军升级版战略导弹核潜艇的主要承包商

1954 年 1 月，电船公司建造出了世界上第一艘核动力潜艇，被命名为"鹦鹉螺"号潜艇（SSN-571），意为纪念法国作家儒勒·凡尔纳小说《海底

两万里》中的"鹦鹉螺"号潜艇。"鹦鹉螺"号潜艇于1980年3月退役，经改装被放置在美国格罗顿潜艇部队做博物馆艇。1959年，美国发行了纪念"鹦鹉螺"号的邮票，能看到艇上"571"编号。邮票上的1909年，对美国潜艇制造来说是一个重要年份。这一年，美国研发制造了多型潜艇，著名的是美国第一艘采用双轴推进的潜艇C-3号，全长34.1米，宽4.2米，水下排水量279吨。C级潜艇被编入大西洋舰队，1913年12月，5艘C级潜艇历时5天完成了1100千米的远洋航行，创造了美国潜艇自主航行的最远纪录。

1954年"鹦鹉螺"号下水现场

1959年美国发行的"鹦鹉螺"号纪念邮票

1959年，电船公司建造了世界上第一艘弹道导弹潜艇——"乔治·华盛顿"号潜艇（SSBN-598）。该艇于1960年7月20日发射了第一枚"北极星"潜射弹道导弹，标志着美海军正式拥有了核打击能力，同时也标志着美国成为世界上第一个具备"三位一体"核打击能力的国家。电船公司主导设计了美国几乎所有型号的常规动力和核动力潜艇，核潜艇的产量超过美国海军装备量的50%。在美国能建造军舰的七家船厂中，通用动力所属电船公司独占其三。

五、雷神公司起源与上市

第二次世界大战之前的雷神公司是一家民品公司，其前身是1922年由劳伦斯·马歇尔等人在马萨诸塞州剑桥市合伙创立的美国器械公司。1925年，公司改名为雷神制造公司。公司最开始的主业是制冷技术，后来转向电子产品。

第二次世界大战爆发后，美国军方需要大量雷达，雷神公司抓住机遇争取到了雷达关键部件磁电管的合同，就此"半途参军"。到1945年第二次世界大战结束时，雷神公司已在磁电管、船用反潜雷达等方面建立起了行业领先地位。以此为契机，1945年10月1日，雷神公司在纽约证券交易所上市。

冷战结束后，雷神公司开展了一系列的并购活动：1992年并购通用动力公司导弹分部；1996年并购克莱斯勒机械技术公司，以加强军用电子业务；1997年并购得克萨斯仪器公司防务与电子集团获得战术导弹、雷达夜视系统和电子战斗系统；1997年并购通用汽车休斯防务公司获得陆、海、空防务电子系统和服务，由此成为美国"五大"之一。

2020年4月3日，雷神公司与联合技术公司完成合并，新公司被命名为雷神技术公司。合并后，公司2019年的收入约740亿美元，全球员工共19.5万名，其中有6万多名工程师。公司的航空航天防务业务有高超声速和未来导弹系统、能束武器、拥塞环境下的ISR、联网飞机的网络防护、下一代互联空域及用于民航的先进分析和人工智能技术等。新雷神技术公司主要有四大业务子公司：柯林斯宇航公司主要从事航电与机载系统与设备、内饰、航空结构件和动力控制系统，产品覆盖民用航空、公务航空和军工领域，总部位于北卡罗来纳州夏洛特；普惠公司是与通用和罗罗并列的航空发动机三大公司之一，设计制造航空发动机和辅助动力系统并提供相关服务，总部位于康涅狄格州东哈特福德；雷神智能与航天子公司提供互联网与软件解决方案，研发先进的传感器，总部位于弗吉尼亚州阿灵顿；雷神导弹与防御技术子公司的主要业务包括各类反导系统，总部位于亚利桑那州图森。

新公司董事会共15名成员，其中8名来自联合技术公司，7名来自雷神公司。新公司的标识设计很用心,充分融合了两家公司的原标识和关键词:新公司名字突出了雷神,主体色彩来自雷神,整体标识造型来自联合技术公司。

联合技术公司(左上)、雷神公司(右上)与雷神技术公司三家标识

该合并案终于揭晓了之前几年联合技术公司接连出售西科斯基"黑鹰"、奥的斯电梯、开利空调,以及急于收购柯林斯的"谜底",看来蓄谋已久。

美国华尔街是美国军工巨头做大做强的温床和催化剂。

第六节 踩着德国和英国的"肩膀"进入喷气和登月时代

第一次世界大战前的欧洲是世界航空中心,法国、英国、德国早于美国创办了飞机制造工业,巴西的桑托斯·西蒙、俄罗斯的格列维奇[①]、乌克兰的西科斯基[②]、荷兰的福克[③]纷纷到法国、德国学习和创业。到1939年第二次世界大战开始,欧洲在航空科学技术方面仍然领先于美国。第二次世界大战结束后,一大批德国航空航天专家成为美苏争夺的"战利品",美国为此专门制订了一个名为"回形针"的计划,苏联则直接将招揽广告贴在德国V-2火箭制造厂门口,承诺提供黄油和面包。此外,一批在欧洲生活艰难的战胜国

[①] 格列维奇:苏联米格飞机实验设计局创始人之一。
[②] 西科斯基:美国西科斯基飞行器公司创始人,俄罗斯沙皇时期波罗的海车辆厂首任飞机总设计师。
[③] 福克:在德国柏林创建了福克飞机制造厂。

专家，例如英国、法国等国的学者为了生计和学术条件也移民到了美国。可以说，第二次世界大战后，美国是踩着德国、英国的"肩膀"进入喷气时代，在德国战俘的帮助下成功发射了首颗人造卫星，实现了"阿波罗"登月计划。

一、朝鲜战场上的北美F-86源于德国Me-262

德国是喷气技术的开创者，最早研制出了使用火箭发动机的Me-163截击机、Me-262喷气式战斗机。第二次世界大战结束前，美国在飞机和导弹技术方面落后于德国和英国很多。

朝鲜战场上首次出现的喷气战机是北美航空公司（后并入波音）的F-86"佩刀"和苏联米格-15。这两种后掠翼喷气式战机技术都来自德国，德国飞机设计师阿道夫·布兹曼早在1935年就设想好了。第二次世界大战刚结束，美苏就四处搜寻布兹曼和他的研究成果，结果是美国捷足先登俘获了布兹曼。布兹曼帮助北美航空公司研制出F-86"佩刀"后掠翼战斗机，实际上是德国Me-262的翻版，苏联米格设计局借助布兹曼的成果研制出了米格-15后掠翼战斗机。

米格-15和F-86在朝鲜战场上出现，代表着喷气时代的开始。虽然二者很相似，都源自德国的Me-262，但各方普遍认为，在朝鲜战争中，米格-15更胜一筹。

美国F-86喷气式战机

苏联发行的米格-15喷气式战机纪念邮票

第二次世界大战期间,在德国和英国进行喷气飞机竞赛时,美国和苏联都得到了消息,也分别开展了自己的喷气机计划。英国在研制出格罗斯特"流星"喷气式战斗机后,又帮助美国贝尔飞机公司研制出了第一架喷气机 XP-59A。不久,洛克希德的"流星"喷气战机也研制出来,该机是美国第一种投入实战的喷气式战斗机。

美国空军网站展示的朝鲜战争中的美军喷气战机

洛克希德公司的"流星"也参加了朝鲜战争,型号为 F-80,但表现不如德国布兹曼帮助北美航空公司研制的 F-86。F-80 只生产了 1000 多架,服役至 20 世纪 60 年代;而 F-86 共生产了一万多架,服役至 20 世纪 90 年代,创造了作战飞机服役时间最长的纪录。在洛克希德·马丁公司的网站上对 F-80 战机进行了介绍,称其为"朝鲜战争英雄"。

英国发行的格罗斯特"流星"喷气战机纪念邮票

美国 F-80"流星"喷气战机

二、波音707与英国"彗星"

在民用喷气客机方面，20世纪50年代，美国、英国、苏联展开了竞争。由于英国有喷气动力技术原创优势，一开始便占了上风。英国德·哈维兰飞机公司于1949年7月27日完成了世界上第一架喷气式客机"彗星"号原型机的首次试飞。1952年5月2日，"彗星"号客机正式投入运营。"彗星"号客机一是速度快，可达每小时788千米；二是采用密封增压式座舱，可在更高处飞行，平稳性和舒适性好。但是，在"彗星"号运营一段时间后出现了一系列致命的安全问题，从1952年到1953年，"彗星"号接连发生了三次飞行事故。后来调查发现，是我们现在都熟知的"金属疲劳"问题。

"彗星"号飞机增压舱内方形舷窗处的蒙皮，在反复的增压和减压冲击下，产生变形、裂纹，最终导致金属疲劳断裂。在高空中，断裂使得飞机座舱内外的压差如同压缩空气一样爆炸，会使飞机解体。当时，金属疲劳还是一项无人知晓的课题，而喷气式飞机"彗星"号比其他飞机都飞得快且采用了增压座舱，承受的压力自然也大，更容易产生金属疲劳问题。对金属疲劳问题的认识不足，最终毁掉了英国德·哈维兰公司。最终，德·哈维兰公司于1960年并入霍克·西德利公司，"彗星"号生产线不得不在1962年正式关闭，因为波音707来了。

世界第一架喷气客机——英国"彗星"号

接班"彗星"号的波音707喷气客机

犹如当年英国人跟法国人学造船技术一样，美国人也一直盯着英国人。喷气客机技术的"收割者"依然是美国。不得不承认，波音是一家善于学习和整合的公司。在吸取了"彗星"号等的教训后，波音采用了新型材料，改进了舷窗的形状，针对容易疲劳的部位进行了改进，终于在20世纪50年代末推出了波音707。波音707是世界第一款在商业上取得成功的喷气式民航客机，凭着707的成功，波音公司扭转了被道格拉斯DC系列客机压制的被动局面，夺得了民机老大的位置。

三、"德国战俘"冯·布劳恩送阿姆斯特朗登月

德国人冯·布劳恩（1912—1977）是世界上最早投入实战使用的弹道导弹V-2火箭的总设计师。1928年，16岁的冯·布劳恩阅读了德国火箭先驱赫尔曼·奥伯特的《飞往星际空间的火箭》而开始着迷火箭。1930年，18岁的冯·布劳恩进入柏林工学院，成为奥伯特的学生，协助奥伯特进行液体燃料火箭发动机试验。1932年，冯·布劳恩大学毕业，同时获得了飞机驾驶执照——他的成长过程与苏联航天奠基人科罗廖夫很相似。从1932年开始，20岁的冯·布劳恩成为德国火箭项目负责人多恩伯格（战后去了美国，成为贝尔公司顾问）的主要助手，主要从事火箭研究。1939年，冯·布劳恩第一次见到希特勒。在冯·布劳恩的具体主持下，在其老师赫尔曼·奥伯特的帮助下，纳粹德国于1942年成功研制出了世界上首枚A-4火箭。1942年，观看完A-4火箭成功试射后，希特勒亲自下令量产A-4火箭，并将其作为打击伦敦的"复仇武器"，A-4火箭改名为"Vergeltungswaffe-2"，也就是后来著名的V-2。1943年，德国开始批量制造V-2火箭，射程达到300千米，可携带1000千克的重弹头。在那个螺旋桨飞机的时代，V-2火箭只用6分钟就能从德国飞到英国伦敦。

第五章 从"五月花"号登陆到"阿波罗"号登月

1944年9月8日,德国向英国伦敦发射了第一枚V-2,炸弹在伦敦市区爆炸。这是V-2首次成功袭击英国本土,在伦敦引起了很大的恐慌。此后不到半年时间,德国共发射了2000多枚V-2,给盟军造成巨大损失。

1945年春,苏军进攻到离佩内明德约160千米的地区,冯·布劳恩开始和手下商议投降事宜——究竟是投降苏联,还是美国?由于惧怕苏联在战后虐待战犯,冯·布劳恩和他的手下决定投降美军。1945年5月2日,冯·布劳恩的弟弟、火箭引擎工程师马格斯被选为谈判代表与美军第44步兵师秘密地接上了头。冯·布劳恩不知道的是,这些美国人也正是奔他而来——在美国陆军拟定的"回形针"行动名单上,冯·布劳恩排名第一。最后,126名来自佩内明德的火箭研究人员被秘密送到了美国本土。

冯·布劳恩被任命为美国陆军弹道导弹署发展部主管。起初,他并没有被重用,但于1955年取得美国国籍。直到1957年10月4日,苏联第一颗人造卫星发射成功,美国国防部才想起冯·布劳恩。在一次国防部宴会上,冯·布劳恩向国防部特使迈克尔·罗伊保证,如果让他出马,可在60天内

约翰·肯尼迪总统(左二)视察位于亚拉巴马州亨茨维尔的美国国家航空航天局马歇尔航天飞行中心,中心主任沃纳·冯·布劳恩(左一)向总统介绍"土星"1号火箭,副总统林登·约翰逊(左三)陪同

将美国的第一颗卫星送入太空，所用的火箭就是他的"红石"火箭的改进型——丘比特-C型火箭。84天后的1958年1月31日，冯·布劳恩用他的丘比特-C型火箭成功将美国第一颗人造卫星"探险者"1号送入太空。1958年7月29日，美国国家航空航天局（NASA）成立。两年后，冯·布劳恩入主美国国家航空航天局马歇尔太空飞行中心，从1960年7月至1970年2月，冯·布劳恩担任中心主任，开启了新的飞天之梦。在冯·布劳恩的领导下，美苏两国才开始了势均力敌的太空竞赛。

1961年5月25日，肯尼迪宣布将在10年内，把美国人送上月球，并使他重返地面。这就是著名的"阿波罗"登月工程。冯·布劳恩就任总统空间事务科学顾问，分管"阿波罗"工程，直接主持"土星"5号运载火箭的研制工作。

1969年7月16日凌晨4时，冯·布劳恩在肯尼迪航天中心下令："倒计时开始。"三天后的20日晚10时56分，由"土星"5号

美国《时代》周刊封面上的沃纳·冯·布劳恩与"土星"5号

运载火箭搭载的"阿波罗"11号飞船在月球上登陆成功。宇航员阿姆斯特朗在月球上踩出人类第一个脚印。直到这一刻，美国才在美苏太空竞赛中挽回了面子。冯·布劳恩也因此成为美国英雄，登上了《时代》周刊封面。

有媒体说，是德国战俘冯·布劳恩撑起了美国航天半边天。1970年，冯·布劳恩任美国国家航空航天局主管计划的副局长。1972年，冯·布劳恩离开美国国家航空航天局，进入一家美国的私人公司担任副总裁，继续从事促进各种卫星技术计划的发展；同时还创立了美国国家太空学会，即今日的美国航空航天协会的前身。

1977 年 6 月 16 日，布劳恩在美国弗吉尼亚州去世，墓碑上刻了《圣经》中的一句话："诸天述说神的荣耀，苍穹传扬他的手段。"有评论说，没有冯·布劳恩，美国不可能在 20 世纪登月成功。

俄罗斯对美国航空航天其实帮助也很大，美国长期购买俄罗斯 RD-181 等火箭发动机。正在运行的国际空间站，如果没有俄罗斯的支持恐怕早就停运了。

马斯克航天活动早期曾求助于俄罗斯，因俄方要价高而决定自己干。2021 年，马斯克在接受采访时说："我试图消除'架构是最难的东西'的误解。这还不是最难的部分，我正在花很长时间研究俄罗斯火箭发动机的架构。他们（俄罗斯）长期以来一直从事液体火箭发动机的研究，创造出了很多精彩的火箭架构。"马斯克的"猛禽"（Raptor）火箭发动机的确是受到俄罗斯产品的启发。与俄罗斯同类产品相比，"猛禽"的改进相对较小，但成本大大降低，这是美国人相对于欧洲人的长处，更是马斯克所擅长的。

踩着欧洲人的肩膀，随着"阿波罗"登月计划完成，美国航空航天在 20 世纪 70 年代成为世界第一。这就是美国空天力量形成的过程。

第七节　肯尼迪的演讲——《我们选择登月》

"要不要建设大海军"，在美国争论了近百年；"要不要搞登月工程"，在美国同样有不同的意见。1962 年 9 月 12 日，美国总统肯尼迪在得克萨斯州休斯敦莱斯大学发表了题为《我们选择登月》的演讲，动员美国各界支持"阿波罗"计划。

这篇演讲不到 3000 字，虽然产生于冷战和美苏太空竞赛的背景，但肯尼迪从文明演进、科学发现、技术进步等角度论述，浓缩了人类进步史，讲了人类为什么要冒险和耗巨资探索未知的意义。当然，肯尼迪也承认了与苏联太空竞赛的现实:"可以肯定的是,我们(美国)目前落后于人(苏联),而且在载人航天领域还将继续落后一段时间。但我们不打算落后下去,在这个十年中,我们将迎头赶上。"这里节选部分对如今颇有意义的内容供读者参考。

肯尼迪演讲

……

我们要在太空这片新海域扬帆起航,因为那里有新的知识要我们去获取,有新的权利要我们去争取。我们必须为全人类的进步,去赢得和利用这些知识与权利。这是因为,与核能科学及其他所有科技一样,太空科学本身无善恶之分,它的力量之善恶取决于人类。

……

可以肯定的是,我们(美国)目前落后于人(苏联),而且在载人航天领域还将继续落后一段时间。但我们不打算落后下去,在这个十年中,我们将迎头赶上。

……

最后,尽管航天事业本身仍处起步阶段,但它已催生很多企业与成千上

第五章　从"五月花"号登陆到"阿波罗"号登月

万工作机会。航天工业及相关工业正在产生对投资与技能人才的新需求，而本市、本州、本地区将在很大程度上分享这种增长。

曾经的西部旧疆域边陲将成为科学与太空新疆域的前哨站。休斯敦，你们的城市休斯敦，连带着这里的载人航天中心，将成为一个大型科学与工程社区的心脏。

……

当然，这一切会花掉我们一大笔钱。……尽管我明白，鉴于我们现在还不知道有什么好处等着我们，所以这在一定程度上，仍是信念与憧憬之举。

约翰·肯尼迪在 1963 年 11 月 22 日遇刺身亡。1969 年 7 月 20 日，美国"阿波罗"11 号登月舱将尼尔·阿姆斯特朗和巴兹·奥尔德林送上了月球，阿姆斯特朗在月球上留下了人类的第一个脚印。在美苏太空竞赛中，美国终于扳回了一局。

阿拉伯联合酋长国一直致力于航天探索活动，这个阿拉伯国家还专门发行邮票纪念肯尼迪和人类登月活动。

然而，"阿波罗"计划之后的太空探索，并没有按照肯尼迪的和平意愿进行。1983 年，美国里根总统抛出了"星球大战"计划。

肯尼迪与冯·布劳恩在导弹中心

阿联酋纪念邮票

第八节　海空天"军工复合体"的力量

拥有大片海外殖民地，垄断的海上贸易航线，是大航海时代帝国的标志；遍布世界各地的军事基地，出口各国的海空天武器，则是美帝国的 LOGO。洛克希德·马丁、诺斯罗普·格鲁曼、雷神、通用动力、波音等，这些生产海空天装备的军工企业，从 20 世纪初的私人小作坊，已经成为能影响美国大选，挑起世界纷争的军工复合体。这些军工复合体不但为美国挑起的一场场战争提供武器，还向美国政府输出官员，美国多任国防部长、副部长，以及海空天装备部长，都曾来自这些军工巨头，而退役的上将或高官们更是这些公司的董事。

2018 年 3 月，美国政府针对中国签署了《对华 301 调查报告》。签字现场仅有的几个人中，就包括洛克希德·马丁公司总裁玛丽莲·A. 休森女士。签完字，特朗普意味深长地将签字笔送给了玛丽莲·A. 休森总裁，好像在说："靠你们了。"

美国《金融时报》对美国政府签署《对华 301 调查报告》进行报道

2019 年 11 月，美国前参谋长联席会议主席、64 岁的陆战队上将约瑟夫·邓福德退役。两个月不到，2020 年 1 月 25 日，洛马公司宣布，董事会已选举约瑟夫·邓福德为公司董事会成员，自 2020 年 2 月 10 日生效。他将在洛马公司的治理委员会和安全委员会任职，负责监督机密业务。

洛克希德·马丁公司的 LOGO 上曾有过一行字："We never forget who we're working for."（我们永远不要忘了为谁而工作。）洛马公司是美国最"讲政治"的公司，几乎与中国海空天行业没有交往。在洛克希德公司、马丁公司的历史上，美国政府一直对他们给予特别关照。

第二次世界大战后，美国政府把第二次世界大战中所开办的军工企业转给私人企业经营，政府又通过加速折旧法为私人军工垄断企业的基本建设投资提供优惠的条件。私人垄断企业拿到军火订单后，政府又给它们预付货款。洛克希德公司、马丁公司这些大型军火企业，从国库中获取了它们进行基本建设投资所需的大部分资金。美国众议院军事委员会的报告透露，美国的飞机公司固定资本的 72% 是由政府提供的。里根总统上台后，洛克希德公司在争夺军事订货中又取得新收获。1979 年，苏联出兵阿富汗后，卡特政府立即建立一支快速部队，需要一批新的大型军用运输机。对于这笔数量可观的军火订货，洛克希德、波音和麦道三大飞机公司展开了激烈的争夺战。1982 年，这一争夺战已经到了白热化程度。华盛顿州参议员亨利·杰克逊竭力为花旗银行财团的波音公司争夺这笔订货，力主把波音 747 改为军用。空军部分官员和威斯康星州参议员威廉·普罗克斯迈尔则为麦道公司说话，力陈采用新型的 C-17 运输机，认为该机能够在波斯湾等地前线的简易机场起降，迅速运送部队。国防部长温伯格及副部长弗兰克·卡卢奇则为洛克希德公司力争，认为波音 747 不适于军用，C-17 成本过高，主张用洛克希德的 C-5B 代替 C-17，成本可由 150 亿美元下降为 110 亿美元。这场争夺战最后以洛克希德获胜而告终。

所以,美国参谋长联席会议主席退休后到洛马公司当董事,政府放心,企业欢心,投资者更高兴,因为政府的资源又可以源源不断地输入了。洛马公司的股票在 20 年间,从不到 100 美元,已上涨到现在的 400 多美元。

美国审计署 2008 年 5 月发布的一份报告显示,从 2004 年到 2006 年,有 2435 名前五角大楼官员被 52 家主要防务承包商聘用,其中 7 家大型公司聘用的人数就达 1581 人。例如,全球最大的国防承包商洛克希德·马丁公司,其董事会里就出现过国防部前副部长皮特·奥尔德里奇、战略司令部前司令詹姆斯·埃利斯、国土安全部前副部长兼海岸警卫队司令詹姆斯·洛伊和驻欧洲最高联合司令部前司令兼参谋长联席会议副主席约瑟夫·罗尔斯顿。据 2019 年洛马公司信息披露,洛马董事会共有董事 11 名,其中一名为内部董事,其他 10 名皆来自外部。

洛克希德·马丁公司董事会成员一览表

董事姓名	任职时间	曾任或现任职务
玛丽莲·A. 休森	2012 年	董事长兼 CEO,洛马从业 36 年,兼杜邦等公司董事
丹尼尔·F. 艾克森	2014 年	海军出身,曾任职凯雷公司高管、通用汽车董事长
大卫·伯里特	2008 年	现任美国钢铁公司总裁
布鲁斯·卡尔森	2015 年	2009 年怀特帕特森空军基地装备部指挥官岗位退役
詹姆斯·埃利斯	2004 年	曾任美国战略司令部总司令,海军上将退役
汤姆·福克	2010 年	现任金佰利执行董事长
艾琳·戈登	2016 年	曾任宜瑞安公司董事长、总裁兼 CEO
姬·霍卢布	2018 年	现任美国西方石油公司总裁兼 CEO
杰·约翰逊	2004 年	曾任美国国土安全部长
黛布拉·里德克拉格斯	2019 年	曾任能源公司高管
詹姆斯·泰克莱德	2018 年	军人出身,现任美国电塔董事长、总裁兼 CEO
备注:董事平均任职时间为 6.5 年		

洛马公司董事长兼 CEO 玛丽莲·A. 休森女士在洛马公司任职 36 年，其中在航空业务板块深耕 15 年。其他 10 位都是外部董事：其中 4 名董事有过军方背景，两名曾任美军上将，8 人是现任或曾任上市公司 CEO，还有一人曾是奥巴马政府时期国土安全部长。

特朗普任上，国防部长频繁更换。2019 年 1 月，出身于波音公司副总裁的帕特里克·沙纳汉任国防部代理部长。接着，曾担任雷神公司 7 年副总裁的马克·埃斯珀又接着任国防部代理部长并于 2019 年 7 月很快转正。2020 年 2 月 19 日，特朗普通过推文解雇的国防部副部长约翰·鲁德曾任洛马公司子公司国际公司副总裁。

关于军工复合体的讨论由来已久。美国经济学家默里·罗斯巴德（1926—1995）说，第一次世界大战后期的美国是"战争集体主义"，是"完全的计划经济，主要由大的利益集团用中央政府的工具来运转，是 20 世纪国家资本主义条件下国家公司的原型"。1961 年，美国艾森豪威尔总统在《告别演说》中提醒"军工复合体在政府各部门中获得了不应有的影响力"，他担心"政府政策沦为科学技术精英阶层的俘虏"，同时他还承认军工复合体是"维护和平的关键因素"，是"美国正在经历的新事物，其政治的、经济的，甚至精神的影响已渗透每个城市、每个家庭、每个联邦政府机构"。

在美国，军工复合体是随着技术进步、军事变革、经济转型、政府改革和企业竞争主客观发展而来的，是一种"无形的体制"和"实用的机制"。

第一次世界大战时期，为了在短时间内调动各方资源，将国民经济和工业产能转入战时轨道，美国国会于 1916 年 6 月通过了《国防法》。该法第 120 条，授予总统直接采购包括任何供应来源的战争物资和在必要时征用工厂的权力，并授权总统任命一个工业动员委员会；同时还命令陆军部部长准备一份包括全部有条件制造武器和军需品的私营工厂的完整清单。

对于大力引进私营企业参与备战工作，起初，美国军方从传统出发仍持抵制态度，坚持认为与军事采购和军事战略密切相关的合同不应交付给商业机构。但由于军队后勤系统的混乱低效，美国军方不得不对企业巨头们做出让步。1917年，随着美国在4月正式对德宣战，为了应对军用物资采购数量激增造成的混乱，美国国防委员会决定在7月成立战时工业委员会（War Industrial Board，简称WIB），负责工业动员和组织，由工业家弗兰克·斯科特担任首任主席，银行家伯纳德·巴鲁克担任第二任主席。战时工业委员会工作人员主要由企业家和企业雇员的"志愿人员"构成，这些人因仅象征性地从政府每年领取一美元工资，又被称为"一美元人"。1918年3月起，战时工业委员会不再隶属于国防委员会，而是提升为直接对总统负责的独立机构。战时工业委员会相比军方的军需部门拥有更高权力，统管美国陆海军和盟国的战争物资的采购和供应、军需品的生产和计划、资源的调拨和保护、战时物资的采购价格等一切有关战争的经济问题。

主要由企业人员构成的战时工业委员会在实际运作中并不一味维护"自家人"，很多时候也会站在政府和军方的立场上对"胃口"过大的私人企业进行管制。例如，1917年9月，战时工业委员会召集了钢铁业大公司的65名经理人员，希望就政府采购钢铁的价格达成协议。面对钢铁业方面明显过高的报价，战时工业委员会以"采取必要的步骤接管钢铁厂"为威胁，很快迫使钢铁业大公司在政府采购价格的基础上重新修改了价目表。最后的协议价格比战时的市场价低了不少，但仍远高于战前美国钢铁市场的价格，使得钢铁企业仍能从中获得可观利润。此外，为了确保军工生产得到足够的人力、物力支持，战时工业委员会对福特公司等汽车工业巨头、杜邦公司等化学工业巨头也采取了强硬的管制手段，但被管制的这些企业从军需合同中也得到了不菲的补偿和收益。总体来看，在战时工业委员会的主导下，战争期间美国政府、企业和军方实现了多方共赢。

第一次世界大战期间，美国政府还建立了战时贸易委员会、战时金融公司、船舶委员会、飞机生产委员会等各类管制机构，如将中途解散或合并的也计算在内，那么管制机构总数可达 5000 个左右。在政治家、资本家与军方的共同强力推动下，美国的战争机器迅猛发动，全国被分成 21 个军事工业区，共计生产了大炮 4000 门、枪 350 万支、飞机 2 万架（第二次世界大战时是 30 万架）、舰船 875 艘（排水量 294.1 万吨）、卡车 3.5 万辆，军工产业迎来了一个短暂的发展高峰，为第二次世界大战进行更大规模的战争动员组织做了预演。这里特别说一下，第一次世界大战时期，美国还向中国订制了 4 艘万吨运输船。

第二次世界大战来临之际，1939 年夏天，罗斯福成立了战争资源委员会（War Resources Board，简称 WRB），旨在为战时经济动员提供建议。在委员会民间咨询负责人的人选上，罗斯福精心挑选了小爱德华·斯特蒂纽斯。斯特蒂纽斯时任美国钢铁公司总裁、通用汽车公司前任总裁。小爱德华·斯特蒂纽斯上任后，很快将美国电话电报公司总裁沃尔特·吉福特、通用汽车公司高管约翰·普拉特、西尔斯公司董事长罗伯特·伍德等大企业巨头吸纳进了战争资源委员会。后来由于舆论强烈抗议，战争资源委员会很快于 1939 年 11 月解散，但政府与大企业家已围绕战争动员结成了利益同盟，开始携手主导和推动美国向战时经济转轨。小爱德华·斯特蒂纽斯于 1940 年在罗斯福的邀请下又担任了工业原料委员会委员，并开始陆续兼任一些其他政府职务，1944 年成为美国国务卿。

1942 年，罗斯福成立新的战争动员管理部门——战时生产委员会（War Production Board，简称 WPB），任命西尔斯公司总经理唐纳德·尼尔森为负责人。大批企业家和企业雇员成为战时经济管理机构的"志愿"工作人员，成为"一美元人"。

美国智库"企业研究所"访问学者，通俗历史作家阿瑟·赫尔曼在2012年出版的《自由之熔炉——美国产业界是怎样赢得二战的》一书中，描绘了美国是如何成为世界头号兵工厂的工业传奇，其主角威廉·克努森的故事引人入胜。国内翻译出版的书名叫《拼实业——美国是怎样赢得二战的》，值得一读。

克努森在1937—1940年曾任通用汽车董事长，1940年受罗斯福总统之邀任战时生产管理局局长，提出"民主国家兵工厂"口号，战时被授中将军衔。他把汽车大批量生产模式引入飞机制造，实现了第二次世界大战期间制造飞机近30万架的奇迹。很凑巧，这本书还提到了底特律萨基诺转向器厂参与战时军工生产之事，这个厂在2009年通用汽车破产时，由中国航空工业集团公司收购，现在是一家在香港上市的公司，股票简称"耐世特"（HK01316）。

在政府和企业的共同努力下，从1940年开始，美国迅速实现了国民经济的战争总动员。从1940年7月到1945年8月，美国直接和间接国防开支达3044亿美元，占政府预算总开支的90%以上。1940—1944年，美国新建了2600多家军工企业和兵工厂，有9万家工厂由生产民用产品转为军工产品，共生产了飞机296 429架，舰艇87 620艘，坦克和自行火炮102 351辆，大炮372 431门，卡车1 455 964辆，机枪2811万挺，步枪1740万支，子弹414亿发，炮弹420万吨，军工总产量远远高出轴心国的产量总和，成为盟国在第二次世界大战期间逐步转败为胜的坚实保障，被称为"民主兵工厂"。

大企业在与政府的合作中也得到了丰厚回报，1940年年中到1944年9月，政府的军用产品合同总值达到1750亿美元，其中的一半被实力雄厚的前30家大公司获得，三分之二被前100家大公司获得，排名第一的通用汽车公司甚至获得了合同总额的 8%。第二次世界大战期间，许多汽车公司参与了飞机制造，通用汽车旗下的通用航空公司成为重要的飞机制造商，后来发展为北美航空公司（F-86 制造商），再后来成为波音公司的重要组成部分（"阿波罗"计划的参与者）。

在政府采购的拉动下，美国军工大企业在企业规模、技术能力、政治影响、经济拉动、就业创造等方面都开始成为美国一支举足轻重的力量，为军工复合体的出现奠定了基础。

1945 年第二次世界大战结束后，美国进行了大裁军，军费大幅度削减，美国军工产业进入低谷期。1945—1946 年，政府处理掉了总投资达 150 亿美元、约占全国工业生产能力 20% 的军工厂。1947 年 3 月，以担当"自由世界守护神"为名，实质争夺全球霸权的"杜鲁门主义"出台。以此为标志，美国从此抛弃了战后立即大裁军的传统思想，进入了"永久战争经济"时代。

自朝鲜战争以后的 40 余年里，美国年度国防开支从未低于 1500 亿美元（以 1982 年美元计算），所占 GNP（国民生产总值）比例也从来没有低于 5%，军工产业也随之成为美国的支柱产业之一。航空航天军工巨头正是在这一阶段站稳脚跟发展壮大。

为了实现对庞大军事力量的长期有效管理，美国国会于 1947 年通过了《国家安全法》，决定成立国家安全委员会和国家军事机构。国会于 1949 年将国家军事机构正式更名为国防部，并规定了国防部对美国陆海空三军的统一领导地位，这奠定了国防部未来作为军工复合体中政府机构代表的核心位势。对军工产业的管理则基本延续了第二次世界大战时的政商同盟格局，政府与企业的合作纽带还通过种种途径得到了进一步强化，如在政府主管部门和军事机构下设有由大公司人员组成的顾问及咨询委员会，定期或不定期召开政府官员、军方、大公司高管组成的联席会议，加强面向国会的对外军事援助游说等。

在此期间，美国一方面在航空、航天、核武器、航母、潜艇等高精尖装备领域与苏联展开军备竞赛，一方面将三分之一的陆军、二分之一的海军、五分之一的空军和200亿美元的直接战争费用投入了朝鲜战争，还在1945—1960年提供了价值300亿美元的对外军事援助。在巨额军事开支的滋养下，军工复合体终于浮出水面。

20世纪六七十年代，美国涌现出了一大批研究军工复合体并侧重放大其负面影响的出版物，如弗雷德·库克的《战争国家》、维克托·珀洛的《军国主义与工业：核时代的军队暴利》，理查德·巴尼特的《死亡经济》等。在反战舆论的重压下，美国在陷入越战的十余年时间里始终未进行大规模战时动员，军工生产与民用生产基本处于同等地位。20世纪70年代末，除航天领域以外，美国的陆、海、空军工企业普遍存在严重的开工不足问题。许多大型公司被迫关闭已投入巨资的现代化生产线，终止由公司自筹资金的科研计划。"阿波罗"计划完成后，波音公司甚至想利用闲置的土地去种马铃薯。

1980年，以"鹰"派著称的里根当选为美国总统后，美国的全球战略从收缩防守转为对抗争夺，以重整军备为核心来谋求对苏联全面优势的新战略阶段。里根主义无疑是军工复合体的福音。在里根任期内，美国陆军装备实现了全面升级换代。AH-64"阿帕奇"武装直升机、UH-60"黑鹰"突击运输直升机等先进武器装备使陆军作战能力有了显著跃升。美国海军的"尼米兹"级核动力航母建造计划得以重启，昂贵而先进的"洛杉矶"级核潜艇、"阿利·伯克"级导弹驱逐舰也开始成批列装部队。美国空军则随着C-5"银河"重型运输机的重新生产，KC-10空中加油机等先进机型的获得，重新找回了在16小时内对全球任何地区发动大规模空中打击和前沿部署的能力。F-22"猛禽"第四代战斗机也开始研制。在航天领域，全球导航定位系统（GPS）开始大规模部署，军用侦察卫星和国防通信卫星也得到了跨越发展。

随着 20 世纪 90 年代初苏联解体、冷战结束，美国军工复合体的发展又经历了一段低潮期。鉴于美国已成为唯一超级大国，老布什政府在 1992 年提出"地区防务战略"，将美国防务重点从对付苏联的全球性威胁转向对付地区性突发事件，以防止敌对国家在世界关键地区对美国的全球利益构成威胁和挑战。

1993 年克林顿上台后，开始进一步压缩为应对全球战争而建立的庞大常规军事力量。国防部副部长威廉·佩里在 1993 年"最后的晚餐"上坦率地告知军工巨头们：国防部不能再订购如此多的船舶、飞机和坦克，去满足里根时期被军备扩张扶持起来的众多武器承包商。但军工复合体很快在单边主义时代找到了新的发展机遇。1993 年起，克林顿政府开始不顾《反弹道导弹条约》有关规定，启动了年均投入过百亿美元的国家导弹防御系统和战区导弹防御系统。1996 年后，在军工复合体游说团的推波助澜下，克林顿政府将伊拉克和朝鲜等国列为"无赖国家"，并提出了同时应付两场较大规模局部战争的国防建设需求。

2000 年，小布什在军工巨头等美国右翼势力的支持下当选总统后，军工复合体进一步增强了对政府决策的影响力。布什家族，以及小布什政府为重大国防战略问题拍板的"三驾马车"——副总统切尼、国防部部长拉姆斯菲尔德和副部长沃尔福威茨，均是"鹰"派代表，与军工复合体保持着千丝万缕的联系。小布什政府启动的反恐战争为军工复合体提供了一座大金矿。据斯蒂格利茨在 2010 年出版的《三万亿美元的战争》中的数据，美国仅国会拨付的、已发生和行将发生的投入伊拉克和阿富汗的战争费用就已超过 8000 亿美元，每月军事行动成本不断上涨，到 2008 年已达每月 160 亿美元，相当于每个美国家庭每月要为此支付 138 美元。

从 2000 年到 2022 年的 20 年间，洛克希德·马丁公司的股价上涨约 20 倍。

2022年2月24日俄乌开战日，洛马公司股票每股387美元，年初是357美元；12月30日已涨至487美元。

如今，儒勒·凡尔纳《海底两万里》"鹦鹉螺"号船长认为太平自由的海底已不平静。从大西洋到太平洋，再到印度洋，美国的潜艇四处出没，不惜到不熟悉的海域去"撞山"。现在，唯愿地球上的纷争，不要再扩散到太空。

第六章

中国海空天文明与力量的形成

▼

从《山海经》里的"番禺造舟"神话传说,到《天问》中的"日月安属?列星安陈?"诸多的为什么,中华民族秉承"天行健,君子以自强不息;地势坤,君子以厚德载物"之精神,为人类海空天文明发展不断做出新的贡献。"可上九天揽月,可下五洋捉鳖"正在成为现实,在国际空间站即将退役之际,中国空间站已经建成。海空天文明与力量该如何展示和延续,中国做出了自己的选择。

第一节　海空天文明与力量展示的中国选择

1405—1433 年,中国明朝郑和七下西洋,交好东南亚、阿拉伯、东南非洲沿海诸国。郑和的万人船队在当时无疑是世界最强的海上力量,但永乐盛世的明朝既没有占人家的土地和港口,也没有与人强买强卖。明清两朝虽然实行过海禁,但是民间海上力量依然不弱。

葡萄牙人在征服印度和占领马六甲后开始试探中国。第一个到达中国的葡萄牙人是乔治·欧维士,他于1513年5月来到中国广东珠江口屯门澳,与当地人进行了香料贸易。1996年,为纪念葡萄牙人首次到达中国,葡萄牙发行了纪念币,其图案上的船与"海之花"号卡拉克船相似。

葡萄牙纪念钱币

1517年，葡萄牙外交官员到达广州与当地官员谈判贸易条件。其间，谈判陷入僵局，葡萄牙人想用对付印度和马六甲的武力办法来解决问题，但未能得逞。葡萄牙人在1521年屯门海战和1522年广东西草湾海战中两次战败，之后没再侵扰广东沿海。1553年，葡萄牙人通过贿赂广东地方官员，租借澳门获得了居住权，明朝政府对澳门仍然享有主权。1887年，葡萄牙政府与清政府签订了不平等条约，占领了澳门。1999年12月20日，中华人民共和国恢复对澳门行使主权。

有观点认为，明朝皇帝朱棣派郑和大规模下西洋，除了宣扬国威外，国民没有得到实惠。设想一下，如果没有郑和七下西洋的推动，明朝的海上力量又会怎样？明朝国土是不是也会像马六甲苏丹和印度一样沦为大航海时代强国的殖民地？1840年鸦片战争的耻辱会不会在16世纪20年代的广东屯门海战和西草湾海战时就早已发生？

黄金时代的海上强国西班牙、荷兰也不敢轻视中国南方沿海的地方舰船。1662年年初，尽管郑成功尚在清军进剿之下，但他仍将黄金时代的荷兰人赶出了中国台湾。

"中国有着如此大的规模和威力，即使在其国内动乱频繁和内部政权瓦解时期，荷兰东印度公司也从未处于一种拥有决定性话语权的地位。"[①] 英国学者亚当·克卢洛在他的专著《公司与将军：荷兰人与德川时代日本的相遇》中如此评述。

1840年，清政府在英军的舰炮下屈辱地签订割香港、赔巨款的《南京条约》；1866年洋务运动期间，南京金陵机器总局制造出中国第一艘蒸汽动力船"黄鹄"号；1949年，人民解放军果断重炮轰走在南京江面挑衅的英军

---

① ［英］亚当·克卢洛：《公司与将军：荷兰人与德川时代日本的相遇》，朱新屋、董丽琼译，中信出版社，2019年，第292页。

第六章　中国海空天文明与力量的形成

"紫石英"号护卫舰、"伴侣"号驱逐舰、"伦敦"号巡洋舰,终结西方列强近代以来在中国的"炮舰政策"。南京,哪里跌倒哪里爬起,一切皆有因有果。1953年珠江口海战,新中国海军第一次对外海战又是对英国军舰。同样,正如"紫石英"号舰长命运一样,英军舰长在第一轮炮火中即被击中身亡。

"厚德载物""大国不争","有朋自远方来不亦乐乎",展示肌肉、诉诸武力总在被逼无奈之时,韬光养晦、礼尚往来、取一赠二是中华文明传统。望星空、观沧海,行万里路、读万卷书,古代圣贤创造出的5000年文明,文有"四书五经",武有《孙子兵法》,是中华民族世代传承和守护家园的力量,是自强不息和砥砺前行的精神,也是我们取之不尽的智慧源泉。

大约2300年前,庄子写下《逍遥游》。今天,我们将运-20以"鲲鹏"命名。龙是中华民族力量与智慧的图腾,我们将歼-20四代战机以"威龙"命名,将大型水上飞机AG600以"鲲龙"命名,将7000米载人深海探测器以"蛟龙"[①]命名。

"遂古之初,谁传道之?上下未形,何由考之?……日月安属?列星安陈?"根据屈原的诗,我们将太空行星探测任务命名为"天问","天问一号"火星车"祝融"号已行驶在火星之上。如今,我们的宇航员一次次从西昌"问天阁"出发,去探索宇宙的奥秘,建设中国空间站。

《山海经》中的天神帝俊,相当于希腊神话中的宙斯。帝俊的一位妻子名叫羲和,生了10个太阳(儿子),被称为太阳女神;另一位妻子名叫嫦羲,生了12个月亮(女儿),被称为月亮女神。帝俊其中一个女儿名嫦娥,我们便将探月工程命名为"嫦娥工程"。

现代中国海空天装备的命名体现了古老文明与现代力量的结合。在世界各国中,唯有中国的大国重器自带5000年的历史,神话人物成为它们命名的选择。

---

① 后续的万米深潜器被命名为"奋斗者"号。

第二节　中国古船

成书于战国时期（公元前475—前221）的《山海经》，讲述的是华夏大地4000多年前的神话和传说。《山海经》中虽有一些荒诞不经的故事，但其中的精华堪称华夏上古时期的百科全书，记载了先秦之前的地理、历史、神话、天文、动物、植物、医学、宗教及人类学、民族学、海洋学和科技史等内容。《山海经》可以当作中国古代的"地理学指南"看，所述地理范围，南至广东南海和越南南部，西至柴达木盆地和帕米尔高原，北至贝加尔湖和白令海，东至朝鲜海，东南至台湾岛。

《山海经》中的创世神话、洪水神话、民族起源神话、英雄神话、部族神话和自然神话，如精卫填海、夸父追日、后羿射日等，直到今天还在给文学创作者以启发，成为一些科幻作者的创作源泉。"祝融""嫦娥""夸父"等都来自其中。在《山海经》中，人们可以觅到不少海空天文明的萌芽踪迹。

《山海经》记载："帝俊生晏龙，晏龙是为琴瑟。……帝俊生后稷，稷降以百谷……帝俊生禺号，禺号生淫梁，淫梁生番禺，是始为舟。番禺生奚仲，奚仲生吉光，吉光是始以木为车。"这些神话虽然与三皇五帝的传说有些不同，但我们可以看出，在远古时代，琴瑟、种植、舟车等便已出现在先祖们的生活中。番禺造舟，番禺之孙吉光造车，"舟"出现在"车"之前，说明"舟"是人类创造的最早的交通运输工具。

中华文明产生于长江、黄河流域，发明独木舟、竹筏、木排、帆船应该是很自然和顺理成章的事情，就像石斧和弓箭一样，世界各地都有考古发现。在浙江，考古发现了约8000年前的独木舟。

公元前14世纪殷商时期的甲骨文出现了象形文字"舟"，也说明"舟"早已存在。《周易》中关于舟的制作和用途已经说得非常清晰："刳木为舟，剡木为楫，舟楫之利，以济不通，致远以利天下。"

中国古代船舶，按种类分有舟、舸、艨艟、楼船、平船，艟船。按船系分，有四大体系：福建的尖底福船，黄海的平底沙船，广东的广船，浙、闽、广的快速鸟船。

中国古代帆船最早记载于汉朝的《南州异物志》。书中描述，汉朝中国帆船当时设计有四个风帆，不直接迎风，而是横向且稍倾斜地面对迎风面。据说这样能够使船只在逆风的情况下仍然能够高速前行，无须像其他帆船那样需要降帆，这与前面讲的古阿拉伯和西方走"之"字线路逆风航行有所不同。这说明中国在公元前就已掌握了逆风航行"船艺"，早于欧洲；但与古阿拉伯三角纵帆船相比谁在先后就不好说了，也可能是互有借鉴启发，因为那时已经有了丝绸之路。关于帆的材质，中国帆是使用竹竿加强的"硬篷"，这与西方船帆有很大的不同。帆船经过唐、宋、元三朝不断改进后，于14世纪到17世纪已大量航行在中国南方沿海，形成了中国古代四大船系："福船""沙船""广船""鸟船"。

一、福船·尖底远洋海船

福船，又称福建船、白艚，是一种尖底海船，适合于远洋航行。产生于宋代，在宋人徐梦莘的《三朝北盟会编》中说，海船以福州为上。福州造船业历史悠久，秦汉时期的闽越人"以船为车，以楫为马，擅长制舟驾舟"。三国时期，福州有东吴造船厂。明朝前期，在郑和下西洋的带动下，福建造船业达到鼎盛时期，造船工艺和技术领先，西班牙人的马尼拉大帆船有时也请福建人去建造。

福船的特点：一是，除龙骨外，有多道横向水密隔舱，吃水较深，适合远海航行。二是，甲板宽大，适合作为战船之用。三是，有双舵设计，在

福船模型

船尾有正舵和副舵，正舵又分成大小两种，深浅可以分别使用，便于控制航向。福船在大洋中航行稳定性好，由于甲板宽大适合运载更多士兵配置更多武器，是明朝水师的主力战船。

明朝郑和下西洋船队中的大型指挥船和作战船都是福船，也称郑和宝船。《明史·兵志四》："（大福船）能容百人。底尖上阔，首昂尾高，柁楼三重，帆桅二，傍护以板，上设木女墙及炮床。中为四层，最下实土石，次寝息所，次左右六门，中置水柜，

新加坡发行的郑和下西洋纪念邮票

扬帆炊爨皆在是。最上如露台，穴梯而登，傍设翼板，可凭以战。矢石火器皆俯发，可顺风行。"该船有西班牙大帆船的感觉。

二、沙船·平底载货船

沙船最早出现于唐代，在江苏崇明一带使用。宋代称其为"防沙平底

船"，元代称其为"平底船"，明代通称为"沙船"。宋代以前，10世纪初，就有中国沙船到爪哇的记载。

沙船的特点：一是，沙船底平能坐滩，不怕搁浅。沙船在风浪中航行比较安全，特别是当风向与潮水方向不同时，因底平吃水浅，受潮水影响比较小，比较安全，荷兰商船与该船相似。二是，沙船顺风逆风航行方便，甚至逆风顶水也能航行，适航性能好。三是，船宽稳定性好，配备有各种保持稳定性的设备。例如，采用了多个水密隔舱以提高船的抗沉性，七级风仍能航行无碍，所以才能远航到达非洲。四是，多桅多帆，帆高利于使风，吃水浅，阻力小，速度快。

沙船模型

郑和七次下西洋船队中有不少沙船。沙船排水量分三等：一等1200吨以上，中等500吨—800吨，三等250吨—400吨。清道光年间（1821—1850），仅上海就有沙船约3000艘，估计当时全国有沙船10 000艘以上。

三、广船·远洋海船

广船，又称广东船、乌艚，属中式帆船。广船成熟于唐宋，定型于元明。艏低艉高，上宽下窄，瘦尖底是其船体特征，适合在南海和大洋中航行。广船突出特点是采用了多孔舵，舵叶上的孔为菱形。舵叶两侧的水是相通的，可以使转舵力矩有所减少，使操纵时省力。这种广式多孔舱原理后来被国外造船师模仿使用。

广船的主梁、横梁等采用东南亚珍贵木材铁犁木制作，比福船更加庞大和坚固，有较好的适航性能和续航能力，但广船造价为福船的两倍。广船特点是头尖体长，梁拱小，甲板脊弧不高，船体的横向结构用紧密的肋骨跟隔舱板构成，纵向强度依靠龙骨保证比较坚固，有较好的续航能力。广船船体下窄上宽状若两翼，在内海航行时比较稳，但在外海大洋中航行稳定性不好，不适合作为战船，因为炮击时准确度不高。著名的广船是"耆英"号，该船在1846年至1848年从香港出发经好望角，在1847年、1848年到过纽约和伦敦。

广船"耆英"号

四、鸟船·沿海快速海船

鸟船始于南宋，是浙江沿海的一种小型快速海船，属于桨帆两用船，无风时驶桨，有风时驶帆，行驶灵活，只适于沿海航行。特点是头小身肥，尖圆底，艏和艉两头微翘，因为艏形似鸟嘴，所以称为"鸟船"。在古代浙江，当地人认为是鸟衔来稻谷种子，使浙江成为鱼米之乡，所以把船头做成鸟嘴状。这与腓尼基人在船头画上惊恐的眼睛恐吓敌人截然不同。

鸟船

第三节　舟·橹·舵·水密舱

在丝绸之路开通之前，古代中国船具与古埃及、腓尼基和古希腊桨帆船的发展历程类似，但应该是并行无交集的两个体系。在船具方面，古代中国有许多独特的发明，例如，橹、舵、水密舱等；在航海导航方面，除了战国时期早已发明的指南针，还有自成体系的导航牵星术和牵星板。

随着汉朝张骞（公元前164—前114）出使西域开通丝绸之路，之后又不断延展，还出现了海上丝绸之路，古代中国与阿拉伯国家和西方国家交流逐渐多了起来，造船与航海技术在东西方之间自然会互通有无、互有借鉴。

一、"一橹三桨"

船桨的工作原理比较简单，就是通过人在船舷两侧划水产生反作用力，使船前进和改变方向。对船来说，桨产生的力是不连续的，船夫抬桨出水面再入水面，浪费了不少力气。为了更省力，古代中国人发现，桨不离开水面，在水里不断摆动，船也可以前进。经过不断摸索，古代中国人发明了能连续产生推力同时还能操纵方向的橹。

橹到底是谁发明的尚无定论。有记载说在商代就有了，又有传说是鲁班（公元前507—前444）发明的：鲁班看见鱼儿在水中摇尾摆动游进，遂削木为橹。橹的外形有点像放大了的桨，一般支在船尾的橹檐上，入水一端呈弓形，另一端则系在船上。船夫用手摇动橹檐绳，使伸入水中的橹板左右摆动。橹摆动时，船跟水接触的前后段会产生压力差而形成推力，就像鱼儿摆尾前进。

古人有"一橹三桨"的说法，也就是说，橹的效率可以达到桨的三倍。橹不仅能连续性推进船前进，而且还具有使船转向的功能。现代船用螺旋桨推进器，其连续旋转叶片产生推力的原理，与橹板的原理很相似。类似的还有直升机的螺旋桨。

二、见风使"舵"

为了方便船转向，古代中国人还发明了"舵"，舵的工作原理这里就不赘述了。1954年，人们在广州市修路时偶然挖掘出了一个东汉时期的陶瓷船，船尾有舵，说明舵在中国东汉之前就存在了。

汉朝（公元前202—220）是继秦朝之后中国的大一统王朝，分为西汉和东汉时期。汉朝存在的时期是罗马帝国繁荣期，罗马皇帝还派使者到过汉朝。在这一时期，中国的造船和航行技术有了较多记载。成语"见风使舵"最早出自宋·释普济《五灯会元》，是一个贬义词，但也说明那时的中国人对舵已经熟知了。如果从驾船角度看，如何"见风使舵"，让船按照希望的方向行驶，还是需要些技术的。

三、水密隔舱

据说，水密隔舱是古代中国造船师受竹节之间空腔的启发而发明的。水密隔舱提高了船的抗沉性、维修性和强度。将比较大的船分隔成几个封闭隔断舱制造，一旦某一隔断舱进水，由于其他隔断舱的存在，船不会出现大的危险，为修补赢得了时间。这是一种水密隔舱发明和用处的说法。

事实上，水密隔舱最大的功能应该是从内部加强了船体的强度，而不用像有些欧洲船体那样，在外部钉补许多肋条。实际上，在漫长的船舶进化中，为加强船体强度，在船舱内部装上隔断，进而联想到船遇到事故进水，如果有的隔断内部密闭不进水，可以延缓下沉，为修船赢得时间，这样，水密隔舱也可能会被发明出来，符合事物发展规律。不过，我更喜欢仿生竹子发明水密隔断舱的说法，既然无法铁证，就不妨把事情想得美好一些。

1795年，英国海军工程师塞缪尔·本瑟姆在为皇家海军建造新型战舰时，应用了水密舱技术。他在论文中写道："增加强度的隔板可以保护船只，免得进水而沉没，正如中国人做的一样。"

古代中国的造船技术在郑和下西洋时期（1405—1433）得到了集中展

示。郑和船队无疑是当时世界上最强的海上力量，其最大船的排水量至少在千吨以上，桅杆多达 7 根。而那时的大航海发起者葡萄牙和西班牙还没有产生远洋航海的念头，欧洲船的排水量也仅在百吨级。

郑和船队最大船长 151 米，宽 61 米

哥伦布船队最大船长 24 米，宽 6 米

如果仔细观察，中国的大船帆一般采用多根横桁支撑，属于硬帆类别，具有好的空气动力特性，逆风和控风效果好，有些像折扇或手风琴风箱，收放整理比欧洲的方便，现代赛艇帆的设计还在采用这种方式。当然，硬帆与软帆相比，一定会各有利弊，这里就不赘述了，只是想说明，即使像帆这样简单的船具，中国的帆也有其独特之处。

第四节　牵星术和牵星板

关于古代中国远洋航海的传说有很多，除了徐福东渡为秦始皇寻找长生不老药之外，还有古代中国人远洋到达美洲的传说。当然，这些还需考古验证。丝绸之路开通后，东西方的航海技术一定有机会通过印度洋、阿拉伯海、红海等得到交流。

古代海上航行主要通过日月星辰来判定方向，中国古代有许多关于航海天文的记载。西汉（公元前202—8）淮南王刘安组织编撰的《淮南子》有这样的记载："夫乘舟而惑者不知东西，见斗、极则悟矣。"也就是说，如果乘船者分辨不清方向，只要观测北斗星和北极星就可以明白了。

东晋（317—420）访问印度和斯里兰卡的高僧法显在5世纪初乘船回国。他在《历游天竺记传》中说："大海弥漫无边，不识东西，唯望日、月、星宿而进。若阴雨时，为风逐去，亦无准。……至天晴已，乃知东西，还复望正而进。"这里强调了如果遇到阴雨天看不到日月星辰，只能等到天晴以后才能重新辨认方向，有希望恢复正确的航向前进。北宋（960—1127）外交官员徐兢在《宣和奉使高丽图经》里说："洋中不可住，唯视星斗前迈；若晦冥，则用指南浮针，以揆南北。"大意是，海中航行不同陆路可昼行夜宿，夜间也需航行，晴天靠观测星辰北斗导航，阴天只有靠指南浮针来定南北方向。

通过指南针和星辰可以判断航行方向，但要确定船的位置就要麻烦多了。古代中国有许多天体观测爱好者。西晋数学家刘徽的《海岛算经》中有测量目的物高和远的计算方法，其中包括测量太阳高和远的方法；唐朝还组织过天文学家对地球子午线进行过测量和计算；元朝天文学家和数学家郭守敬进行过大地测量。这些测量和计算方法逐渐被人们应用到航海中，用来测量大海中船舶位置的"牵星术"就产生了。牵星术的主要工具是牵星板，相当于六分仪。

牵星板

牵星板一般由 10 多块大小不一的正方形木板组成，用一条线绳贯穿木板中心，观察者一手持板，手臂向前伸直，另一手将绳端置于眼前。同时，眼看木板上下边缘，下边缘与水平线取平，上边缘与被测星体重合，然后根据所用的木板属于"几指"（古代尺寸），便可得出该星体的指数，通过三角几何计算（也可能有制作好的"指数距离表"）就可以知道船舶与陆地的距离了。下图左所示"六指"是指"六指宽"的牵星板。

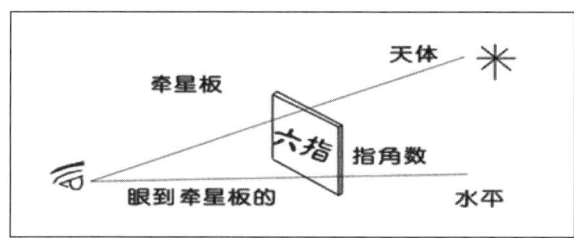

牵星板测量天体距水平线高度示意图　　　用牵星板观测星体测量船舶位置图

跟随郑和下西洋的巩珍在《西洋番国志自序》中记载：在大海中航行，只见浩渺无际，水天相连，什么也看不到，"惟观日月升坠，以辨西东，星斗高低，度量远近"，只有观察日月升降来辨别东西，观测星斗高低来度量远近。同时，在刻着方向位置的木制地盘上放着水浮指南针，用来指引航向。

在《郑和航海图》中有多张"过洋牵星图"，其中对一张图有这样的描述："丁得把昔过洋，牵北辰星七指平水……到沙马姑山看北辰星十四指平水。"这里，"北辰星"是指北极星，"指"是古代尺寸。意思是，丁得把昔（地名）在北极星距离水平七指（古代尺寸）高的位置，船到沙马姑山（地名）的时候，北极星距离水平十四指高。我们知道，北极星是逐渐升高的，只有航向偏北才有这种现象。丁得把昔和沙马姑山是印度洋中的两个地名，具体在什么地方，现在无法考证。郑和航海资料记录不全，保存下来的不多，考古学家有时还要通过郑和当年去过的地方来考证，非常遗憾！

郑和下西洋远至东非海岸索马里、莫桑比克湾，最后于1433年病逝远洋途中，据说郑和被安葬于印度古里。1498年，葡萄牙人达·伽马穿莫桑比克湾，经索马里到达印度卡里卡特港开辟了欧洲到东方的新航路。达·伽马于1524年也病逝安葬在印度古里。达·伽马病逝后，葡萄牙加快了海外开拓步伐，很快成为海上强国，把贸易做到了亚洲，占据了中国澳门，一度垄断了中国与欧洲的海上贸易。

遗憾的是，郑和下西洋之后的明朝政府不再重视海洋，不过，风帆时代的中国海上力量仍然不弱，明朝郑成功在清军进剿之下，仍能从黄金时代的荷兰人手中夺回台湾岛，就很能说明问题。

1999年12月20日，葡萄牙向中国正式归还澳门，2001年中国和葡萄牙联合发行了两枚《古代帆船》特种邮票。邮票上的中国古代帆船为13世纪的宋代海船，以古塔为背景衬托。该船于1974年8月在泉州湾出土。复原后的船身长34米，宽11米，型深4米，排水量约200吨。船体以二层至三层板叠合而成，有13个水密隔舱。这是一艘尖底型三桅船，从现存船体造型和结构看，应该是新建造的中型远洋海船，是"福船"的前身。随船出土的还有数千斤香料及胡椒、贵重药物，唐宋的铜铁钱、木签，宋代陶瓷器等。古船现陈列于泉州开元寺内的泉州湾古船陈列馆。泉州是中国海上丝绸之路起点，我于2020年11月到泉州参观了泉州博物馆，看到不少中国古船。

中国和葡萄牙联合发行的《古代帆船》特种邮票

上图右边邮票上的是 15 世纪葡萄牙的国船卡拉维尔三角纵帆船,这型船是葡萄牙、西班牙大航海时代的功臣船。

两枚 13 世纪、15 世纪的帆船邮票由海平面图案连在一起,背景分别是中国古塔和葡萄牙古城堡,方寸之间展现了东西方文明求同存异、融合发展的历史。

冥冥之中,在 15 世纪,郑和与恩里克王子两位东西方航海家接续开启了风帆大航海时代。

第五节　从江南造船到轮船招商①

在风帆大航海时代,中国的海上力量不但守住了国门,而且还把中华民族特有的妈祖海洋文化传播到东南亚诸多国家。英国学者亚当·克卢洛根据荷兰和日本官方资料,写了《公司与将军:荷兰人与德川时代日本的相遇》一书,描述了荷兰强盛期在亚洲与日本和中国的海上关系,当时只有中国和日本没有让西方殖民者恣意妄为。在明朝,葡萄牙、西班牙、荷兰没有打开的中国大门,由于清朝的进一步闭关锁国和海禁,尤其不重视海防建设,中国在蒸汽铁甲重炮机枪时代彻底落后了。落后就要挨打,1840 年,取代了老牌海上帝国的英国终于用舰炮打开了清朝的门户,中国从此沦为半殖民地半封建社会。

一、江南造船

魏源(1794—1857)是中国近代新思想的倡导者。悲愤于鸦片战争失败,魏源于 1842 年写成《海国图志》巨著。魏源在序中说明了著书目的,"是

---

① 本节有关内容和图片由招商局集团档案馆樊勇馆长提供,参阅了《招商局史(近代部分)》(张后铨主编,中国社会科学出版社,2007 年)。

书何以作？曰：为以夷攻夷而作，为以夷款夷而作，为师夷长技以制夷"；"夷之长技三：一战舰，二火器，三养兵练兵之法"。

1860年，正在围剿太平天国的曾国藩上奏清廷："目前资夷力以助剿济运，得以迂一时之忧；将来师夷智以造炮制船，尤可期永远之利。"第二年他又上陈奏章，"购外国船炮，访求能人巧匠，先演习，后试造，不过一两年，火轮船必成为官民通行之物，那时可以剿发（指太平军）、捻（捻军），勤远略"；"购外炮，求能人，先演习，后试造，官民通行，勤远略"。寥寥数语概括了100年后新中国海空天力量的发展历程。

1861年攻下太平军重镇安庆后，曾国藩开办了安庆内军械所，这是清末最早的官办新式军工厂，是中国真正意义上的第一家军工厂，主要制造子弹、火药和枪炮。1862年7月，中国近代造船先驱徐寿等研制成功了中国第一台蒸汽机。曾国藩非常满意，感叹道："窃喜洋人之智巧，我中国人也能为之！"同年年底，试制成一艘小火轮。1864年湘军攻陷南京后，安庆内军械所迁往南京，后与南京金陵机器制造局合并。

1866年4月，徐寿、华蘅芳在南京金陵机器制造局造出了中国第一艘蒸汽动力船"黄鹄"号。该船排水量45吨，木质船体，主机为斜卧式双联蒸汽机，时速约12.8千米。曾国藩父子出席了首航仪式。

1865年，时任江苏巡抚李鸿章在上海虹口购买了美国商人的一座铁厂，改名为"江南机械制造总局"。1866年年底，徐寿被派至江南机械制造总局做帮办。徐寿提出办好江南机械制造总局的四点建议："一为译书，二为采煤炼铁，三为自造枪炮，四为操练轮船水师。"

中国第一艘蒸汽轮船"黄鹄"号素描复原图

在上海江南机械制造总局，徐寿、徐建寅父子和华蘅芳等又建造出了"惠吉""操江""测海""澄庆""驭远"等多艘舰船，开启了中国近代造船工业序幕。1876年，江南机械制造总局建造出中国第一艘铁甲战船"金瓯"号。

从造船起步，洋务运动在李鸿章等"晚清名臣"们的推动下轰轰烈烈搞了起来。通过洋务运动，大清王朝建立起了一支自认为亚洲第一的北洋水师。然而，1894—1895年甲午海战，北洋水师惨败于日本，西方列强对中国的侵略进一步加重。以造船、冶炼、军工为代表的中国民族工业遭到打击，但开拓者们依然在负重前行。

1905年，江南机械制造总局将造船部门独立，称江南船坞。1905—1911年，江南船坞造船130多艘，其中的清朝海军大臣载洵座舰"联鲸"号被赞"船式美观，工程坚实"。1911年辛亥革命后，江南机械制造总局改称江南造船所。

第一次世界大战期间，美国造船能力不足，向江南造船所定制了4艘万吨运输船。江南造船所为此将厂区面积扩大两倍，工人从几百人增加到近万人。1920年6月，排水量14 750吨的巨轮"官府"号顺利下水，美国公使夫人行了传统的"投瓶礼"。接下来的一年中，"天朝"号、"东方"号、"震旦"号也顺利交付美国。日本侵占上海时期，江南造船所被三菱重工管理，改名为"三菱重工株式会社江南造船所"，汪伪政权不得插手。抗战胜利，国民党海军接管了江南造船所。国民党败退台湾省前，将大量设备拆运到台湾省，之后又进行了破坏。

1949年5月28日上海解放第二天，上海军管会主任陈毅就签署命令宣布接管江南造船所。1953年2月，上海"江南机械制造总局"更名为江南造船厂，隶属国务院一机部船舶工业局管理。1953年12月1日，江南造船厂名称被正式使用，今隶属中国船舶集团公司。

2022年6月17日，江南造船厂建造的中国第三艘航空母舰福建舰下水。

二、轮船招商

以船招商由来已久。世界第一家股份公司是产生于风帆大航海时代1602年的荷兰东印度公司，中国近代第一家股份公司是晚清洋务运动中1872年成立的轮船招商局。

19世纪60年代，曾国藩、李鸿章、左宗棠先后建立了南京金陵制造局、上海江南机械制造总局、福州马尾船政局，并很快建造出了多艘军用轮船。然而，由于缺乏经验和管理不善，船厂开支过大，尤其是新船建成后的训练、维护及船员薪饷等费用超出预期。1870年，为缓解朝廷拨款压力，在闽浙总督的支持下，福州船政局将其第二艘轮船拨给浙江省使用，经费由浙江省承担。

闽、沪船厂的困境给了洋务运动反对者以口实。1871年12月，内阁学士宋晋上书清廷关闭闽、沪船厂。时任直隶总督兼北洋通商大臣李鸿章联合曾国藩、左宗棠、沈葆桢等洋务派为保留船厂辩护，并开始缜密筹划。

1872年6月2日，李鸿章上书总理衙门，陈述以轮船招商筹办新式轮船运输业之利，强调以轮船招商可"使洋人不得专利于中国"。1872年6月17日，总理衙门批复："遴谕有心时事之员，妥实筹维。"

1872年6月20日，李鸿章上书总理衙门《筹议制造轮船未可裁撤折》，坚决反对裁撤闽、沪两造船厂，强调"国家诸费皆可省，惟养兵设防、练习枪炮、制造兵轮船之费万不可省"，如果两船厂"苟或停止，则前功尽弃，后效难图，而所费之项，转为虚糜，不独贻笑外人，亦且浸长寇志"。1872年8月2日，总理衙门奏准清廷：船政不停，由李鸿章、沈葆桢妥筹办理。

李鸿章的"妥筹办理"就是"轮船招商"。1872年12月23日，李鸿章向清廷奏呈《试办招商轮船折》。三天后，清廷批准同意成立轮船招商局，12

月 26 日遂成为今日招商局集团成立日。1873 年 1 月 17 日，轮船招商局在上海洋泾浜南永安街正式开业。

由于筹划周密、准备充分，招商局很快创办起了中国近代第一支蒸汽动力商船队。1873 年 3 月，"永清"轮首航天津，开辟北洋航线。1873 年 8 月，招商局的第一艘轮船"伊敦"号首航日本神户、长崎。1879 年 10 月，招商局"和众"轮试航檀香山。1881 年 10 月，招商局"美富"轮穿越苏伊士运河前往英国开辟中美、中欧航线，标志着中国近代民族航运业开始走向世界。

"伊敦"轮（英国制造）

招商局的成立为闽、沪两船厂的生存解除了后顾之忧。仅举一例，1874 年 3 月 12 日，福州船政局制造的第 13 号舰"海镜"轮加入轮船招商局船队，这是一艘排水量 1258 吨的炮船（亦可做运输船）。同年 8 月 21 日，"海镜"轮从上海运送清军赴瓜洲抗击日军入侵中国台湾。在北洋水师组建时，"海镜"轮又被拨入北洋水师使用，曾参加平定朝鲜甲申事变行动，甲午战争中在旅顺被日军俘虏，后归还清政府。"海镜"轮退役后继续交由轮船招商局使用。

1874 年，招商局创办了中国第一家民族船舶修理厂——同茂铁厂。1875 年，招商局设中国第一家保险企业——保险招商局，随后于 1876 年改组为仁和保险公司。

1877年3月，招商局收购美商旗昌轮船公司，开中国企业兼并外商企业之先河。当时《申报》为此评论："（中国）浮江涉海之轮，半皆招商局旗帜。"一步一步，民族船运业开始挽回航权，渐渐打破了中国江海船运被洋人垄断的局面。

1878年，招商局投资设立了中国近代最早的大型煤矿——开平矿务局。为便于运输煤炭，开平矿务局在1881年建成中国第一条专线铁路——唐山至胥各庄铁路。1887年，招商局获准管理和经营中国第一家保税仓栈——上海关栈。1897年，招商局投资创办了中国第一家银行——中国通商银行。1908年，招商局组建了中国第一家钢铁煤炭联合企业——汉冶萍厂矿公司。汉冶萍厂矿公司由汉阳铁厂、大冶铁矿和萍乡煤矿联合而成，是中国近代钢铁工业的摇篮。

在1896—1909年的10余年间，招商局为教育部门投资70万两，资助新式教育，拉开了中国教育近代化的序幕。1896年年末，清光绪帝御批，在上海徐家汇建立南洋公学。办学经费名义上一半由商民捐助，另一半由官府出资，实际上主要由招商局和电报局出资。南洋公学是上海交通大学、西安交通大学的前身。此外，招商局受清廷委托，出资选拔派出了第一批留美幼童。

大清留美幼童在上海外滩轮船招商局门前合影

1937年，为延缓日寇进攻，招商局在江阴、龙潭、马当等长江要塞沉船御敌。抗日持久战中，招商局在川江开辟航线，实行水陆、水空等多形式联运，支援抗战。1948年8月，国民党政府为解决其财政困难决定将招商局改组为股份公司。1949年4月，招商局开始搬迁台湾行动，80%以上的海轮和三分之一的人员被撤至台湾省。1949年6月，招商局在台北成立管理处。1951年1月，台湾当局交通管理部门命令招商局改组董事会并与台湾中国油轮公司合并。1972年，以台湾招商局的资产为基础，成立了阳明海运公司。1995年，台湾招商局并入阳明公司。

1949年9月19—28日，招商局"海辽"轮冲破国民党海上封锁从香港辗转菲律宾巴林塘海峡开回大连港，成为国民党统治区起义的第一艘海轮，也是新中国第一艘挂起五星红旗的海轮。为纪念"海辽"轮起义，中国人民银行将"海辽"轮图案放在1953年版人民币5分币正面右侧，一直流通了34年。

1949年5月27日，上海解放。5月28日，招商局被上海市军管会军事接管。之后，随着各地的陆续解放，招商局的分支机构都被解放军军事接管。1950年1月15日，香港招商局留港的13艘船舶共600多名员工起义，并在年底将起义海轮全部驶返广州，周恩来总理对此专门致电祝贺。

1950年4月，上海招商局总公司改组为国营轮船总公司；1951年2月又更名为中国人民轮船总公司，并与交通部航务总局合并，其分支机构同时更名。1951年年初，中国人民轮船总公司与天津国外运输公司合并组成中国海外运输公司。1955年，中国海外运输公司改称为中国租船公司，并入中外运公司。招商局沿江沿海分支机构先后演变为沿江沿海各省市港航机构，成为中华人民共和国航运业和港口业的发展基石。

1951年，香港招商局被交通部授权保留原名，并以招商局母体的名义继续开展经营活动。1950年至1956年，受当时国际国内形势的影响和制约，香港招商局经营陷入困境。从1958年开始，航运业务逐渐恢复，香港招商局承担了国轮在港的全部代理与中转业务，并在1965年和1972年相继成立了友联船厂、海通贸易公司，为内地和香港国轮提供修理、进口备件等服务。从1964年开始，招商局利用身处香港便利，受交通部委托，协助有关部门利用贷款买船。至1969年年底，中国远洋船队三分之一船只通过招商局利用贷款购买，对中国远洋船队发展做出了特殊贡献。

1978年，招商局率先独资开发深圳蛇口工业区。1980年，蛇口向世界敞开大门招商引资，为中国改革开放蹚了雷、探了路。1986年，招商局创办了中国境内第一家完全由企业法人持股的股份制商业银行——招商银行。1988年，招商局创办了中国第一家股份制保险企业——平安保险。招商局大胆突破思想束缚，形成了新的时效和实干观念，"时间就是金钱，效率就是生命"。2015年，中国外运长航集团公司并入招商局集团。

三、今日招商局

2022年，招商局集团有限公司以767亿美元的营业收入（不含招商银行）位列《财富》世界500强第152位，集团旗下招商银行以710亿美元的营业收入位列第174位。如果二者合并计算，招商局集团将位列前50位。2021年，招商局集团合并招商银行资产总额和净利润蝉联中央企业第一位。

航运业是招商局的祖业，截至2021年年底，招商局航运业务船队总运力（含订单）有394艘船舶，合计4767万载重吨，排名世界第二；其中VLCC（超大型油轮）54艘，VLOC（超大型矿砂船）34艘，规模均位列世界第一；成品油船队规模位列远东地区第一；液化天然气运输船队、滚装船队及集装箱船队国内领先，同时在船员管理和海外网点服务等方面独具优势。招商局航运已经形成"油、散、气、车、集、管、网"全业态布局，运输航线遍布全球。

招商局在中国沿海主要枢纽港建立了较为完善的港口网络群，投资或者投资并拥有管理权的码头遍及香港、台湾、深圳、宁波、上海、青岛、天津、大连、营口、漳州、湛江、汕头等集装箱枢纽港。2021年，招商局港口业务完成集装箱吞吐量1.34亿标箱、散杂货吞吐量8.8亿吨。2021年，招商局港口权益货物吞吐量全球排名第一。招商局在东南亚、非洲、欧洲、中东、北美、南美和大洋洲等地区的布局已取得积极进展。

"富起来"的招商局不忘初心，始终坚持国货国运、国轮国造。规模位列世界第一的招商油轮船队的超大型油轮主要由中国船舶集团公司大连船舶重工集团（以下简称"大船"）制造。在招商轮船的支持下，建造出中国第一艘航空母舰的大船重工集团已经成为世界规模最大、技术最先进的超大型油轮制造企业。

2022年12月26日是招商局创立150周年纪念日，招商轮船专门将委托大船重工集团建造的第24艘30万吨级超大型油轮取名为"新伊敦"（英文名为"NEW ADEN"）。"伊敦"曾是招商局第一艘轮船的名号。"新伊敦"非常特别，甲板上装有4个碳纤维船帆，可伸缩和转动，这在世界上是首创，它将古老的风帆以现代科技重现在30万吨级巨轮之上。2022年8月初，我到大连船舶重工集团专门了解了该船的建造情况。

"新伊敦"轮

下面简要介绍一下"新伊敦"轮。"新伊敦"油轮是大连船舶重工为招商局能源运输股份公司精心打造的新一代节能环保型超大型油轮。该船总长约332.95米，型宽60米，最大载重量30.7万吨，设计吃水20.5米时可装载200万桶原油通过马六甲海峡。

该船节能环保的重要举措之一是在主甲板上安装了两对翼型风帆助推装置。以中东—远东航线多年风力资源统计数据为分析基础，在安装两对翼型风帆助推装置后，若以经济航速12节营运于该航线，满载与压载工况节能分别为14.5%和5.1%，按照年均营运6个航次计算，预计年平均节油可达900吨以上，节能效果十分突出。

"新伊敦"轮风帆是中国船舶与招商局合作研制的第二代风帆。新型风帆改用了碳纤维复合材料，与第一代金属风帆相比强度更高、重量更轻，可满足高湿、高盐等海洋环境。其翼型剖面对称，助推有效风向范围广，除船首±20°之间的风向，其余320°之间的来风均可利用。下图是我在现场用手机拍的风帆照片，风帆上的标志分别是中国船舶集团公司和招商局集团公司的logo。

从江南造船到中国船舶，从轮船招商到招商局集团，150年风风雨雨，150年风雨兼程，150年风雨无阻，150年相依相伴，150年初心不改，今天的中国船海人正在用创新书写新的文明，创造新的力量。

"新伊敦"轮上的风帆

第六节 炮轰"紫石英"号终结列强炮舰政策

1949年4月20日拂晓，正当中国人民解放军准备渡江解放南京之时，英国"紫石英"号护卫舰（HMS Amethyst）出现在江苏泰兴江面，我岸防陆军炮兵在警告无效的情况下，果断开炮将"紫石英"号重创搁浅。4月20日下午至21日，我炮兵又将先后赶来增援的英远东舰队"伴侣"号驱逐舰（HMS Consort）、"伦敦"号巡洋舰（HMS London）、"黑天鹅"号护卫舰（HMS Black Swan）击退。在双方外交谈判期间，"紫石英"号在7月30日趁夜色逃走，但该舰舰长已中炮身亡。此事件被称为"'紫石英'号事件"。

1840年鸦片战争，英国用舰炮强迫清政府签订割香港、赔巨款的《南京条约》；1949年解放战争，人民解放军在南京江面轰跑英国军舰——历史竟是如此巧合，在哪里跌倒就在哪里爬起来。"'紫石英'号事件"对中国近代史具有转折意义，它向世界展示了新中国独立自主的外交政策，标志着西方列强在中国"炮舰政策"的终结。

"'紫石英'号事件"发生的第三天，1949年4月23日，中国人民解放军第一支海军——东海舰队前身"华东军区海军"在江苏泰州白马庙成立，张爱萍任首任司令员兼政治委员。4月23日，成为人民海军的生日。1953年2月19日，毛泽东主席在武汉长江的舰艇上为海军题词："为了反对帝国主义的侵略，我们一定要建立强大的海军。"

1953年7月27日，《朝鲜停战协定》签订。1953年9月9日，驻香港英军炮艇进入中国珠江口，用相机拍照中国舰船进行挑衅。中国海军在警告无效的情况下，发射的第一发大口径炮弹就击穿了英国炮艇的机舱。英军炮艇一边逃跑，一边回击，中国海军乘胜追击，机关炮横扫英舰，舰长G.梅里曼重伤死亡。英军船员惊慌失措，后在水手戈登·克莱佛指挥下逃回香港大澳锚地。2008年，戈登·克莱佛去世，在他的讣告中特别强调，他是珠江口海战的英雄，曾在中国战舰炮火下主动接管指挥权，将人员阵亡过半受损的军舰带回香港。

1949年，中国人民解放军炮兵在长江炮轰英军"紫石英"号，击毙其舰长，标志着西方列强在中国"炮舰政策"的终结；1953年，中华人民共和国海军对外军第一次海战——珠江口海战，再次击毙挑衅的英军舰长。海运即国运。

第七节 "核潜艇，一万年也要搞出来"

在新中国船舶工业建设初期，苏联给予了不少帮助。为尽快与苏联达成海军装备购置和制造合同，毛泽东主席专门给斯大林写信。最后，苏联同意以有偿技术转让方式帮助中国，并派遣了100多名专家。后来，赫鲁晓夫接任苏共总书记，中苏关系破裂，苏联援华终止。1959年国庆期间，毛主席面对赫鲁晓夫"核潜艇技术复杂，花费大，中国造不出核潜艇"的傲慢，发出了"核潜艇，一万年也要搞出来"的誓言。

毛主席为什么要发这样的誓言？因为核潜艇就是现实世界的"定海神针"，是航空母舰的克星。1970年12月26日，是毛主席的生日，中国第一代攻击型核潜艇建成下水，1974年8月1日正式入列海军服役，隶属中国海军北海舰队，被命名为"长征1号"（舷号：401，英文：Chang Zeng 1 submarine SSN）。"长征1号"核潜艇在2000年退役，经过去辐射处理后，2016年10月入驻青岛海军博物馆码头，于2017年4月开始向公众开放展示。电视剧《功勋·黄旭华的深潜》中，有退休后的黄旭华陪老伴参观潜艇的剧情。

1983年8月，中国第一艘战略导弹核潜艇正式服役。1988年9月27日，中国战略导弹核潜艇水下发射运载火箭获得成功，中国从此有了海上核反击力量。美联社评论说："中国核潜艇水下发射运载火箭成功，表明中国海军起了质的变化，已经拥有发动海上进攻的能力。"法新社评论说："中国已成为世界上第五个拥有核潜艇水下发射战略导弹能力的国家,中国海军已不再是一支只能在近海巡逻的海岸警备队。"

2021年4月23日海军节,中国新一代战略弹道导弹核潜艇在海南三亚入列服役,被命名为"长征18号"(舷号:421)。该艇满载排水量1万吨,可携带多枚远程潜射弹道导弹,射程可达10 000千米。

"长征1号"攻击型核潜艇091型,1970年

"长征18号"战略弹道导弹核潜艇094型,2021年

从"长征1号"到"长征18号",中国海上力量发生了质的变化。电视剧《功勋·黄旭华的深潜》介绍了中国核潜艇从零开始的研制历程。水滴形,还是常规形?核反应堆放在哪个位置?这些今天军迷都了解的知识,当年可是黄旭华、彭士禄等总设计师们的攻关难题。黄旭华作为潜艇总设计师组织研制出了比常规流线型潜艇水下阻力更小的水滴形潜艇,解决了核潜艇的操纵性、稳定性等问题。美国曾为加强潜艇导弹发射时的艇身稳定性,专门设计了一节舱来安放65吨的大陀螺。黄旭华团队没有盲从外国经验,经过反复计算、分析、研究,通过调整核潜艇内设备布局,解决了导弹发射潜艇稳定性问题。

核潜艇总设计师们不但要呕心沥血科技攻关,有时还要主动去面对生死考验。在潜艇研制的历史上,美国1963年"长尾鲨"号失事、1968年"天蝎"号沉没,苏联1970年K8短路失火,都是艇毁人亡。1988年,黄旭华作为总设计师随潜艇进行极限深潜试验,是世界上核潜艇总设计师亲自下水做深潜试验的第一人。2019年9月,黄旭华被授予中华人民共和国最高荣誉勋章——共和国勋章。舷号406艇是中国首艘战略导弹核潜艇,型号为092型,国外称为"夏"级战略导弹核潜艇。

黄旭华(1924—)毕业于上海交通大学,彭士禄(1925—2021)毕业于莫斯科动力学院,两人都生于广东汕尾。他们默默潜行30多年,只是近几年才广为人知。在中国第一艘攻击型核潜艇研制中,黄旭华主要负责艇身总体,彭士禄和赵仁恺负责核动力装置,黄纬禄负责核潜艇武器、潜射导弹,他们几人都可以称为"核潜艇之父"。

彭士禄的一生充满传奇,他1925年出生于广东汕尾海丰,父亲澎湃毕业于日本早稻田大学,是无产阶级革命家,1927年领导了广东海陆丰地区武装起义,建立了中国第一个农村苏维埃政权,1929年在上海龙华英勇就义,年仅33岁。父母牺牲后,幼小的彭士禄东躲西藏,吃百家饭,姓百家姓,被几十户人家收养,曾两次被抓捕入狱,1940年被周恩来的副官找到送去延安。1951年,彭士禄被选派到苏联学习化学工程专业。1956年临近彭士禄毕业,陈赓大将访问苏联,建议彭士禄转专业攻读原子能核动力专业。1958年,彭士禄从莫斯科动力学院学成回国,不久受命主持核潜艇动力装置论证和主要设备前期开发任务,成为中国核潜艇首任总工程师。

"干惊天动地事,做隐姓埋名人。"2021年3月22日,96岁的彭士禄走完了传奇一生。按照他的遗愿,骨灰被撒入大海与潜艇做伴。

20世纪70年代,我们虽然有了核潜艇,但到20世纪80年代改革开放,中国海军还只是一支近海防御的"褐色海军",战机在南海上空停留时间有限,南海岛屿正被周边国家蚕食。1980年,副总参谋长刘华清访美。刘华清在参观美国"突击者"号(CV-61)航空母舰时,踮起脚尖认真观察美国

SH-2D "海妖"舰载直升机的瞬间被记者拍了下来，将军的表情引发了不少军迷和国人的感慨。

刘华清将军曾在苏联伏罗希洛夫海军学院学习过，担任过国防部第七研究院院长、海军司令员，将军海洋意识强，促成了多型海军装备的研制，较早就提出发展航母设想，因此被誉为"中国现代海军之父"和"中国航母之父"。现在可以告慰将军的是，2012年9月25日，中国第一艘航空母舰"辽宁"舰入列服役；2019年12月19日，中国第二艘航空母舰"山东"舰入列服役；2022年6月17日，003号航母"福建"舰下水。

第八节 福州马尾船政局的飞机工程处

1909年，莱特兄弟成立了飞机公司。同年，几个在美国打工讨生活的中国青年成立了一家飞机制造公司，叫广东飞行器公司。

一、冯如在美国创办的广东飞行器公司

冯如（1884年1月12日—1912年8月25日），广东恩平人，是中国第一位飞机设计师、制造师和飞行员，被誉为"中国航空之父"。冯如12岁随家人到美国谋生。1903年，得知莱特兄弟发明了飞机后，冯如决心制造飞机。当有人对是否有能力研制飞机提出疑问的时候，冯如坚定地说："我发誓要用毕生的精力为国家研制成飞机。苟无成，毋宁死！"1907年9月，冯如凑集资金1000多美元，在旧金山以东的奥克兰设立飞机制造厂。在经历了几次失败之后，1909年9月21日，冯如驾驶"冯如1号"试飞成功。10月，冯如正式成立广东飞行器公司，并公开募集资金，招得优先股东67人，筹得股金5875美元。1910年7月，冯如又制作了第三架飞机。10月至12月，冯如

驾驶它在奥克兰进行飞行表演获得成功,并受到孙中山先生和旅美华侨的赞许,同时获得美国国际航空学会颁发的甲等飞行员证书。飞行表演成功后的冯如决定将广东飞行器公司迁回广州。

1911年2月22日,冯如率领广东飞行器公司的技术人员朱竹泉、司徒璧如、朱兆槐,连同飞机两架(其中一架在装配中)及制造飞机的器材设备等,乘船离开旧金山回国。1911年3月22日,冯如一行人抵达香港。清政府两广总督张鸣岐特派"宝璧"号军舰到香港迎接,并将飞机和机器安置在广州郊区燕塘。1911年11月9日,辛亥革命广州光复,冯如被当局任命为陆军飞机长。冯如积极为革命军组织飞机侦察队,打算协助革命军攻打清军。由于清政府很快垮台,飞机侦察计划未实行。1912年8月25日,28岁的冯如在广州燕塘飞行表演中不幸失事牺牲,被孙中山追授为陆军少将,遗体安葬在黄花岗,并立碑纪念,被尊为"中国首创飞行大家"。

1909年9月21日,冯如亲自驾驶"冯如1号"飞机正式试飞成功

2009年,中国空军授予冯如"中国航空之父"称号。2019年9月20日,中国航空工业集团有限公司在北京举行纪念中国航空事业110周年"冯如1号"复原模型捐赠仪式,将"冯如1号"1∶4复原模型捐赠给中国科技馆。

二、福州马尾船政局飞机工程处和江南造船所

1866年，左宗棠创办了福州马尾船政局，聘请法国人任总监，并派学员到西方学习。左宗棠认为法国擅长造船，英国擅长航海，所以在马尾船政学堂开设的造船班要学习法语，航海班要学习英语。从中可以看出左宗棠的认真和精明。福州马尾船政局在造船方面不如江南造船所有成就，但在飞机研制方面成为开路先锋，并将当时世界航空领域优秀的华人精英聚集在一起。

1918年1月，民国政府在福州船政局设立了飞机制造处，中国真正意义的第一家飞机制造厂在福州马尾诞生，三位毕业于美国麻省理工学院的年轻人被当局委以重任。巴玉藻，美国麻省理工学院航空工程硕士，曾在美国柯蒂斯公司发动机厂担任工程师，任飞机处主任；王助、王孝丰和曾诒经为副主任，王助、王孝丰两人也毕业于麻省理工学院航空工程学系。王助曾担任波音公司的前身B&W公司的首任工程师；曾诒经则在美国柯蒂斯公司学习过航空发动机制造。这支年轻的队伍，阵容豪华、履历全面，他们很快就在福建马尾船政车间里制造了一架"甲型一号"飞机。

"甲型一号"的总体设计与王助1916年在美国为波音公司设计的首型量产C型飞机相似，波音公司称为"波音1号"，属于单发动机、双翼、双座、双浮筒的拖进式水上多用途飞机。所谓拖进式，指飞机起飞时需要靠舰船拖曳加速，以获得足够的升力起飞。甲型飞机的翼展13.7米，机身长9.32米，高3.88米，装备一台美国柯蒂斯公司1915年定型的OX5型V8发动机，功率100马力，最大飞行时速126千米，升限3690米，飞行距离340千米。"甲型一号"飞机的机身、主翼、副翼、尾翼、方向舵、升降舵、浮筒都是用国产杉木制造的，机身的有些部分选用了国产榆木。甲型飞机和波音C型一样，均为串列双座，前后座均设有方向盘等操控机构，均能驾驶飞行，这其实也是现代教练机的雏形。作为军用飞机，"甲型一号"飞机能携带4枚手投炸弹，

就是飞机飞到敌空后,用手投掷炸弹。

甲型飞机成功后的1918年,中国已成为当时世界上为数不多的能够自行设计、制造飞机的国家,与美欧的军用飞机性能相差不大。为此,飞机处申请扩大规模,多制飞机,自制发动机,培养航空人才,以期达到"空军国防之目的"。但由于当时国力有限,国库空虚,这一提议只停留在纸面上。1920年后,飞机处在艰难中维持运转,坚持小规模制造飞机,又先后研造出了"乙""丙""丁""戊""己"等5种机型,连带先前制造的"甲型一号""甲型二号",共制造飞机14架。

飞机处制造的飞机,作为闽系海军的重要兵器,曾和东北军阀所属的东北海军进行了中国历史上第一次有记载的海军航空兵飞机之间的空战。1927年3月,北伐军进驻上海。1928年5月,隶属于东北海军的"镇海"舰上的水上飞机起飞轰炸高昌庙。闽系海军迅速起飞,提前布置的"甲三""戊二"两架水上飞机拦截,东北海军飞机被打退。这是中国国产飞机首次投入实战的例子。

1931年处于困境中的飞机制造处被并入江南造船所,现在江南造船厂的厂史墙上还有相关飞机照片。所以说,江南造船厂不仅孕育了中国造船业,而且还在中国飞机制造业艰难之时施以了援手。

三、中央杭州飞机制造厂

1933年4月,国民政府与美国柯蒂斯-莱特公司、道格拉斯飞机公司等合资在杭州成立中央杭州飞机制造厂(CAMCO),简称"中杭厂"。该厂初期注册资金300万美元,中方占51%股份,美方占49%。厂址选在杭州笕桥。1937年8月,由于日军开始轰炸杭州,中杭厂于9月3日被迫迁至武汉南湖机场,后迁往汉口,再迁往云南瑞丽垒允筹建新厂。垒允中央飞机制造厂(简称"垒允厂")于1939年7月1日开工,员工规模3000人,是中杭厂的 3 倍。1940 年 10 月 26 日，日军 27 架飞机偷袭垒允厂，造成 100 多人伤亡。在日军的轰炸下，1939 年 7 月 1 日到 1942 年 5 月的 3 年时间里，垒允厂共组装生产修理飞机近 300 架。1942 年 4 月 28 日，日军偷袭缅甸北方重镇腊戍得手，距离腊戍不到 200 千米的垒允厂开始了最后的迁徙。他们炸掉工厂和大型设备，只有 1000 多人撤退到昆明，其他 2000 多人下落不明，许多人流落异国他乡。1942 年 6 月，国民政府被迫解散垒允厂。

特别要说明的是，中杭厂的第一任监理是大名鼎鼎的王助。监理处是国民政府派驻厂内的最高行政监督管理机构，从政治、军事上对全厂加以控制。他在任的 3 年时间里，中杭厂修理、组装和制造飞机 235 架，包括柯蒂斯"鹰"式系列战斗机、道格拉斯侦察机、诺斯罗普轻型轰炸机等各式飞机，中杭厂成为民国历史上修造飞机最多的飞机制造厂。在中杭厂，王助还为中国的未来航天事业埋下了"种子"。

1934 年，钱学森考取清华留美公费生，出国前到中杭厂实习，与王助结识。钱学森的才华很快得到王助的赏识，王助对钱学森赴美留学和学业产生了深刻影响。1935 年，钱学森赴美留学，就读于王助当年求学的麻省理工学院。1955 年，钱学森回国。

民国时期，从孙中山到蒋介石虽然也都重视军事工业，但是发展缓慢。1927—1937 年，被国民党称为在大陆执政的"黄金十年"。在这 10 年里，虽然军费一直占政府支出的一半以上，但主要用于打内战，中国军队的装备却没有实质性的进步。1937 年抗日战争全面爆发之后，日寇叫嚣"三小时消灭中国空军"。1939 年 12 月 12 日，日军轰炸蒋介石在浙江奉化溪口的故居，蒋经国的生母被炸身亡。抗日形势严峻，亟须飞机参战。1939 年，国民党航空委员会决定兴办航空工业，发动机成为第一个需要解决的问题。国民党开始在昆明筹建我国第一个航空发动机制造厂，但该厂刚在昆明筹备时就遭到了日机的狂轰滥炸。为躲避日寇空袭，1940年，国民党被迫选址建厂于贵州大方县（当时叫大定县）羊场坝的溶洞群中，正式在羊场坝建起了我国第一个航空发动机制造厂。

建厂资金据说是蒋介石50大寿献出的生日礼金，共344万美元。蒋经国任名义厂长，第一任厂长叫李柏龄，是清华赴美留学归国的高才生。该厂由国民党航空委员会直接领导，由美国的两家航空企业承包修建，提供设备，培训人才，定名为"中国第一航空发动机制造厂"，对外称"云发贸易公司"。1943年3月20—22日，蒋介石曾到该厂视察，为该厂题词"我们发动机何日可以完全自制"。但是，无论蒋氏父子怎样重视，怎样感慨，都为时已晚，航空武器不是一朝一夕就能造出来的，该厂生产的发动机到国民党败退台湾省时也未派上用场。

第九节　开国领袖的关怀

早在解放战争期间，中共中央就做了如下分工：东北负责组建空军，华东负责组建海军。1949年10月1日，中华人民共和国成立，空军和海军部队第一次受阅，17架飞机飞过天安门。1949年11月11日，新中国空军成立。在抗美援朝的炮火中，1951年4月17日，新中国航空工业诞生。1952年10月25日，新中国第一所航空学院——北京航空学院成立。

毛泽东主席对航空工业非常关心。1927年8月1日，中国共产党在南昌打响了武装夺取政权的第一枪。1954年7月3日，南昌洪都飞机厂（代号320）制造出了新中国第一架飞机——"初教五"。1954年8月1日建军节，毛泽东主席亲笔签署了给南昌洪都飞机厂的嘉勉信。

信中说："国营三二〇厂全体职工同志们：祝贺你们试制第一架雅克十八型飞机成功的胜利，这在建立我国的飞机制造业和增强国防力量上都是一个良好的开端。希望你们继续努力,在苏联专家的指导下,进一步地掌握技术和提高质量,保证完成正式生产的任务。"这封信,一是嘉奖了工厂取得的成绩,二是对苏联的帮助也没有回避,体现了开国领袖实事求是的胸怀。

1955年10月,在周恩来总理的亲自关心下,通过外交关系,中国政府用十多名在朝鲜战场俘虏的美国飞行员换回了钱学森。1955年10月28日,钱学森抵达北京。

1956年2月1日,毛泽东主席在中南海怀仁堂宴请各界人士。宴会开始前,毛主席在审阅名单座次时,将原本37号桌的钱学森改到了1号桌。宴会中,毛主席问钱学森,我们国家用三个五年(到1971年),在原子能、原子弹和导弹尖端技术上,能不能接近世界先进水平。钱学森明确地回答:"只要计划周密,工作努力,是可以实现的。"

毛泽东、朱德、周恩来等开国领袖们都对航空工业关怀备至,几乎视察过所有飞机制造骨干企业。1958年2月12日和13日,毛泽东先后到沈阳黎明发动机公司和沈阳飞机制造公司视察。在沈阳飞机制造公司视察时,毛主席平易近人地与专家和工人交谈,询问得非常仔细。见到厂长,毛主席风趣地说:"噢,你就是牛荫冠同志,久闻大名,是山西人吧!今年多大年纪?"牛荫冠答:"今年47岁。"毛主席笑着说:"还是青年团员啊。"在飞机预总装生产线,毛主席边看边问:"制造这种产品的,全国还有几个工厂?一架飞机有多少零件?"毛主席还询问了工人培养情况,询问国内航空材料能否实现自给等。毛主席登上了又窄又陡的工作梯,仔细观察飞机内部结构,饶有兴趣地听车间主任穆恒信讲解飞机座舱各部件的性能和工作原理。毛主席对穆恒信通过向苏联专家学习已经扎实掌握了技术,感到很高兴,鼓励他说:"好。那你已经毕业了。"回过头来,毛主席对牛厂长说:"你们向苏联专家学习有成绩,但不要骄傲。"

毛主席看到车间黑板报上写着"人人戴口罩，户户要通风"，一边念着一边问牛厂长是怎么回事。当听说是为了预防流行性感冒时，毛主席说："好啊！"并关切地指着没有戴口罩的工人问："嗯，他们怎么没有戴口罩？"毛主席在"废品展览室"观看了每一件废品，他说："这么多的废品要造成多大的损失啊，你们要设法搞好质量。"他与厂领导算开了勤俭节约的细账。毛主席还询问了工厂的人数，以及工人培训等。毛主席在走出展览室时还问："你们是不是还给其他厂培养人才？"牛厂长答："上级给过我们培养输送人才的任务。"当毛主席由车间走出厂房时，他特意走到墙边，摸了摸暖气，关切地问大家："厂房冷不冷？"毛主席即将离开时，厂长问主席还有什么指示，毛主席说："像你们这样的大工厂，不支援农业是没有道理的。"毛主席坐进汽车后，还用手把汽车玻璃窗上的哈气擦掉，望着欢送的人群，挥手告别。从此，"2·13"成了沈飞人的纪念日。

1965年5月，毛主席在一首词中写道："久有凌云志……可上九天揽月，可下五洋捉鳖……世上无难事，只要肯登攀。"这首词直到1976年1月才发表。8个月后，开国领袖毛泽东主席逝世。

开国领袖们高瞻远瞩、殚精竭虑。士为知己者死，一代人有一代人的担当，站起来、富起来、强起来。创业者们无私奉献，甚至舍生忘死，我们的飞机设计师曾陪试飞员飞风险科目，我们的潜艇设计师曾随潜艇做极限深潜试验，宇航员的风险更不需多说，正因为有他们，中国用较短的时间形成了自己的海空天力量。

第十节 钱学森的"意见书"

1955年10月28日，钱学森抵达北京，迫不及待地投入了工作。1955年

10月30日—11月11日，钱学森参观了中国科学院应用物理研究所、北大、清华等单位。11月22日—12月21日，国务院专门安排钱学森到东北考察，包括长春应用化学研究所、长春机电研究所、哈尔滨土木建筑研究所、哈尔滨军事工程学院、哈尔滨工业大学等，以及飞机制造厂、汽车厂、钢铁厂等。在与哈尔滨军事工程学院院长陈赓谈话时，陈赓问："中国能不能发展导弹？"钱学森回答："为什么不能搞？外国人能搞，我们中国人就能搞！难道中国人比外国人矮一截？"陈赓说："好！我就等你这句话。"

从东北回京后，1955年12月26日，钱学森在陈赓陪同下去医院看望国防部部长彭德怀。彭老总询问了射程500千米导弹的问题。

钱学森参加完2月1日毛主席的宴会，受周恩来总理委托，很快写出了《建立我国国防航空工业的意见书》，并于1956年2月17日上报了中共中央和国务院。国务院、中央军委根据建议书，成立了中国航空工业委员会，全面领导中国导弹、航空、航天科学研究。1956年10月8日，中国导弹和火箭研究机构——国防部五院成立，标志着中国航天事业的开始。

钱学森的这份"意见书"已经公开，在网上可以找到。相信钱老这份不到3000字的意见书，无论是科研人员，还是管理人员，或者是文职人员，如果能耐心读两遍，无论从做事，还是做人，一定会大有收获。

郭永怀（1909—1968）同钱学森一样，曾师从世界空气动力学大师冯·卡门，由此与钱学森结识。1949年，郭永怀在美国解决了一个跨声速空气动力学难题，发现了一种简便实用的数学方法——奇异摄动理论，在许多学科中被广泛应用，因此享誉学界。追随着钱学森的足迹，郭永怀于1956年10月回到了祖国，1957年就被选聘为中国科学院学部委员（院士）。1958年，郭永怀出任中国科学技术大学化学物理系首任系主任。1965年，中国第一颗人造卫星的研制工作再次启动，郭永怀受命参与"东方红"卫星本体及返回卫星回地研究的组织领导工作。1968年10月，郭永怀到试验基地为中国第一颗导弹热核武器发射做准备工作。1968年12月4日，在青海基地待了两个多月的郭永怀乘飞机回京汇报工作。不料，5日凌晨飞机失事坠毁，郭永怀不幸殉职。在清理现场时，同事惊讶地发现，两具烧焦了的遗体紧紧搂抱在一起。通过残破的手表，同事辨认出遇难者是郭永怀和警卫员。当两具尸骨分开时，一只公文包紧紧贴在郭永怀的胸口。同事小心翼翼地打开公文包，里面的机密资料竟然完好无损。"士为知己者死"，这是中国知识分子的特质。

1968年12月25日，中央授予郭永怀烈士称号。郭永怀一生横跨核弹、导弹和人造卫星三个领域。1999年国庆50周年，中央隆重为23位科学家颁授"两弹一星功勋奖章"，郭永怀是其中唯一的烈士。

第十一节 唱响"东方红"

1957年10月4日，苏联发射成功世界第一颗人造卫星；1958年1月31日，美国发射成功人造卫星。1958年5月17日，毛泽东主席在党的八届二次会议上宣布：中国也要放卫星。

1958年7—8月，中国科学院成立了"581组"，组织协调卫星和火箭探测任务，组长钱学森，副组长赵九章、卫一清。同时，中央政治局拨专款支持中科院研制卫星，代号"581"任务。1958年10月，按照钱学森的建议，中国科学院派出以赵九章为团长的高空大气物理代表团，对苏联进行了70天的考察。回国后，代表团审慎研究报告中央，认为中国当时并不具备发射卫星的条件。

1959年1月21日，邓小平指示中科院：卫星明后年不放，与国力不相称。据此,"581"任务部署调整,提出了"以探空火箭练兵,高空物理探测打基础,不断探索卫星发展方向,筹建空间环境模拟实验室,研究地面跟踪接收设备"的具体方针。

1964年,中国经济形势开始好转,中程导弹再次发射成功,标志着我国基本上具备了发射人造地球卫星的能力。1965年5月,中央专委决定由中国科学院负责卫星工程总体设计和技术抓总。1965年7月1日,中科院受国防科委委托向中央专委呈报《关于发展我国人造卫星工作的规划方案建议》(以下简称《建议》),就发射人造卫星的主要目的、十年奋斗目标和发展步骤、我国第一颗人造卫星可供选择的3个方案、卫星轨道选择和地面观测网的建立、重要建议和措施等5个问题做了论述。《建议》同时明确了任务分工:卫星工程总体及卫星总体由中科院负责;运载火箭由七机部八院负责(1967年改为由一院负责);地面观测、跟踪、遥控系统以四机部为主、中科院配合。1965年8月2日,中央专委批准该规划方案,卫星研制正式立项,确定由国防科委负责组织协调,同意在中国科学院内设立一个卫星设计院(代号"651"设计院),原"581"任务改为"651"任务。

1965年11月26日,法国成功发射了第一颗人造卫星。

1966年1月,中国科学院宣布成立卫星设计院,公开名称"科学仪器设计院",赵九章任院长,负责"东方红一号"卫星总体方案设计等工作。

1967年12月,国防科委召开第一颗人造卫星研制工作会议,审定了总体方案和各分系统方案,正式命名中国第一颗人造卫星为"东方红一号"。1968年1月,国家正式批准了"东方红一号"人造地球卫星的研制任务书。1968年2月,为避免"文革"对卫星研制的冲击,中科院"东方红一号"研制队伍5000多人、试验基地、科研设施、工厂,以及研制任务本身,全部移交国防科委新成立的第五研究院,首任院长钱学森向聂荣臻推荐孙家栋担任卫星技术总负责人。1970年1月30日，供预期飞行试验用的两级火箭发射成功，表明我国已具备发射卫星的能力。

1970年2月11日，日本成功发射了第一颗人造卫星"大隅"号，卫星重约9.4千克。

1970年4月24日21时35分，中国"东方红一号"卫星由"长征一号"运载火箭从酒泉卫星发射场发射升空。10分钟后，卫星顺利进入轨道，卫星重173千克。《东方红》乐曲从太空传到了世界各地，中国成为世界上第五个独立研制并发射人造地球卫星的国家。

1970年10月28日，英国成功发射了第一颗人造卫星。

我们再归纳一下"东方红一号"卫星研制组织的演变过程："东方红一号"开始由中科院负责，后来交由国防科委管理，成立航天五院，五院负责卫星，一院负责运载火箭，这种分工一直延续至今。

1982年，七机部改为航天工业部。1988年，航天工业部与航空工业部合并为航空航天工业部。1993年撤销航空航天工业部，成立中国航空工业总公司、中国航天工业总公司。1999年，中国航天工业总公司被分拆为中国航天科技集团公司、中国航天科工集团公司至今。航天一院、航天五院是中国航天科技集团的核心单位。

在毛主席与钱学森所说的"三个五年"中，我们虽然走了些弯路，但是新中国完成了核工业、航空工业、航天工业、船舶工业、兵器工业五大军工行业布局。来自世界各地的专家教授，来自全国各地的科研人员、解放军官兵和工人，集结在沙漠戈壁，隐身于群山峻岭，投身于江河湖海，打造出了以"两弹一星"为代表的一系列大国重器。除"东方红"卫星外，还有：

1964年10月16日，第一颗原子弹爆炸成功，中国成为第五个拥有原子弹的国家。1967年6月17日，第一颗氢弹爆炸成功。核弹呼唤运载工具，海空天装备加快了研制步伐。

1966 年 1 月 17 日,中国第一型两倍音速喷气战机歼-7 实现首飞。1969 年 7 月 5 日,歼-8 双发高空高速歼击机实现首飞。

1970 年 12 月 26 日,中国第一艘攻击型核潜艇"长征一号"下水。

"一万年太久,只争朝夕。"开国领袖的誓言终于实现了。到 20 世纪 70 年代,毛主席与钱学森讨论的"三个五年"计划内容,基本得以实现,中国有了挺直腰杆站起来的力量。

第十二节　改革的力量

从旧中国到新中国,从建国初期到改革开放,无论是政权更替,还是政治经济形势变化,中国的军工管理体制一直是以官办国有国营为主。20 世纪 80 年代改革开放以来,航空、航天、船舶军工企业在完成国家任务的同时,也在积极发展民用产品,融入地方经济,融入世界经济。在经历了 20 世纪 90 年代四处"要饭吃"的艰苦岁月,总结苏联军工单一化发展的教训,海空天人逐渐明白了经济发展的规律,市场化、军民融合成为行业的改革发展方向。

航空、航天、船舶的改革历程大致相同,下面以航空工业为例,简单介绍一下中国军工的改革历程。新中国航空工业正式创建于 1951 年 4 月 17 日,按管理体制可分为四个阶段。

一、军企体制阶段(1949—1956 年)

1949 年 3 月,中央军委决定成立航空工业局。1951 年 4 月,中央人民政府革命军事委员会、政务院颁发《关于航空工业建设的决定》,成立重工业部航空工业局。1952 年 8 月,航空工业局划归第二机械工业部(国防工业部)。

1956年4月,国务院、中央军委成立航空工业委员会。这一阶段,航空工业发展受到国家的高度重视,发展速度很快。

二、军政企体制阶段(1956—1986年)

这期间,航空工业一直受中央军委和国务院的双重领导,历经第一机械工业部四局、第三机械工业部四局、第三机械工业部、航空工业部等阶段,但管理重心逐步由军方转向政府。航空工业发展虽然在这一阶段因为"大跃进"、"文化大革命"、国防工业调整等受到一定影响,但仍然取得了一定程度的发展,建设并形成了我国航空工业、科研院所和院校的基本格局。不过,发展速度明显放慢。

三、政企体制阶段(1986—1999年)

1986年,航空工业部划归国务院领导。1988年,成立航空航天工业部。1993年撤销航空航天工业部,成立中国航空工业总公司、中国航天工业总公司。这一阶段,航空工业逐步转向企业化运行,但仍然具有明显的政府特征,承担着政府行业管理职能。其间,由于航空武器装备订单陡降,大部分企业亏损甚至发不出工资,于是开始大规模从事非航空产品生产,锅碗瓢盆、冰箱彩电、自行车、摩托车、汽车,凡是能挣钱的都干,只为一个目的——"活着"。

四、政企分开(1999—2008年)

1999年,国家决定对国防科技工业管理体制进行重大改革,将原中国航空工业总公司改组为中国航空工业第一、第二两大集团公司。任务是"高新工程"和改革脱困。1999年5月8日,中国驻南斯拉夫大使馆被美军轰炸,国家加大了军工行业投资和改革力度。航空产品产值占比从不足 20% 上升到 40% 以上，行业实现了脱困。

五、市场化改革（2008年至今）

2008 年年初，中央决定整合中国航空工业第一、第二集团，组建中国航空工业集团公司。并要求对所属企业，按专业整合，实行母子公司体制，创新体制机制，建设新航空、大航空、强航空，应对国际竞争。2008 年 11 月，中国航空工业集团公司组建，确定了市场化改革、专业化整合、资本化运作、产业化发展、国际化开拓的基本战略。

2008 年 5 月，国家组建中国商用飞机有限责任公司作为大型客机项目主体，主要出资方有国资委、上海国盛、中航工业、中铝集团、宝钢集团、中化集团等，这可以说是对国有企业股权多元化的一个探索。2016 年，国家又将航空发动机业务从中国航空工业集团公司分立出来成立了中国航空发动机集团公司。

实际上，在航空工业管理体制不断调整的过程中，美国和欧洲的同行们也在不断调整。从 20 世纪 90 年代开始，美国将 50 多个军工供应商通过各种手段整合为 5 个高度集中的跨军种、跨平台的主承包商；欧洲也在 2000 年成立欧洲宇航防务集团 EADS 公司（现已更名为空客集团）。

在 2019 年美国《防务新闻》周刊世界军工百强排行榜中，中国航空工业集团公司位列第六。2019 年 11 月，中国船舶两个集团合并为中国船舶集团公司，如果按合并计算排序可列第九位。此外，如果将中国航天的两个集团公司收入合并计算，可以得出新的前十名排序。也就是说，中国的航空航天船舶公司都可进入前十。

世界军工十强模拟合并排序表

单位：百万美元

排名	公司	国家	防务收入
1	洛克希德·马丁公司	美国	56 606
2	雷神公司	美国	40 578
3	波音公司	美国	34 300
4	通用动力公司	美国	29 512
5	诺斯罗普·格鲁曼公司	美国	28 600
6	中国航空工业集团公司	中国	25 075
7	英国宇航系统公司	英国	21 033
8	中国航天科工＋航天科技集团	中国	19 780
9	中国船舶重工＋船舶工业	中国	16 465
10	中国兵器工业集团公司	中国	14 771

从这个排序可以看出，现代武器制造商，被航空、航天、船舶所垄断，由于航空、航天、船舶的军民融合性质，航空、航天、船舶成为各个国家重要的投资领域。

第十三节　从封闭军工到公众公司

中国的海空天军工企业进入民用领域参与市场竞争，必须进行市场化改革，其中一个重要内容就是股份制改造。在体制机制探索中，海空天军工企业的股份制改革启动最早，上市公司数目最多，资本运作及国际并购最活跃。目前，舰载机、火箭、卫星、航母等主营业务大多已进入上市公司。截至2022年5月27日收盘，航空、航天、船舶五大央企集团境内A股上市公司总市值约13 407亿元，控股比例约51%。

五大央企集团境内A股上市公司总市值及控股市值表

单位：亿元

集团	总市值	控股市值
航空工业集团	6635.71	3520.88
中国船舶集团	2733.82	1497.61
中国航发集团	1545.71	652.07
航天科技集团	1508.73	877.15
航天科工集团	983.12	374.48
合计	13 407.09	6922.19

下面再以航空工业为例进行介绍。航空工业股份制改造和资本化运作的发展历程，与国家经济和政治体制改革密切相关，具有明显的时代特点。可以分为探索、分兵突围、整体突破、聚焦2035打造世界一流四个阶段。

一、从非航空产品开始

1986年6月，原航空工业部部长莫文祥同志在向邓小平同志汇报"军转民"遇到的一些问题时，小平同志说："我国的军工体制还是同苏联的一样。苏联的体制证明是吃了亏的，主要是不能带动民用工业，不能带动整个经济。因此，我国的军工体制要改革，否则也要吃亏。"之后，中央很快就做出决定，将军工各部划归国务院直接领导，航空工业也开始在全面实施"军转民"战略的推动下，逐步走出军工小圈子，进入国民经济的大战场，并首先在非航空产品领域探索股份制改造与IPO。

深圳特区为萌芽 1979年以来，航空工业在深圳特区创办了一些生产非航空产品的企业，他们可以说是航空工业"体制外"的企业。深圳航空人以这些企业为平台，积极探索多元投资体制，股份制开始进入航空工业人的视野。深圳航空人先后筹建了飞亚达手表、深天马微电子、天虹商场、深南光等合资合作公司，之后又改制为股份公司，并为IPO做准备。

1993年6月，中央为了加快社会主义市场经济改革，推进政企分开、产权清晰的现代企业制度，决定撤销航空航天工业部，分别成立中国航空工业总公司和中国航天工业总公司。从这一时刻起，航空工业加快了股份制改造和上市的步伐。

手表的发明起源于航空，中国航空工业第一只股票也结缘于手表。1993年6月，航空人怀着激动而忐忑的心情，看着航空工业第一只股票深圳飞亚达（SZ000026）在深圳证券交易所首次公开发行上市，开始明白"红与绿""牛和熊"的区别。从2003中国首位宇航员杨利伟用表，到2022年空间站宇航员用表，飞亚达一直在陪伴。

从飞亚达开始，航空工业加快了市场化改革、股份制改造的步伐。

1994年9月，深南光（SZ000043）在深交所上市。上市时主要业务有旅游服务、物业租赁、商贸经营（主要是自行车）、高新技术产品（包括药品）开发与销售。这在今天一定会被看作"不务正业"，但那时却是响应国家号召支援深圳建设，同时挣钱养活军工。后来，深南光更名为中航地产、中航善达，现在该公司已转让给招商局集团，更名为"招商积余"。

1995年3月，生产销售液晶显示器（LCD）及其模块等电子产品的深天马（000050.SZ）在深圳证券交易所上市。如今的深天马微电子已成为国内最大的中小尺寸液晶显示器龙头企业。2022年，总投资500亿元的新生产基地在厦门建成。

1997年9月，航空工业第一只H股深圳中航实业（161.HK）在香港联交所上市。深圳中航实业包含了飞亚达、深天马、深南电路、中航地产等企业，涵盖了当时深圳中航技的主要业务。这是企业集团整体上市的一次探索，被证明并不成功。2019年顺应扁平化改革需要已退市，其所属企业深南电路因此成为 A 股市场同行业的龙头股。

当年，中国军工行业在困难时期实行"军转民"，"体制内"企业开发过的民品不计其数，但大都昙花一现，不久就销声匿迹。而在市场经济发育充分的深圳，非航空民品却发展得如火如荼，很大程度得益于股份制改造。

从贵州三线起步　深圳非航空民品企业通过股份制改造与成功上市而获得的快速发展，促使航空人开始探索对有"军工代号"的"体制内"企业进行股份制改造。在当时的环境下，为了突破军工企业的限制，航空人绞尽脑汁，通过军民分线将民品业务改造成股份公司上市，个别情况下附带少量航空零部件还要遮遮掩掩。

1996 年 11 月，地处贵州三线的航空零部件企业 501 厂，经过军民分线股份制改造成立的力源液压股份公司（600765.SH）成功在上海证券交易所上市，当时被誉为"中国航空工业第一股""贵州省在上海证券交易所挂牌的第一家上市公司"，由此开启了航空工业"体制内"企业股份制改造的步伐。力源液压现已更名为中航重机，成为中航工业一个重要的业务板块。

1997 年 6 月，株洲南方摩托（000738.SZ）在深交所上市。南方摩托在经历了 ST 南摩、ST 宇航的重重"磨难"后，现已成功转型为以航空发动机控制系统为主营业务的中航动控。

1997 年 6 月，西飞国际（000768.SZ）在深交所上市。当时的主营业务为航空及其他民用铝合金产品的开发、生产和销售，航空零部件的转包生产，PVC 塑料薄膜复合板的生产等，以非航空产品为主营业务。现在，经过多次重组整合，股票简称中航西飞，运-20 是其主打产品，当年上市时的主营业务铝门窗等早已被剥离出去。

1998 年 10 月，以小排量汽车发动机为主营业务的东安动力（600178.SH）在上交所上市。随着航空工业汽车业务划拨中国兵器装备集团公司，东安动力也随之进入长安汽车系列。

1993—1998年，这一时期虽然有7家航空企业上市，但从主营业务看，多集中在非航空产品，仅力源液压和西飞国际涉及少量航空零部件。当时，力源液压这个在航空工业小得不能再小的液压零部件企业，为了上市还不得不搞军民分线。由此可见，在当时军工背景下的航空企业要进入资本市场是多么困难。

二、股份制向航空产品领域拓展

1999年7月，按照国务院批复的改革方案，中国航空工业总公司分立为中国航空工业第一、第二集团公司。这一时期，不知是巧合还是必然，两个集团"轮流发力"股份制改造，航空工业又多了11家上市公司。

中国航空工业第二集团公司　2000年，洪都航空（600316.SH）、哈飞股份（600038.SH）先后上市；2001年，昌河股份（600372.SH）、成发科技（600391.SH）先后上市；2003年，中航科工（2357.HK）在香港上市；之后，东安公司又收购黑豹股份（600760.SH），成为第一大股东。（2018年1月12日，黑豹股份被重组为沈飞股份，成为中国战机第一股。）

中国航空工业第一集团公司　2004年，中航精机（002013.SZ）上市；2007年中航三鑫（002163.SZ）、中航光电（002179.SZ）、成飞集成（002190.SZ）先后上市；之后，西航借壳ST吉生化（600893.SH）、航空动力（600893.SH）于2008年年底成功在上交所上市。

这一时期的股份制改造有以下三大特点。

第一，股份制改造开始向航空产品、军品禁区延伸拓展。生产直-9、运-12的哈飞股份和生产K-8等教练机、强-5主要零部件的洪都航空实现IPO。通过注资，西飞国际转型为以航空产品为主营业务的公司；通过借壳，西安航空发动机公司实现上市。

第二,"捆绑上市"终实现。中国航空工业总公司分为两个集团公司后,中国航空工业第二集团公司将股份制改造和上市融资作为脱困的主要措施。中国航空工业第二集团公司明确提出,要使每一个大企业和业务板块都拥有一个上市公司,同时探索集团公司整体上市。中航科工于2003年10月30日在香港证券交易所上市,实现了航空产品的境外上市,也是首家境外上市的"体制内"军工企业。

第三,实现不留存续企业的整体上市。2007年11月1日,中航光电(002179.SZ)在深交所挂牌上市。这是一只崭新的航空工业股票,是真正意义上的第一只整体上市的军工股票。之后,这个曾经来自三线的搬迁企业,借助股份公司制度做到了国内接插件行业的第一。

可以说,这一时期,市场化、资本化理念已被航空人接受,但碍于体制所限(中国航空工业第一、第二集团公司),仍难以打造与竞争对手相抗衡的机制。

三、整体突破

2008年11月,中国航空工业第一集团公司和中国航空工业第二集团公司合并为中国航空工业集团公司,借助资本市场进行专业化整合的工作进一步深入。

2008年11月20日,西安航空发动机公司成功借壳ST吉生化上市,股票简称随即更改为航空动力。2009年12月,航空动力借壳上市仅隔13个月,成功融资20亿元。2010年7月21日,航空动力再次启动重组,将湖南株洲航空发动机公司和贵州黎阳航空发动机公司等相关资产和权益注入,航空发动机实现专业化整合和主营业务上市。

2009年11月2日,西飞国际启动重大资产重组,中航飞机将陕西飞机工业有限公司等飞机业务注入，完成中航飞机运输机业务板块的专业化整合。

2018年1月12日，沈阳飞机股份公司通过重组登陆上海证券交易所。"112"是沈飞公司代号，现在已经不是秘密。

四、进入国际资本市场

2009年12月，中航工业西安飞机工业有限责任公司成功收购为波音、空客等重要航空企业提供复合材料零部件的一级供应商奥地利未来先进复合材料股份公司。在处理好新老股东关系、稳定管理层、继续开发欧美俄市场的同时，在中航工业的支持下，奥地利未来先进复合材料股份公司成功成为中国商飞C919飞机的供应商，并在镇江成立子公司开发新产品。同时实现了奥地利未来先进复合材料股份公司在奥地利证券交易所公开上市。

2013年11月，中航工业将在美国通用汽车破产剥离时收购的位于美国底特律的耐世特汽车系统公司（Nexteer）在香港成功上市，在资本运作国际化方面走出了坚实的一步。境外收购并择机上市，是中航工业海外并购的基本原则。

截至2022年5月27日收盘，航空工业行业，中国航空工业集团公司（市值6235亿元）与中国航发集团公司所属境内上市公司（市值1545亿元）总市值合计为7780亿元。

中国航空工业集团与中国航发集团所属境内上市公司情况表（截至2022.05.27）

股票代码	股票名称	收盘价（元/股）	总股本（亿股）	总市值（亿元）	持股比例（%）
000026.SZ	飞亚达	10.00	4.26	41.04	38.07
000050.SZ	深天马A	9.13	24.58	224.39	27.65
000768.SZ	中航西飞	25.58	27.69	708.22	54.88

续表

股票代码	股票名称	收盘价(元/股)	总股本(亿股)	总市值(亿元)	持股比例(%)
002013.SZ	中航机电	11.32	38.85	439.76	51.82
002179.SZ	中航光电	83.61	11.35	949.35	40.32
002190.SZ	成飞集成	25.55	3.59	91.66	51.21
002419.SZ	天虹股份	7.13	11.69	83.34	43.40
300114.SZ	中航电测	10.95	5.91	64.69	53.78
600038.SH	中直股份	36.62	5.89	215.87	50.25
600316.SH	洪都航空	24.91	7.17	178.63	48.15
600372.SH	中航电子	20.60	19.28	397.21	66.31
600523.SH	贵航股份	21.88	4.04	88.46	46.29
600705.SH	中航产融	3.34	89.20	297.93	49.79
600760.SH	中航沈飞	54.11	19.61	1060.85	69.17
600765.SH	中航重机	27.33	14.72	402.38	38.16
600973.SH	宝胜股份	4.36	13.71	59.79	39.77
600862.SH	中航高科	25.42	13.93	354.11	45.27
002916.SZ	深南电路	89.68	5.13	459.95	64.23
688586.SH	江航装备	21.95	4.04	88.62	56.19
835640.BJ	富士达	15.18	1.88	28.50	46.64
000738.SZ	航发控制	26.42	13.15	347.47	51.33
600391.SH	航发科技	18.46	3.30	60.94	36.02
600893.SH	航发动力	39.44	26.66	1051.31	40.64
688190.SH	云路股份	71.66	1.20	85.99	28.50

第十四节　对手的"馈赠"

对手是最好的老师，来自对手的压力是最强的前进动力。"我本将心向明月，奈何明月照沟渠。"1999年5月8日，美国诺斯罗普·格鲁曼公司制造的B-2远程隐形轰炸机用波音公司制造的导弹，轰炸了中国驻南斯拉夫大使馆，三位同胞罹难。然而，运送同胞遗体回国的却是美国波音飞机，金一南将军多次讲过这段屈辱往事。2015年,我在国防大学学习,金将军是带班班主任,他也谈过此事。好在那时我们已经有了运-20和歼-20,否则真的是难以面对。

1997年,中国、俄罗斯、以色列三方曾达成协议,中国将购买4架安装有以色列"费尔康"雷达系统的预警机,载机为俄制伊尔-76TD运输机。2000年,刚刚轰炸完中国大使馆的克林顿政府出面阻挠中以预警机合作项目,中以合作终止。2003年,中国自主研制出了空警-2000,但载机依然是伊尔-76。随后又研制出了空警-200、空警-500等系列预警机。预警机被国人称为"争气机"。

在预警机研制过程中,我们付出了血的代价。2006年6月3日,一架隶属中国空军的空警-200预警机在安徽省宣城市广德县失事坠毁,机上人员全部罹难,包括30多位科研精英。

空警-2000

空警-200

随着俄罗斯航空工业陷入困难,飞机配套件大幅涨价,伊尔-76也大幅提价。2007年,中国决定自主研发大型运输机运-20。运-20于2013年首飞,2016年正式列装部队。2022年4月,虽然在俄乌冲突期间,但按照中塞之间早已签订的合约,国产大型运输机运-20连续4天22架次空运"物资"至塞尔维亚,实现了跨洲战略投送。飞行路线:出新疆,经吉尔吉斯斯坦、乌兹别克斯坦、哈萨克斯坦进入里海,再飞越高加索三国阿塞拜疆、亚美尼亚、格鲁吉亚，经停土耳其进入欧洲，经保加利亚抵达塞尔维亚。

运-20 大型运输机

2018 年 3 月 22，美国特朗普政府签署了针对中国的《对华 301 调查报告》。《对华 301 调查报告》关于中国航空工业集团公司的内容翻译成中文后有 4000 多字。下面节选几段美国《对华 301 调查报告》关于中国航空工业集团并购项目的描述。

（一）中国在美国通用航空领域的投资

自从 2010 年以来，航空工业收购了美国通航领域的如下公司：

1.Epic Aircraft——由航空工业的子公司中航工业通飞公司收购。此项并购案，在美国法院批准了资产收购协议后，于 2010 年 4 月以 430 万美元的对价进行收购。按照法院的信息，中航工业通飞公司给出了最高的竞价要约。此项并购同时收购了 Epic Aircraft 的知识产权和技术。

2.Teledyne Technologies（Continental Motors and Mattituck Services）——由中航国际的子公司美国天发公司（Technify Motors USA Inc.）于 2010 年 12 月以 1.86 亿美元的对价完成收购。大陆发动机公司（Continental Motors）是全数字化引擎控制技术领域的先驱性企业。

3. 西锐飞机（Cirrus Aircraft）——由中航工业通飞公司于 2011 年 2 月以 2.1 亿美元的对价完成收购。在收购时，西锐飞机是第二大通用飞机制造商，也是最大的活塞引擎动力通用飞机制造商。

4. 南部航电和通讯公司（Southern Avionics & Communications Inc.）——由大陆发动机公司于 2014 年 11 月完成收购。南部航电在航电设备销售、安装及服务方面处于领导者的地位。此公司通过分销或代理协议为全球主要的航电设备制造商提供代理。

5. 联合涡轮和 UT 航件公司（United Turbine and UT Aeroparts）——由大陆发动机公司于 2015 年 1 月完成收购。此公司是涡轮飞机发动机和 MRO 服务附件供应商。

6. 艾联航空（Align Aerospace）——由中航国际于 2015 年 4 月完成收购。艾联航空为航空产业提供供应链服务，并为航空产业设备制造商提供航空标准件及其他硬件设备。

7. Danbury Aerospace——由大陆发动机公司于 2015 年 4 月完成收购。此公司主业是飞机引擎设计和检验。2016 年 10 月，此公司位于得克萨斯州圣安东尼奥市的运营公司停业，致使 57 人失业。

8. 中航国际子公司德国天发于 2013 年 7 月收购了位于德国的 Thielert Aircraft 公司。Thielert Aircraft 公司生产的 1.7L 发动机，曾是 MQ-10C Gray Eagle 无人机（美国空军捕食者无人机的衍生机型）的动力引擎（此款发动机是受国际军品贸易法规出口管制的军事用品）。此款引擎目前也被用于 Diamond Aircraft DA42 型（一款载人或无人的双引擎侦察机）飞机的军用机型上。

航空工业在美国通用飞机领域的系列并购案与中国政府的航空工业发展政策指引相吻合。例如，航空工业收购美国活塞发动机制造商的时间即是

2009年《国防科技工业社会投资领域指导目录》发布之后。该指导目录由国防科工局（主管国防工业）发布，为中国国内的国防领域的投资做出了指引，其中包括无人机的制造、活塞发动机研发及制造。中文语境下的"社会投资"意为寻求能为社会产生正向回报的投资，包括能为社会或公众产生效益而非纯粹利润的研发性投资。

在政府支持航空工业的商业活动方面，中国进出口银行和人民银行为航空工业在美国的相关并购案提供了融资。

（二）航空工业技术转让——取得突破

航空工业在美国通用飞机领域的系列并购和技术转让似与中国政府提出的要对国外获取的技术进行引进、消化、吸收和再创新的政策相吻合。一份中国军工业分析报告显示，上述进程同样适用于航空工业在美国和欧洲的通飞领域发动机公司并购案。此份报告显示，中方（包括中国的高校）所获得的活塞发动机技术有几个技术来源，包括大陆发动机公司、Thielert航空公司、西锐公司以及通过与Cessna签署联合开发协议的单引擎涡轮螺旋桨和活塞发动机项目，已帮助中国在活塞发动机技术领域取得了突破，相关生产领域瓶颈也已克服。在汽油改质技术（Gasoline Modified Heavy Oil）、电喷技术（Electric Fuel Injection Technology）及涡轮增压技术方面，也已有关键性的突破。

航空工业所并购的美国公司现正持续不断地向中国的通飞行业和活塞发动机制造业提供研发技术，帮助其弥补关键性技术节点。例如，2014年4月，航空工业宣布将其飞机发动机业务整合到单一的公司架构中（即香港注册的大陆发动机有限公司CMG）。随着CMG公司的整合，航空工业通过对Danbury Aerospace公司、United Turbine & UT Aeroparts公司及Southern Avionics and Communications公司的并购，扩大了其在通飞领域的技术份额。一份公司的新闻稿中表示，中航工业集团有限公司有责任将通飞产品引进中国（这是并购时美方希望的），上述系列并购是在此种动机的鼓舞下进行的。

航空工业在美国并购的通飞企业资产整合，为该公司带来了包括通飞发动机市场、销售、MRO 服务、制造以及研发业务等在内的高度整合的产业群。正如航空工业所述："大陆发动机公司（CMG）是全球唯一有能力设计、制造和保有汽油及柴油活塞发动机的企业。"

（三）中国在美国汽车行业的投资

1.AVIC—Pacific Century Motors/Nexteer Automotive。作为以发展航空产业为主要业务的中央企业，航空工业一直在美国汽车行业领域积极投资。

2010 年，在一笔 4.5 亿美元的交易中，Pacific Century Motors 公司从通用汽车处收购了名为 Nexteer Automotive 的汽车操作系统的企业。当时，Pacific Century Motors 由隶属于北京市政府管理的一家投资公司实际控制。2011 年，Pacific Century Motors 的多数股权转让给了航空工业，后者持有该公司 51% 的股权。航空工业现在是 Nexteer Automotive 公司的多数股权持有主体。

2.AVIC—Hilite International。2014 年 5 月，航空工业的一家子公司 ACIF Electromechanical Systems Co., Ltd 通过一项价值 4.73 亿欧元的交易案，收购了 Hilite International 公司，该公司总部位于德国并在美国和中国都有运营机构。Hilite International 的自我定位是，"一家全球主流汽车系统解决方案服务提供商"，主要涉及汽车引擎、可用于家用及商务车节能减排的传输及排放控制器件等产品。Hilite International 在美国的运营机构有三个部分：（1）位于密歇根州的销售及研发中心；（2）位于密歇根州的生产工厂，产品包括汽车的阀门、PWM 螺线管、汽缸间歇阀以及集成螺线管组件生产线；（3）位于得克萨斯州的 4WD 和 AWD 应用系统的零部件生产线。Hilite International

在中国的机构包括上海办公室（负责协调公司亚洲地区的销售、采购及工程业务），以及位于江苏省常熟市的工厂（负责生产 DCT 元件和 VVT 阀门类产品）。

3.AVIC—Henniges Automotive。2015 年 6 月，航空工业收购了 Henniges Automotive 公司 51% 的股权，该企业是一家为高端汽车提供密封及防震措施的公司。Henniges Automotive 公司剩余 49% 的股权由 BHR 公司（一家由中国银行、渤海产业投资基金和上海嘉实基金支持的投资机构）收购。整个并购案交易价值约 8 亿美元。

我参与了这些收购项目。美国《对华 301 调查报告》列举的项目基本存在，但是给戴的"政治高帽"不属实，"政治化描述"更是牵强附会。这完全是一些市场化商业项目，完全符合所在国法律法规，更得到当地政府、社区和员工的支持，还得到了华尔街的高度评价，有的还进入美国商学院案例。也正因为如此，在《对华 301 调查报告》出来后的一个月，2018 年 4 月，我还是按照工作计划去美国调研了位于明尼苏达的西锐飞机公司，还临时增加了试乘西锐新型飞机活动；调研了底特律的耐世特汽车转向器公司，试乘了无人驾驶汽车；到芝加哥波音公司总部与波音风险投资部门的研究员进行了交流。

《对华 301 调查报告》中说，有一个收购项目导致 50 多人失业，但没有讲底特律的项目增加了当地上千人就业。目前，底特律耐世特公司已在香港 IPO 上市，奥地利未来先进复合材料股份公司已在维也纳 IPO 上市。

在美《对华 301 调查报告》出台后还去美国出差，我们想以此说明，第一，中国航空工业所有的国际合作项目合规合法，不怕所谓的"美国陷阱"；第二，我们坚信"美国陷阱"不会长久，敌视中国的政客总是昙花一现，是少数，两国人民的利益才是长久的，美国工业和科技界的正人君子还是多数。我们在底特律两家公司的高管中，中国人、美国人、法国人、德国人、英国人、墨西哥人、巴西人都有，当我们在珠海航展、法兰克福车展上偶然相遇时，高兴得就像多年未见的老同事一样相拥举杯。当然，他们的薪酬比以前都大幅提高。

1956年8月，毛泽东主席在中共八大预备会议上说过这样一段话："你有那么多人，你有那么大一块地方，资源那么丰富，又听说搞社会主义，据说有优越性，结果你搞了五六十年不能超过美国，你像个什么样子？那就要从地球上开除你的'球籍'了。"

虽然，今天我们与人家比还有差距，但身处2022年动荡不安的世界，再读毛主席这段话，回顾新中国从零开始的"可上九天揽月，可下五洋捉鳖"的海空天事业发展历程，可用清代画家郑板桥的咏竹诗来收尾："咬定青山不放松，立根原在破岩中。千磨万击还坚劲，任尔东西南北风。"

第七章

新起点·新目标·新希望

▼

随着 2011 年美国航天飞机退役，2014 年俄罗斯控制克里米亚，2018 年美国特朗普政府签署《对华 301 调查报告》，尤其 2022 年 2 月开始的俄乌冲突，世界各大国、强国对海空天力量建设都在重新考量。一批新型潜艇、航母、战机、高超武器和空天器进入服役或在研状态，在新的起点上，大国都明确了海空天力量建设的新目标。

第一节　新起点·新目标

为建设世界一流海洋强国、航空强国、航天强国，2021 年 3 月，中华人民共和国第十三届全国人民代表大会第四次会议通过了《"十四五"规划和 2035 远景目标纲要》，将航空、航天、航海定义为"国家战略科技力量"，以 2035 年为远景目标明确了一批重点发展项目。第一，在科学技术研究方面，将在空天、深海科技等前沿领域，实施一批具有前瞻性、战略性的国家重大科技项目，包括：宇宙起源与演化、火星环绕、小行星巡视等星际探测，新一代重型火箭等运输系统；深海运维保障、重型破冰船等装备；嫦娥探月、蛟龙探海、雪龙探极等工程。第二，在重大科技基础设施建设方面，将空间环境地基监测网、大型低速风洞、海底科学观测网、空间环境地面模拟装置明确为战略导向型项目。第三，在制造业优化升级方面，将"航空、航天、船舶与海洋工程装备等"作为重要推手。将"邮轮、大型 LNG 船舶和深海油气生产平台、C919 大型客机、ARJ21 支线客机、航空发动机及燃气轮机、北斗产业化应用"列为"制造业核心竞争力提升"重大项目。第四，在产业发展方面，将"航空、航天、海洋装备"明确为战略性新兴产业和未来产业，并将其视为构筑产业体系的新支柱。在深海空天开发等前沿科技和产业变革领域，组织实施未来产业孵化与加速计划，谋划布局一批未来产业，并以此拓展投资空间。

这些远景目标其实并不遥远，因为我们已经有了很好的起点。船海方面，新型战略核潜艇、航母、大型驱逐舰相继服役，民用大型VLCC油轮、LNG天然气运输船订单不断增加。航空方面，舰载机、歼-20、运-20实战能力不断提升，ARJ-21支线客机投入使用，C919大型客机研制虽有困难但扎实推进。航天方面，探月、探火、探日项目都已展开，不断取得新进展，中国空间站已经建成。

一、大集团　大上海　造大船

2019年11月，中国两大中央企业造船集团整合为一个集团——中国船舶集团有限公司（以下简称中船集团）。2019年12月，中国第二艘航母"山东"舰在三亚交付海军。上海是中国造船业和航运业发源地，江南造船厂和轮船招商局分别于1865年、1872年诞生于此。2021年12月，中船集团总部从北京迁址上海。"大集团，大上海，造大船"，海洋强国建设开始了新征程。

2022年6月17日，003号航母"福建"舰下水。巧合的是，150年前的这一天，1872年6月17日，清朝总理衙门批准了成立轮船招商局的奏请。1872年12月26日轮船招商局正式揭牌成立，而12月26日是新中国开国领袖毛主席的诞辰日。

2021年4月23日海军节，在海南三亚，中国新一代战略弹道导弹核潜艇"长征 18 号"（舷号：421）入列服役，该艇满载排水量 1 万吨，可携带多枚远程潜射弹道导弹，射程可达 10 000 千米，同时加入海军序列的还有 075 两栖攻击舰海南舰和 055 驱逐舰大连舰。075 海南舰舷号 31，满载排水量 4 万吨，可搭载各类直升机 30 架，使我军登陆作战由平面向立体转变，提高了陆航武装直升机的空中突击能力。055 驱逐舰"大连"舰，满载排水量 1.3 万吨，舷号 105，是新一代万吨级作战平台，是目前世界上综合性能最强的水面战舰，可充当舰队旗舰，也可以充当航母护卫舰。

075 两栖攻击舰"海南"舰

055 驱逐舰"大连"舰

2018 年 11 月 13 日，中船集团所属大连造船集团向招商局集团所属招商轮船公司交付了一艘非常特别的油轮——全球首艘安装风帆装置的 30.8 万吨超大型原油船"凯力"轮。其特别之处是船上很像飞机机翼的两片硬质翼型风帆，硬质翼形风帆在超大型油船上的工程化应用使古老的风帆焕发了新生，可以节省 5% 左右的能耗。这里简要介绍一下风帆在超大型原油船上的工作原理：

1. 硬质翼型帆原理类似于飞机机翼的工作原理，当风流过特殊的翼型剖面时，会产生垂直于风向的升力；这种翼型帆，可利用风向非常广，可达 320°。

2. 风向可用时，控制系统会提示船员升起风帆（三节帆，升起时高约 40 米），并根据监测到的实时风向变化，自动旋转风帆到最优风向角，以获得最佳的助推效果。风向不可用时，会自动回收风帆至存放位（回收后高约15米）。

3. 从"凯力"轮营运数据上看，一对风帆工作时，平均节约主机推进功率达 5% 以上。通过安装更多风帆，可以期待获得更高的节能效果。

2020 年，中船集团所属沪东中华造船厂向客户交付了全球首艘

中船集团与招商局集团合力建造的 30 万吨带风帆油轮

23000TEU 双燃料动力集装箱船。该船总长 399.9 米，型宽 61.3 米，货舱深度 33.5 米，甲板面积相当于 3.5 个标准足球场，比目前世界最大航母还要长 60 多米。2021 年，沪东中华造船厂又建造出了中国自主研发设计的全球最新一代"长恒系列"双燃料推进 17.4 万立方米 LNG（天然气）运输船，每日可减少碳排放 10 吨以上，能耗指标、环保性能、可靠性均达到世界先进水平。

世界最先进的 23000TEU 双燃料动力集装箱船

新一代双燃料推进 17.4 万立方米 LNG 运输船

2021 年 12 月 17 日，中国首制大型邮轮顺利实现坞内起浮的里程碑节点。经过全船残余应力释放，首次测定重量重心等一系列关键工艺要素和技术指

标，进一步验证了首制大型邮轮在设计、工艺、生产准备、总装建造等阶段所取得的一系列科研成果，标志着该工程从结构和舾装建造全面转段进入内装和系统完工调试阶段，向完工交付总目标迈出了关键一步。2022年2月28日，大船集团向中远海运集团交付了全球首艘LNG双燃料超大型原油船——31.8万载重吨的"远瑞洋"轮。该船的成功交付标志着中国造船和海运在大型油轮绿色、环保和节能技术应用中走在了世界前沿。"远瑞洋"轮设计总长333米，在设计吃水、服务航速15节的条件下，燃气模式续航能力可达1.2万海里，燃油与燃气模式总计续航能力可达2.4万海里。

建造中的中国首艘豪华邮轮

LNG双燃料31.8万载重吨原油船"远瑞洋"轮

海运即国运。1405年7月11日，中国航海家郑和开始了七下西洋的首航，2005年，中国将7月11日作为中国航海日。《2021年中国航海日公告》发布，2020年中国海运进出口量达34.6亿吨，进出口商品价值2.5万亿美元，占当年中国贸易总额的53%，占全球海运贸易量的30%。报告显示，当今中国是海洋大国、航运大国，水上运输、船舶制造、渔业产量、船员数量等指标都居世界前列，海运航线和服务网络遍布全球。2021年，中国船舶集团造船完工量、新增订单、手持订单三大造船指标位居世界第一。

二、改革创新　逐梦蓝天

2008年11月，中国航空工业第一集团公司与中国航空工业第二集团公司合并为中国航空工业集团公司。之后，歼-20四代战机、运-20大型运输机、直-20新型直升机相继交付部队服役。中国航空工业的快速发展得益于改革，得益于创新，也得益于美国的"封锁"。

2018年1月12日，沈阳飞机公司登陆上海证券交易所，主要产品是歼-15舰载机。2022年6月29日，成都飞机公司、成都飞机设计所、中国航空进出口技术公司联合打造的中航（成都）无人机公司在上海证券交易所科创板IPO上市，主要产品是翼龙系列无人机等。

2022年4月9—11日，中国多架次运-20大型军用运输机飞往塞尔维亚运送物资，其间，经停土耳其伊斯坦布尔机场，经过欧盟国家上空。在4月11日中国外交部例行记者会议上，有国外媒体问："此番运-20前往塞尔维亚是否为交付军事物资？"外交部发言人坦率回答："由于中塞两国的合作关系，确实向塞尔维亚运送了一批常规军事物资，同时也希望国外媒体不要过度解读。"但对中国航空人来说，运-20飞抵塞尔维亚具有特殊意义——1999年美国轰炸中国驻南斯拉夫大使馆，运回三位遇难同胞遗体的是波音飞机。

2022年6月28日，两架运-20飞抵阿富汗首都喀布尔机场，向阿富汗运送了大批地震救灾物资。而在2021年8月，驻阿富汗美军仓皇从喀布尔国际机场撤离，当时多名阿富汗人伤亡，被世界媒体大量报道。

2022年7月1日，中国航空工业集团公司发布了军民用飞机品牌命名新规则，按战斗机、轰炸机、运输机、特种飞机、教练机、直升机、通用飞机和无人机分为八大类机种，为18个军民机进行了命名，下面重点介绍几类。

陆基战斗机以"龙"系列命名，歼-20名为"威龙"；舰载战斗机以"鲨"系列命名，歼-15名为"飞鲨"。

第七章　新起点·新目标·新希望

歼-20四代战斗机,"威龙"

歼-15舰载战斗机,"飞鲨"

军民用运输机以"鹏"系列命名,运-20名为"鲲鹏";轰炸机以"神"系列命名,轰-6K名为"战神"。

大型运输机运-20,"鲲鹏"

轰-6K,"战神"

专用武装直升机以"霹雳火"系列命名,直-10名为"霹雳火-10";战勤通用型直升机以"神雕"系列命名,直-20名为"神雕-20";军民用直升机以"吉祥鸟"系列命名,AC313名为"吉祥鸟-313"。

武直-10,"霹雳火-10"

AC313,"吉祥鸟-313"

特种飞机预警机以"千里眼"系列命名,空警-500名为"千里眼-500";

反潜海上巡逻特种飞机以"海雕"系列命名，运-8 海巡名为"海雕-8"；电子对抗特种飞机以"雷电"系列命名，运-9 电子战飞机名为"雷电-9"。

空警-500，"千里眼-500"

运-8 反潜海上巡逻机，"海雕-8"

大型固定翼无人机以"翼龙"系列命名，如"翼龙-1""翼龙-2"；中小型固定翼无人机以"云影"系列命名；旋翼无人机以"旋戈"系列命名。

"翼龙-2"，大型固定翼无人机

"旋戈"，旋翼无人机

教练机以"鹰"系列命名，教-10 名为"猎鹰-10"；大型水上飞机 AG600 名为"鲲龙"。

教-10，"猎鹰-10"

大型水上飞机 AG600，"鲲龙"

给飞机命名看似一件小事，但也体现了一种文化和文明，有时也代表着力量和话语权。长期以来，这个起名权好像成了北约的特权，北约给各国军机起的"绰号"居然有了影响力并被多数国家和媒体认同。"北约代号"往往掺杂了西方的好恶，即使听着"北约代号"有些不太舒服，但相关国家的某些媒体有时还不得不引用。例如，北约给美军机 B-17 起名为"空中堡垒"、B-24 为"解放者"；但给俄罗斯的图-160 起名"海盗旗"、苏-57 为"恶棍"，其他的俄罗斯飞机的名字也不好听。北约给中国歼-10 开始起名"萤火虫"，感觉不妥后改为"火鸟"，而歼-10 在我国的代号是"猛龙"；北约给歼-20 起名"火獠牙"，我国则为之命名"威龙"，不同之处一目了然。中国飞机的名字当然要由中国命名，让外人命名总归不合适。当然，主要还得产品过硬，歼-10 由"萤火虫"变"火鸟"就很能说明问题。歼-20"火獠牙"的名称虽然比不上"威龙"好听，但总比北约给某些国家飞机起的诸如"农夫""幼兽""壁画"有力量多了。

从飞机联系到舰船和航天器的命名，重大项目都代表着国家的文明和文化。以探月工程为例，美国从战神"阿波罗"计划到猎神"阿尔忒弥斯"（也称"月亮女神"）计划，用的是希腊神话人物，代表着西方文明；中国探月工程以"嫦娥工程"命名，体现了华夏文明。所以，一个大国重器研制出来要尽快命名，这是一种自信，千万不能因为起名有分歧而搁置，想想给孩子起名的重要性、迫切性，一切就清楚了。下面看看中国航天项目的名称，既代表了华夏古老的文明，也展示了当代中国的力量。

三、嫦娥奔月　祝融探火　羲和追日

2022 年 2 月，中国航天科技集团公司发布了《中国航天科技活动蓝皮书（2021 年）》。2021 年，全球共实施 146 次航天发射任务，为 1957 年以来最高发射次数；发射航天器总数量1846个，创历史新高，总质量777.70吨，为美国航天飞机退役以来的最大值。其中，美国开展51次航天发射，发射载荷总质量403.34吨，超过其他各国发射航天器质量总和；中国航天共执行55次发射任务，发射次数居世界首位，发射航天器总质量191.19吨，同比增长85.5%；俄罗斯、欧洲、日本、印度发射载荷质量居世界第三至第六位。需要特别说明的是，中国民营航天活动开始起步，星河动力公司"谷神星一号"运载火箭完成一次发射任务，星际荣耀公司"双曲线一号"运载火箭两次发射失利。

2021年4月29日，中国空间站核心舱"天和"号发射成功。2022年4月16日，在中国空间站生活了183天的3位宇航员，乘"神舟十三号"载人飞船返回舱快速返回东风着陆场。随后官方宣布，2022年中国将完成"天宫"空间站的在轨建造。

中国空间站模拟构型图
（中国载人航天工程官方网站）

2021年2月10日，中国"天问一号"探测器成功进入环绕火星轨道运行，对"祝融"号火星车预选着陆区详细勘查。2021年5月15日，"天问一号"火星车"祝融"号成功登陆火星。2022年6月29日国家航天局宣布，"天问一号"环绕器已完成

"天问一号"探测器着陆火星首批科学影像图

火星全球遥感探测，获取了覆盖火星全球的中分辨率影像数据，为我国科学

家进一步了解火星、认知火星提供了基础支撑。

中国探月工程也称"嫦娥工程",2020年11月24日在文昌发射了用于月球采样的"嫦娥五号",我有幸在现场观看了发射。2021年10月14日,中国发射的首颗太阳探测科学试验卫星取名"羲和"号,是中国对太阳探测

"嫦娥五号"发射(国家航天局官网)

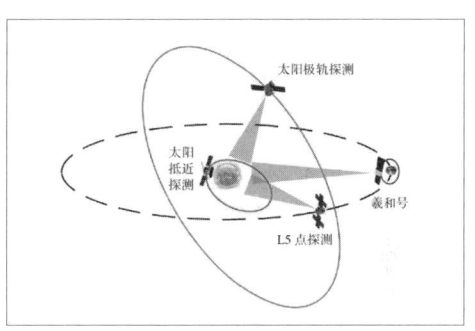
"羲和"号太阳探测示意图

的开始,标志着我国太空探测正式步入"探日"时代。

中国还有一个国际合作叫"夸父"计划,计划研制发射天基太阳天文台卫星,该卫星将位于日地系统最佳位置第一拉格朗日点,可以不间断地观测太阳。

嫦娥"探月",天问"探火",羲和"探日",建设天宫空间站,中国航天强国建设一步步扎实迈进。

第二节 威胁与挑战

2022年3月,美国白宫向国会提交了8133亿美元的2023财年国防预算,同时还提交了《国防战略》报告,确定了未来5年美军建设重点,为"太平洋威慑倡议""欧洲威慑倡议"申请了专款,B-21隐身轰炸机得到重点关照。2022年6月29日,北大西洋公约组织(简称北约)在马德里峰会通过的新

战略将俄罗斯列为其"最重要和直接的威胁",认为中国"挑战北约的安全、利益和价值观","对欧洲-大西洋构成系统性挑战",把"中俄间不断深化的合作"说成企图"破坏以规则为基础的国际秩序,与其价值观和利益背道而驰"。

一、海空博弈

2021年3月18日,中美阿拉斯加会谈。会谈中,在双方吵得不可开交之时,美国总统安全事务助理沙利文突然谈起了美国火星车登陆火星的事情,以此显示实力进行"讹诈"。沙利文可能真的不知道,那时中国的"祝融"号火星车即将登陆火星。

阿拉斯加中美会谈后,拜登政府加紧了联合盟友打压中国的活动。2021年4月11日,美国海军官网发布了一张颇有挑衅意味的照片,美国驱逐舰"马斯廷"号在菲律宾海对"辽宁"舰进行了近距离的跟踪监视,"辽宁"舰航母上的舰载机清晰可见。2021年4月15日,美国海军网站又发布照片显示,四架挂载武器的美国空军F-16战斗机12日从日本空军基地起飞,飞行数百英里,从位于南海的美国海军"罗斯福"号航母打击群上空飞过。报道还特意提到,美军海空联合演习当天,"中国航母与美国航母处于同一片海域"。美国"福布斯"网站16日分析称,这是美国海空军针对中方在牛轭礁的"占领行动"进行的武力展示。

2021年4月26日,英国国防大臣宣布:5月,英国"伊丽莎白女王"号航母战斗群启航"印太",展现英国的世界影响力。届时,美国"沙利文兄弟"号驱逐舰及一支美国F-35B战机中队将与荷兰"埃弗岑"号护卫舰一道加入英国航母编队,同时还将会同法国"戴高乐"航母一起航行。从2021年5月开始,英、美航母编队不断游荡于黑海和南海,极尽所能挑战俄罗斯和中国底线。6月,英国军舰在黑海挑衅被俄罗斯苏-24战机轰走;8月,英国航母编队在南海试探被中国"全程护送"。

2021年8月，英国媒体《每日快报》发布消息称，英国"伊丽莎白女王"号航母编队在驶离南海进入太平洋之际，其护卫舰通过扫描定位发现了中国水下攻击型核舰艇的活动。这说明在此之前，该航母已经被中国潜艇"跟踪了一段时间"。之后，外媒就开始了猜测，是航母编队主动发现了跟踪潜艇，还是航母编队离开敏感海域后才发现被潜艇跟踪了很长时间？他们讨论得不亦乐乎。2021年8月10日，英国国防部发表声明称，中英两国舰艇此前进行了"安全且专业"的互动，英国海军并没有在南海的南沙及西沙群岛开展所谓的"航行自由行动"，因为"伊丽莎白女王"号航母编队选择"最直接的路线"通过了国际水域。

针对英国"伊丽莎白女王"号航母编队进入南海一事，中国国防部新闻发言人表示：中方尊重各国舰船依据国际法在南海享有的航行自由，但坚决反对有的国家出于挑衅目的，不远万里派军舰过来刷"存在感"。中国军队将采取一切必要手段，予以坚决有效应对。

2021年10月，美国造价30多亿美元的"海狼"级"康涅狄格"号核潜艇（英文：Connecticut Attack Submarine，编号：SSN22）在南海海底"撞山"致残。2022年1月，美国"卡尔文森"号航母上一架F-35C战机坠入中国南海海底。

2021年12月，美国The Drive网站报道，受损的美国海军"康涅狄格"号核潜艇秘密抵达加州圣地亚哥，潜艇处于水面航行状态。可以看出，潜艇艇艏受损严重，声呐罩已经不见。美国国会为修复该潜艇专门批准了5000万美元预算。2022年5月23日，美国海军公布了"康涅狄格"号核潜艇南海海底"撞山"事故最终调查报告。报告指出，事故原因与航行规划、风险管理等错误有关，导致11名水兵受伤，潜艇将长时间无法运行。

美国"海狼"级攻击核潜艇"康涅狄格"号于1998年建成下水，重约9000吨，拥有很强的声学性能，可搭载40枚鱼雷和导弹，由美国通用动力公司电船公司制造。美国通用动力公司电船公司归属于通用动力海事系统业务板块。

2021年，通用动力年报显示，由于美国海军增加了订货，公司海事系统营收同比增长5.5%，达到105亿美元。电船公司目前正在为美国海军建造"弗吉尼亚"级攻击潜艇和"哥伦比亚"级弹道导弹潜艇。公司信息披露，美国海军订购了18艘"弗吉尼亚"级潜艇（总价232亿美元），电船公司目前每年建造两艘，预计在2029年交付。由于早在2013年俄罗斯就建造出了第五代战略导弹核潜艇"北风之神"级首艇"尤里·多尔戈鲁基"号，该艇已优于美国"俄亥俄"级战略导弹核潜艇，因此美国开始研制替代"俄亥俄"级的"哥伦比亚"级核潜艇，目前披露拟订购12艘"哥伦比亚"级潜艇

美"俄亥俄"级核潜艇　　美新型"哥伦比亚"级核潜艇　　俄"北风之神"级战略核潜艇

（总价136亿美元），预计在2027年开始交付第一艘。

2001年，通用动力的股价不到40美元；2021年年初，通用动力股价150多美元；2022年12月30日，通用动力股价已达249美元。通用动力首席执行官菲比·诺瓦科维奇曾说："没有通用动力，美国将无法发动战争。"2022年3月正值俄乌冲突期间，菲比·诺瓦科维奇更是直言不讳："今年是一个非常好的开端。虽然对人类而言，世界已变得越来越危险，但我们已经看到需求稳定的良好信号。"

在20世纪40年代的第二次世界大战太平洋战争中，美国与日本的航空

母舰战斗群进行了决战，战败的日本变成了美国海军基地。进入 21 世纪，美国航空母舰成为海上力量的标志。根据美国《大众机械》网站 2022 年 1 月 10 日《盘点世界各国航母》一文统计，目前全球共有 20 多艘现役航空母舰，美国航母数量和吨位绝对占优，其中有 10 艘排水量 10 万吨的"尼米兹"级航母，一艘排水量 11 万吨的"福特"级航母。

2017 年 7 月 22 日，美国最新型航空母舰"杰拉德·福特"号（USS Gerald R. Ford）正式服役。当天，美国总统特朗普专程前往诺福克，为"杰拉德·福特"号航母举行服役仪式并发表讲话。

"杰拉德·福特"号航母，11 万吨，采用电磁弹射装置，图片为"杰拉德·福特"号徽章

"福特"级航母采用了飞机电磁弹射系统，新型双波段雷达及电磁武器升降机，可搭载 75 架舰载机（F/A-18E/F "超级大黄蜂"和 F-35 联合攻击机）。美国海军已计划建造至少 5 艘"福特"级航母，并在论证到 2050 年建造 11 艘"福特"级航母替代"尼米兹"级航母。

英国有两艘排水量 65 000 吨的"伊丽莎白女王"级航母，法国有一艘排水量 42 000 吨的"戴高乐"号航母，俄罗斯有一艘"库兹涅佐夫元帅"号航

法"戴高乐"号航母，4.2 万吨

英"伊丽莎白女王"号航母群，6.5 万吨

母。虽然有航母的国家不少，但只有美国、俄罗斯、法国、英国和中国具有独立研制航母和舰载机的能力。

印度有一艘"维克拉玛蒂亚"号航母，原为俄罗斯海军"基辅"级航空母舰末舰"戈尔什科夫海军上将"号航母，2013年由印度从俄罗斯购得并改造。目前的"维克拉玛蒂亚"号航空母舰实际上是一艘缩小版的"库兹涅佐夫元帅"级航空母舰。

2022年6月17日，中国003号航母"福建"舰下水。6月30日中国国防部举行例行记者会，有记者问："中国在'福建'舰之后是否会继续建造更多的大型航空母舰？"国防部发言人回答："对于中国航空母舰的后续发展计划，我们将按照国家安全需要和装备技术发展情况综合考虑。"

二、新太空竞赛

2015年，俄罗斯整合空军和空天防御力量成立了空天军；2019年2月，中国正式组建中国人民解放军火箭军，官方微博"中国火箭军"正式上线；2019年12月，美国总统特朗普批准成立"太空军"，2022年春季美国太空军新总部在亚拉巴马州亨茨维尔基本建成。

新的太空竞赛已经开始，这次太空竞赛的参与者呈多样化态势，不仅大国们纷纷布局，就连小国阿联酋也捷足先登，其"希望"号探测器已在火星轨道上运行。当然，新太空竞赛的参与者不仅限于国家，私人组织也参与进来，而且已经给传统的国家航天组织和企业形成了很大压力，甚至在朝大航海时代"私掠船"方向发展。

2021年5月3日，美国《纽约邮报》报道中国"长征五号"B运载火箭残骸坠落地球时，为渲染紧张气氛标题夸张为《巨大的中国火箭残骸可能坠毁在纽约》（下图左）。报道称，"科学家警告，非常巨大的中国太空垃圾，可能会让残骸倾泻在纽约或另一个大型城市"。而之前 3 月底，当马斯克"猎鹰9"火箭残骸掉落时，《纽约邮报》却轻松地称为《西雅图上空神秘的光可能是来自 SpaceX 的火箭残骸》(下图右)。

《纽约时报》对两型火箭的报道标题

2021 年 8 月，美国一颗军事卫星突然变轨靠近中国卫星，因中国卫星"躲避迅速"，挑衅一方的媒体又给"中国威胁论"增加了新内容。

2022 年 5 月 8 日，俄新社发布消息，称美国马斯克为乌克兰亚速营提供 SpaceX 公司"星链"卫星系统服务。

不甘于美国、俄罗斯、中国在太空的抢眼表现，法国于 2020 年将空军改名为空天军，英国于 2021 年 4 月宣布成立太空司令部，德国于 2021 年 7 月宣布成立太空司令部。

2022 年 2 月 16 日至 17 日，在欧盟轮值主席国法国的主持下，欧盟 27 国部长级代表在空客集团总部所在地法国城市图卢兹商讨欧洲太空发展愿景，明确了欧洲太空卫星互联网项目，以摆脱对美国马斯克"星链"的依赖。欧洲版"星链"是继伽利略全球卫星导航定位系统和哥白尼气候变化服务项目之后，欧盟的第三个重要航天大项目。此外，法国总统马克龙在会上还倡议启动欧洲载人航天计划，并强调"建立欧洲太空战略是我们主权的关键，载人航天事关欧洲战略自主权，它涉及对月球矿产资源的开发等"。2022 年 3 月，欧盟批准了《战略指南针》，计划到 2030 年建立起欧盟的安全和防务力量，包括提升欧盟海洋安全行为能力，开发欧盟空间安全与防务新项目等。

2022 年 6 月 13 日，法国《回声报》网站发表了标题为《为战争服务的太空革命》的文章。文章认为"乌克兰战争证明了正在进行的太空革命。如果没有数百颗主要由美国控制的卫星支持,乌克兰军队将无法抵抗俄罗斯的入侵。欧盟没有这样的基础设施,必须加快速度确保其主权"。这篇文章援引多位相关人士的观点为欧盟增加太空项目预算进行论证。空客集团防务与航天公司首席执行官米夏埃尔·舍尔霍恩说:"如果没有卫星提供的互联网连接,泽连斯基总统永远不可能与军方及国民建立如此密切的联系。"《天空开放的战争——1991年伊拉克,梦想的胜利》一书的作者瓦莱里·鲁塞说:"在20世纪90年代的海湾战争中,国际联军最多可以使用80颗卫星。如今的数量达10倍还多!乌克兰变成了一本天空开放的书,卫星图像习以为常。"欧盟委员会负责内部市场的委员蒂埃里·布雷东认为,欧盟应该拥有自己主权的卫星网,并强调没有一个欧洲国家独自负担得起这样的太空基础设施。欧盟委员会预测,建设一个大约300颗分布在不同轨道的卫星组成的卫星网,投资至少要60亿欧元。法国国防部官员说:"马斯克的'星链'及其第一代卫星是一种原型,现在欧盟必须发展自己的基础设施,尽可能地先进,具备卫星间连接等其他功能,以确保我们的主权。"

很显然,如果欧盟发展太空卫星网,最大的承包商将是法国和德国主导的空客集团防务与航天公司。该公司首席执行官舍尔霍恩为此呼吁:"欧洲已经远远落后了,因此现在每天都很要紧,必须迅速行动。"

三、被制裁中的俄罗斯

2021年年底,俄罗斯国防部公布了2022年将列装的海空天装备,包括高超导弹"萨尔马特"、战略核潜艇"北风之神"、苏-57战机。可以预测的是,俄乌冲突只能使这些武器交付加快,数量增加。此外,俄罗斯还"复活"了包括图-160战略轰炸机等一些苏联时期的武器。俄塔斯社在2021

年年底进行了题为《2022年俄罗斯军队将得到怎样的技术装备？》的详细报道。

俄塔斯社报道，在2022年，俄军将有一批新装备服役，战略武器包括："亚尔斯""萨尔马特""阿凡加德"三型洲际导弹21枚，一艘"北风之神A级"战略核潜艇，以及两架图-160M战略轰炸机。这些战略武器服役之后将进一步加强俄罗斯国家安全力量。俄罗斯战略核潜艇部队是美国最担心的武装力量，"北风之神-A"核动力潜艇"苏沃洛夫大元帅"号战略导弹核潜艇是技术最先进的核潜艇，是美国正在建造的"哥伦比亚"级核潜艇的对标艇。

俄罗斯卫星通讯社2022年1月12日报道称，首架新型图-160M战

图-160M

略轰炸机在喀山飞机制造厂机场完成首飞。俄罗斯媒体预计俄空军将采购50架，10架已正式订购。俄国防部证实，两架图-160M将于2022年列装远程航空兵。

报道称，2022年，俄罗斯海军将采购5艘潜艇、11艘水面舰艇、3艘作战艇，为岸防部队提供2套导弹系统。空天军将新列装257架新机，包括最新型的苏-57战机，以及5套S-400防空导弹系统。

在航天领域，国际空间站主要依靠美国和俄罗斯运行，美国宇航员多次搭乘俄罗斯的飞船前往空间站。2022年7月1日，俄国家航天集团前总裁罗戈津向俄媒体表示，俄美将开始讨论重启前往国际空间站的交叉载人飞行问题。

2022年俄乌冲突以来，罗戈津已经多次披露俄罗斯独立的太空探索计划，包括探测火星、月球，以及建立自己的空间站等。

俄罗斯虽然在海空天装备上制订了很多计划，但能否如期交付才是最大问题。主要困难有两方面，一是经费问题，二是人才问题。俄罗斯这些年在海空天科技工业领域人才老龄化严重，工作效率低是一大问题。2022年6月，俄罗斯国际事务委员会专家伊利亚·克拉姆尼克对卫星通讯社说，俄罗斯应该从中国购买大型军舰，例如052D驱逐舰、054/054A导弹护卫舰、056/056A反潜护卫舰等。俄罗斯海军司令尼古拉·叶夫梅诺夫上将曾说，俄罗斯已30年未建造大型舰船，建造大型舰船存在一定问题，一是制造周期长，二是建造成本高。

1962年，美国总统肯尼迪在《我们选择登月》的演讲中说："空间科学，正如核科学及其他一切科技，本身并无道德可言，它的善恶完全取决于人类。"然而，从大航海时代开始，海空天世界的平静就经常被英美打破。

1651年，英国议会为保护本国利益打击荷兰航运和贸易颁布了《航海条例》。在搞垮荷兰、战胜法国成为世界老大之后，英国又搞起了航行和通商自由，不远万里对中国发动了鸦片战争。1856年，英、法、俄、奥、普鲁士、土耳其等国在巴黎签署了"永远废除私掠船制度"的《巴黎海战宣言》，但美国直到1907年才承认这一制度，因为这时，美国的海上力量已经崛起。但是，在2020年，居然还有美国海军退役军官发表文章，提议"放出私掠船"对付中国海上力量，以摧毁中国经济依赖的海洋产业。2022年俄乌冲突期间，又有美国议员提案用私掠船对付俄罗斯。对于《联合国海洋公约》，美国一方面不签署不承认，另一方面又选择其中对自己有利条款在敏感海域生事。

谁是威胁，谁是挑战，英美从来都是按自身利益来定义，这在海空天领域表现得最充分。2022年2月1日，英国国防部发布了《国防太空战略》，提出将在太空领域担任重要角色，确保太空行动自由，这是要把17—19世纪打压西班牙、荷兰和法国海上力量的逻辑移植到太空。中国、俄罗斯,包括欧盟国家都要引起重视。

第三节　竞争与合作中的诗与远方

人类在探索未知世界的道路上曾多次误入歧途,甚至倒退。地球到底是什么形状?这曾困惑人类漫长的时间,直到16世纪完成环球航行才取得共识。为维护"地心说",宗教裁判所曾将一个个质疑者烧死,迫使伽利略低头,哥白尼直到临死前才敢出版《日心说》。1942年,德国V-2导弹试射成功,但V-2很快变成了杀人武器。总设计师冯·布劳恩苦恼地说:"我设计的火箭,运行完美,不过落在了错误的星球上。"

20世纪,在第一次世界大战、第二次世界大战和冷战中,潜艇、航母、飞机、导弹成为大国博弈的武器。冷战期间,苏联率先于1957年10月4日发射了人类第一颗人造卫星,美国媒体大加渲染这一事件,引起资本市场和民众的恐慌。

《纽约时报》头版头条报道苏联发射人类第一颗人造卫星

1957年10月3日,道琼斯指数为465.82点;到10月22日,道指已跌至419.79点,三周跌幅近10%,这在美国股市是大跌。白宫很快认识到了问题的严重性,国防部终于放下架子在1957年11月请出了被"冷藏"的德国

"战俘"冯·布劳恩主持运载火箭研制。1958年1月31日,布劳恩用他设计的丘比特-C型火箭将美国第一颗人造卫星"探险者"1号送入太空。从这一天开始,道琼斯指数节节攀升。1958年5月,道指终于恢复到了1957年10月4日之前的水平,之后更是持续上升一年多。

从1958年开始,美苏两国展开了在今天看来还算比较"文明"的"太空竞赛"。1961年4月12日,苏联加加林进入太空;1969年7月20日,美国阿姆斯特朗登上月球。

美国实现了登月,似乎赢得了对苏联的太空竞赛,却付出了巨大的代价:不但耗资巨大,而且还多次发生人员伤亡事故。苏联也同样不堪重负,两大国终于疲倦了。《纽约时报》这时也非常"懂事"地发文造势称,"宇宙如此广袤,以至于没有必要为庸俗的民族主义和政治野心而进行无价值的太空对抗"。

1972年5月24日在莫斯科,美国总统理查德·尼克松和苏共总书记勃列日涅夫就缓和关系进行了谈判,美苏签订了太空合作计划。

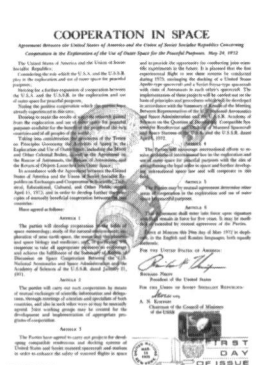

美国总统尼克松(左)与苏联总理柯西金签订太空合作计划(右图)

美苏太空合作计划的一项重要内容是"阿波罗号-联盟号飞船对接测试计划"(Apollo-Soyuz Test Project)。美国方面设计了"阿波罗"号的对接舱,与苏联的对接系统相匹配，使两个飞船可以对接。1975 年 7 月 15 日 12∶20，苏联"联盟 19 号"首次发射，合作任务开始。6 个半小时后，带有对接舱的美国"阿波罗"飞船发射。7 月 17 日 16∶19，两艘飞船相遇并对接。美苏分别派出三名和两名宇航员执行合作任务，美国宇航员托马斯·斯塔福德和苏联宇航员阿列克谢·列昂诺夫在太空握手，交换礼物，并参观对方的飞船，标志着太空竞赛的结束。

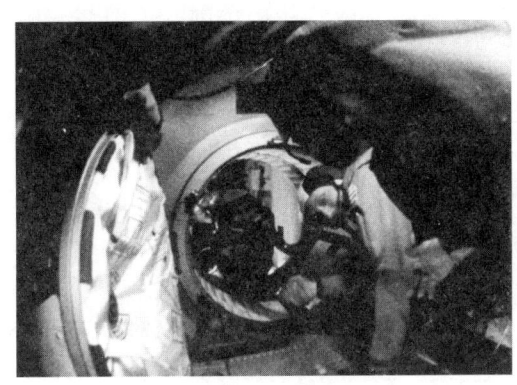

美苏宇航员在太空握手照片

"阿波罗"号和"联盟"号飞船美苏宇航员合影

美国宇航员斯塔福德后来说："我与苏联宇航员阿列克谢的握手让全世界的人看到，如果我们在太空都能一起工作，那么我们就可以在很多事情上一起工作。"

美苏从 1972 年开始太空合作的一系列事件在 1972—1975 年的道琼斯股票指数上都有所反映。从 1972 年开始，道琼斯指数一路攀升；1972 年 11 月 14 日，道琼斯工业平均指数突破 1000 点（最高点）。但由于美国越南战略的失败，从 1973 年 1 月美军从越南战场撤军开始，美国股市进入了 1973 年、1974 年两年多的大熊市，美股指数在 1974 年年底跌至 577.6 点。1975 年美股指数开始回升，在 1975 年 7—8 月达到最高。原因很清楚，1975 年 7 月 17 日，美苏飞船对接成功。1957—1975 年，苏联卫星上天美国股市大跌，美国卫星上天美股收复失地，美苏飞船太空会合，美股再创新高，太空与股市联系得就是如此密切。

1972年开启的美苏太空合作，给了苏联领导人一种错觉，以为苏联已融入了西方。随后便是拆除柏林墙，解散华约组织，苏联开始用"新思维"进行改革。即使在20世纪80年代美国里根政府推出了"星球大战计划"，苏联政府也接受了现实。

20世纪90年代，叶利钦执政的俄罗斯政府依然相信美国，不但与美国一起开始建造国际空间站，而且还按照美国哈佛大学经济学家制定的"休克疗法"进行改革，结果将国家带到了几乎再次解体的边缘。2000年1月1日，叶利钦无奈地将权杖交到了普京手中，请普京"照顾好俄罗斯"。俄罗斯人直到2000年依然对西方抱有幻想，这在航空航天及能源领域都能感受到，他们非常愿意与西方合作。

苏联发行的"联盟"号与"阿波罗"号飞船对接纪念邮票　　俄罗斯发行的国际空间站纪念邮票

进入21世纪的前十年，忙于国内稳定的普京还试图与西方搞好关系，在2010年与美国一起建设完成了国际空间站，埃隆·马斯克甚至还跑到莫斯科谈合作。然而，美国和西方主导的北约还是一步步东扩到了俄罗斯的家门口。2014年，亲俄的乌克兰总统被西方颜色革命赶下台。普京在克里米亚公投加入俄罗斯的演讲中，历数西方对俄罗斯的一次次欺骗，之后便是西方对俄罗斯不断加码的制裁。2022年2月24日，俄罗斯凭借其海空天力量与美英支持的乌克兰——昔日的斯拉夫兄弟彻底撕破了脸皮。

但是，在美国领导西方不断加大对俄罗斯制裁期间，为了自身利益，美国依然还会放低身段，在太空探索方面寻求与俄罗斯的合作。自从美国航天飞机2011年退役后，美国宇航员主要依靠俄罗斯"联盟"号飞船前往国际空间站，但NASA需为美国宇航员支付昂贵的座位费。2020年4月9日，2021年4月9日，连续两年在同一天，美国各有一名宇航员乘坐俄罗斯飞船进入国际空间站。2022年3月30日，美国宇航员马克·范德·海搭乘俄罗斯"联盟"号MS-21载人飞船返回地球。随后在支付座位费问题上，美国遇到了麻烦，俄罗斯坚持美国用卢布支付，这与美国制裁俄罗斯政策产生了矛盾。2022年6月13日，美国NASA迫不得已还是通过中间机构支付了20亿卢布的座位费，按当时汇率计算相当于3420万美元。

现在，美国NASA已经在为与俄罗斯在国际空间站分手做准备。马斯克的太空探索技术公司SpaceX和波音公司等机构已提交了多个替代方案，但还不成熟。美国未来打算由民间商业机构主导地球近地轨道太空活动，而宇航员则使用商业航天器完成太空任务。不过，在美国商业机构建造的可与国际空间站相连接的宇航员居住舱段完成前，美国仍然需要俄罗斯的配合。

美苏在20世纪末太空合作中积攒起的一手好牌，被21世纪以来的一些美国政客打成了烂牌。根据设计寿命，国际空间站将于2030年退役，多次受到西方欺骗的俄罗斯多次表示不再愿意与美国合作太空项目。2021年3月9日，中国与俄罗斯国家航天局签署了谅解备忘录，宣布将共同建造国际月球科研站。而在此之前，美国航天局NASA曾邀请俄罗斯参加其"阿尔忒弥斯"（Artemis）登月计划，但俄罗斯认为美国的计划"过于以美国为中心、过于政治化"，拒绝了美国的邀请。

俄罗斯对美国的不信任已反映在影视作品中。俄罗斯2017年拍摄了一部科幻电影《太空救援》，故事情节是：20世纪80年代，苏联"礼炮7号"空间站与地面控制中心突然失去联系。美军方提出了一个大胆计划，用"挑战者"号航天飞机把苏联空间站"偷"回美国。经过一番犹豫后，总统里根同意了。因为这个任务完全符合里根的星球大战"战略防御计划"，该计划旨在建造对苏联弹道导弹攻击的防御网，同时还包括摧毁和俘虏苏联卫星。苏联为了阻止美国的这场"偷窃"行为，进行了一次紧张的太空救援。由于故事的时间和许多情节以真实情况为背景，不免让人感觉这是一部纪录片。

这样一部俄罗斯关于美国阴谋论的电影，于2017年9月在美国奇幻电影节首映，似乎美俄对此类事情已经习以为常，不再避讳。2022年，世界主要海空天大国的合作似乎已走到了尽头。

然而，人类对自身的能力还是有自知之明的。虽然人类已进入太空，但对我们自身生存的地球，依然有诸多未知。海洋占地球面积70%，对于大洋深处，人类只涉足不到5%，下潜千米以下依然要做烦琐的准备，深潜万米以下的国家比能发射卫星的国家还少，目前只有美国和中国能够做到。面对自然灾害、瘟疫病毒、气候变暖、能源紧张，人类更显得渺小，一国的力量再强大也终究有限。一场俄乌冲突，迫使欧洲不得不重拾燃煤；一场新冠病毒，美国死亡人数比第二次世界大战阵亡人数还多。

陨石撞击地球、小行星碰撞地球，这些"杞人忧天"的不测事件实际上已经在人类出现在地球之前多次发生。地球寿命50亿年，恐龙在地球上生存了约1.6亿年，但在6500多万年前灭绝，原因至今未明。人类出现只有300多万年，有文字记载的历史仅有5000多年。假设人类能够像恐龙那样可以在地球上存在亿年以上，一定会遇到许多"突然"不测事件。站在地球生物进化中一分子的角度看人类，当地球表面已不再适宜人类生存，是听天由命，还是在深海海底寻找到人类的"避难所",或是赶在地球不适合人类居住之前离开,人类或迟或早终将要面对这些问题,而大国必须有担当。

在大国政治家们做出选择之前,剧作家们已对大国合作探索宇宙进行了憧憬,在中国科幻电影《流浪地球》,美国科幻电影《地心引力》《月球陨落》《火星时代》等影片中,都有大国在关键时刻能摒弃异见进行合作的情节。

2013年美国电影《地心引力》的情节最值得回味:美国宇航员乘坐航天飞机到国际空间站执行任务,被俄罗斯卫星碎片击中,国际空间站损毁。女主角乘坐国际空间站俄罗斯舱段,进入了也被卫星碎片损毁的中国空间站"天宫一号"返回舱。但面对满是中文的操作显示屏,她一脸茫然,只能碰运气按下了脱离返回键,成功返回地球。

即使再黑暗的天空也有星光闪烁。美国东部时间2022年3月30日,俄罗斯"联盟"MS-19飞船载着两名俄罗斯宇航员和一名美国宇航员成功着陆哈萨克斯坦大草原。俄罗斯航天任务控制中心大屏上用俄语打出"成功着陆",用英语打出了"马克,欢迎返回"的字样。着陆后的美国55岁宇航员马克·范德·黑以半躺姿势配合医生检查,他身披印有俄罗斯航天局(ROSCOSMOS)标志的毯子。此前,曾有美国媒体担心俄罗斯会因为美国向乌克兰提供武器而拒绝将美国宇航员带回地球。俄联邦航天局声明:国际空间站成员的安全是第一位的。

更感人的一幕发生在宇航员返回地球前的空间站。俄罗斯媒体报道,2022年3月29日返回地球前,俄罗斯宇航员安东·什卡普列罗夫将象征国际空间站指挥权的"钥匙"交给了继续值守的美国宇航员托马斯·马什本。安东在本次飞行期间担任国际空间站指挥官,他说:"人类在地球和太空都有难题,但我认为,国际空间站是友谊、合作的象征,也是宇宙探索未来的象征。非常感谢我的宇航员同伴们,你们就像我的太空兄弟、太空姐妹。"交接完成后,美俄宇航员在掌声中拥抱在一起。2022年5月15日俄罗斯塔斯社报道,5月14日国际空间站全体宇航员(三名来自俄罗斯、三名来自美国、一名来自欧洲)为美国宇航员杰西卡·沃特金斯庆祝了生日,俄罗斯宇航员还赠送了自制的"太空花"。

在美俄主导的国际空间站建成的第二年,2011年,美国时任总统奥巴马签署了"沃尔夫条款",该条款禁止中国与美国NASA等航天组织开展交流合作活动,将中国排除在国际空间站之外。但中国政府一直没有将太空探索合作的大门关闭。2022年4月18日,在中国空间站即将建成之际,中国外交部发言人强调,探索未知宇宙、发展航天技术,是人类的共同事业。中国载人航天工程自立项实施以来,与法国、德国、意大利、俄罗斯及欧洲航天局等多个航天机构和组织实施了形式多样的合作项目。中国空间站欢迎外国航天员来访,并与中国航天员一道,共同为人类探索宇宙奥秘、推动构建人类命运共同体做出更大贡献。

截至2022年,对月球探索,中国有"嫦娥工程",美国有"阿尔忒弥斯"登月工程,中俄还在探讨建立月球科研站;对火星探索,中国和美国的火星车已在火星行走了一年多,期待着新的发现;对太阳等其他星体的探索,美国、俄罗斯、欧盟和中国也都有自己的计划。

以阳光的心态畅想一下,如果大国能够联合起来,在海空天探索领域加强合作,那么海洋生态会越来越好,月球基地会很快建成,火星探索会加快进展,近地轨道卫星会有序运行,终有一天,人类会有能力避免陨石和小行星对地球的撞击。

"道阻且长,行则将至。行而不辍,未来可期。"当有一天,海空天文明与力量的目标就是为了拓展生存空间造福人类这么简单时,人类的诗和远方就真的到来了。

致 谢

"要以研究生写论文的态度对待工作,要及时总结提炼;要用最简短的语言向现场调研的决策者说清楚问题,不要指望返回会场再说;不要在出门前或在走廊里匆忙签字,忙中出大错!"这是2003年年初我就任中国航空工业第二集团公司副总经理时,时任总经理张彦仲院士对我的忠告,如今已成为我的习惯。与我父母同龄的彦仲院士是新中国第一位剑桥大学三一学院博士,现任"大飞机""航空发动机及燃气轮机"两个国家重大专项专家咨询委员会主任。每当看到满头银发的彦仲院士在电视或媒体上谈论大飞机和航空发动机时,我都有一种感动涌上心头。最近,他老人家时常在微信上与我交流关于航空方面的信息,包括大飞机、美国F-16无人战机等。我明白,这是老领导给我的新忠告:学无止境,不能懈怠!谢谢您,彦仲先生!

感谢中国航空工业集团公司周国强、刘文波、尚磊等老同事为本书提供的图片和资料;感谢中国船舶报社社长丁文强、招商局历史博物馆馆长樊勇为本书提供的图片和资料。

感谢中国出版集团华文出版社总编辑余佐赞、本书责任编辑景洋子,他们高效认真的工作不仅使本书得以顺利出版,而且还提出了许多很好的修改建议。

感谢我的夫人于老师给予的支持。她在高校从事学生就业指导咨询工作,在与众多本科、硕士、博士毕业生的择业交流中,她和同事们深深感到,许多毕业生由于知识面窄,结果在择业时显得茫然和不知所措。为此,她从帮助学生能够快速了解海空天行业和择业的角度,为本书提出了许多建议。

感谢互联网上的知识信息网站，借助它们，我查找对比验证了许多模糊资料。我参阅了不少书籍，一些书中的精华与我产生了共鸣，并被融进了本书，没能在参考文献中标注出具体页码和出处，在感谢参考文献作者的同时我还要表示歉意。

本书引用图片较多，其中某些图片由于历史久远画面质量不高，希望能够得到读者谅解。为保证引用图片的权威性，本书选择已发行的邮票、货币，公开的影视画面、权威官方网站页面等截图，尽最大可能标明出处。虽然互联网上有不少质量更好的图片，但由于难以确定出处和作者，本书没能采用，略有遗憾。

此外，本书学科跨度较大，若有不妥之处，敬请读者批评指正和谅解。

吴献东

2023 年 8 月

参考文献

（按参考量排序）

[1] 吴献东. 世界航空航天企业百年发展与演变——莱特兄弟们的公司都哪里去了[M]. 北京：航空工业出版社，2020.

[2] 张恩东. 古划桨船与早期帆船百科全书[M]. 北京：机械工业出版社，2021.

[3] 梁二平. 风帆五千年——历史图像中的帆船世界[M]. 北京：生活·读书·新知三联书店，2021.

[4] 特纳，洛巴兹. 美国空军史[M]. 曹玥，译. 长沙：湖南人民出版社，2010.

[5] 布朗. 英国皇家海军战舰设计发展史：卷1，铁甲舰之前战舰设计与演变，1815—1860[M]. 李昊，译. 南京：江苏凤凰文艺出版社，2019.

[6] 迈尔斯. 迦太基必须毁灭——古文明的兴衰[M]. 孟驰，译. 北京：社会科学文献出版社，2016.

[7] 欧文. 哥伦布与大航海时代[M]. 代晓丽，译. 北京：中国友谊出版公司，2020.

[8] 克卢洛. 公司与将军——荷兰人与德川时代日本的相遇[M]. 朱新屋，董丽琼，译. 北京：中信出版社，2019.

[9] 斯普雷特 H，斯普雷特 M. 美国海军的崛起[M]. 王忠奎，曹菁，译. 上海：上海交通大学出版社，2015.

[10] 马汉. 马汉"海权论"三部曲[M]. 李少彦，董绍峰，肖欢，等译. 北京：海洋出版社，2013.

[11] 中国船舶工业行业协会. 强船报国——新中国船舶工业七十年大事记[M]. 北京：人民交通出版社股份有限公司，2019.

[12] 亚当斯. 重铸大英帝国——从美国独立到第二次世界大战[M]. 覃辉银，译.

桂林：广西师范大学出版社，2018.

[13] 施昌学．海军司令刘华清[M]．北京：长征出版社，2013．

[14] 邵开文，马运义．舰船技术与设计概论[M]．北京：国防工业出版社，2005．

[15] 阿塔利．海洋文明小史[M]．王存苗，译．北京：中信出版社，2020．

[16] 张后铨．招商局史（近代部分）[M]．北京：中国社会科学出版社，2007．

[17] 安德森．飞机：技术发展历程[M]．宋笔锋，裴扬，钟小平，等译．北京：航空工业出版社，2012．

[18] 埃文斯，巴克兰，列菲．他们创造了美国——从蒸汽机到搜索引擎[M]．倪波，蒲定东，高华斌，等译．北京：中信出版社，2013．

[19] 刘纪原．中国航天事业发展的哲学思考[M]．北京：北京大学出版社，2013．

[20] 施韦卡特，多蒂．美国企业家：三百年传奇商业史[M]．王吉美，译．南京：译林出版社，2013．

[21] 多尼克．机械宇宙——艾萨克.牛顿、皇家学会与现代世界的诞生[M]．黄珮玲，译．北京：社会科学文献出版社，2015．

[22] 赫尔曼．拼实业——美国是怎样赢得二战的[M]．李永学，译．上海：上海社会科学院出版社，2017．

[23] 张慧．俄罗斯航空工业科研生产能力扫描[M]．北京：航空工业出版社，2017．

[24] 胡政．招商局船谱[M]．北京：社会科学文献出版社，2015．

[25] 古多尔．图解B-2A"幽灵"隐身轰炸机发展史[M]．艾俊强，崔力，王运锋，等译．北京：航空工业出版社，2020．

[26] 王杰，李保民，王莉．航海史话[M]．北京：社会科学文献出版社，2012．

[27] 菲尔格里夫．地理与世界霸权[M]．欧阳瑾，译．北京：台海出版社，2019．